2015年经济专业技术资格考试辅导教材

工商管理

专业知识与实务 中级

历年真题分章解析与考题预测

全国经济专业技术资格考试研究院 ◎ 编 著

清华大学出版社

北 京

内容简介

本书以人力资源和社会保障部人事考试中心编写的《工商管理专业知识与实务(中级)》为依据，在多年研究考试命题特点及解题方法的基础上编写而成。针对每一章，都分为"重要考点分析""近三年题型及分值总结""思维导图""知识点测试""考题预测及强化训练"几部分，帮助考生在考前加深记忆，顺利通过考试。

本书结构清晰，知识点全面，语言通俗易懂，是考生参加经济师考试的必备复习材料，也是相关专业技术人员提高业务知识水平、查找相关专业知识信息的有效资料。

图书在版编目(CIP)数据

工商管理专业知识与实务(中级)历年真题分章解析与考题预测 / 全国经济专业技术资格考试研究院　编著.
—北京：清华大学出版社，2015

(2015年经济专业技术资格考试辅导教材)

ISBN 978-7-302-39581-2

Ⅰ.①工… Ⅱ.①全… Ⅲ.①工商行政管理—资格考试—题解 Ⅳ.①F203.9-44

中国版本图书馆 CIP 数据核字(2015)第 049843 号

责任编辑：张　颖　高晓晴
封面设计：马筱琨
版式设计：方加青
责任校对：邱晓玉
责任印制：杨　艳

出版发行：清华大学出版社
　　　　网　　址：http：//www.tup.com.cn，http：//www.wqbook.com
　　　　地　　址：北京清华大学学研大厦 A 座　　　邮　　编：100084
　　　　社 总 机：010-62770175　　　　　　　　邮　　购：010-62786544
　　　　投稿与读者服务：010-62776969，c-service@tup.tsinghua.edu.cn
　　　　质 量 反 馈：010-62772015，zhiliang@tup.tsinghua.edu.cn
印 装 者：北京鑫海金澳胶印有限公司
经　　销：全国新华书店
开　　本：185mm×260mm　　　印　张：11.25　　　字　数：381 千字
　　　　（附光盘 1 张）
版　　次：2015 年 5 月第 1 版　　　　　　印　次：2015 年 5 月第 1 次印刷
印　　数：1～3500
定　　价：29.80 元

产品编号：062341-01

丛书编委会

主　　编：索晓辉

编 委 会：晁　楠　　吴金艳　　雷　凤　　张　燕
　　　　　　方文彬　　李　蓉　　林金松　　刘春云
　　　　　　张增强　　刘晓翠　　路利娜　　邵永为
　　　　　　邢铭强　　张剑锋　　赵桂芹　　张　昆
　　　　　　孟春燕　　杜友丽

前　言

经济社会的发展对各行各业的人才提出了新的要求，为了顺应这一发展趋势，经济行业对经济师的要求正逐步提高，审核制度也日益完善。

为了满足广大考生的迫切需要，我们严格依据人力资源和社会保障部人事考试中心组织编写的《全国经济专业技术资格考试用书》(内含大纲)，结合我们多年来对命题规律的准确把握，精心编写了这套"2015年经济专业技术资格考试辅导教材"。

本着助考生一臂之力的初衷，并依据"读书、做题、分析、模考"分段学习法的一贯思路，本书在编写过程中力图体现如下几个特点。

紧扣大纲，突出重点

本书严格按照人力资源和社会保障部最新考试大纲编写，充分体现了教材的最新变化与要求。所选习题的题型、内容也均以此为依据。在为考生梳理基础知识的同时，结合历年考题深度讲解考点、难点，使考生能够"把握重点，迅速突破"。

同步演练，科学备考

本书按照分段学习法的一贯思路，相应设置了"重要考点分析""近三年题型及分值总结""思维导图""知识点测试"和"考题预测及强化训练"几个栏目，以全程辅导的形式帮助考生按照正确的方法复习备考。

命题规范，贴近实战

众所周知，历年真题是最好的练习题，本书在例题的选取上，以历年真题为主，让考生充分了解考试重点、难点，有的放矢，提高对考题的命中率。同时还配备了高保真模拟题，让考生以最接近真题的模拟自测题检验学习效果，提高自己的实战能力和应变能力。

解析详尽，便于自学

考虑到大部分考生是在职人士，主要依靠业余时间进行自学。本书对每道习题都进行了详尽、严谨的解析，有问有答，帮助考生快速掌握解题技巧，方便考生自学。如果考生在学习的过程中遇到问题，可加入本书的专用客服QQ群：339265757，将会有专业的老师为您答疑解惑。

思维导图，加深记忆

本系列习题集配有思维导图，在每章的开始帮助考生梳理重点，然后进行有针对性的训练，使复习效率更高。

模拟光盘，身临其境

为了帮助考生加深记忆，提高学习效率，本书专门提供了模拟考试系统光盘，针对各个章节进行练习。此外，光盘中还提供了5套模拟试卷，其中的考题不仅类型全面，而且有错题记录功能，方便后续的复习。

总而言之，通过凸显重点、辨析真题、同步自测、深度解析，希望能够使考生朋友们对考点烂熟于心，对考试游刃有余，对成绩胸有成竹。

本书由索晓辉组织编写，同时参与编写的还有晁楠、吴金艳、雷凤、张燕、方文彬、李蓉、林金松、刘春云、张增强、刘晓翠、路利娜、邵永为、邢铭强、张剑锋、赵桂芹、张昆、孟春燕、杜友丽，在此一并表示感谢。

最后，预祝广大考生顺利通过经济专业技术资格考试，在新的人生道路上续写辉煌。

目　录

第一章　企业战略与经营决策

　　本章知识为全书的基础，介绍了工商管理的专业基础概念、定义等内容，主要涵盖了企业战略的定义、特征、层次、环境分析、战略类型、战略选择、战略实施与战略控制，以及企业经营决策的概念、类型、要素、流程、方法等。

　　从近三年的考试情况来看，本章的重要考点有战略的层次，战略的制定，战略的实施模式，战略的控制方法；行业生命周期，核心竞争力，价值链，波士顿矩阵，SWOT法，基本竞争战略，成长战略，紧缩战略，盈亏平衡点，风险型决策，不确定型决策等。

　　本章以单项选择题、多项选择题的考查形式为主，同时经常会出现案例分析题。单项选择题一般7～8道，多项选择题2道，案例分析题3～5道，平均分值为20分。

📖 本章重要考点分析

　　本章分为4个小节，包含15个重要考试点，其中前三节以单选题和多选题的形式出现较多，第四节多以案例分析题的考查形式出现，需要重点掌握，如图1-1所示。

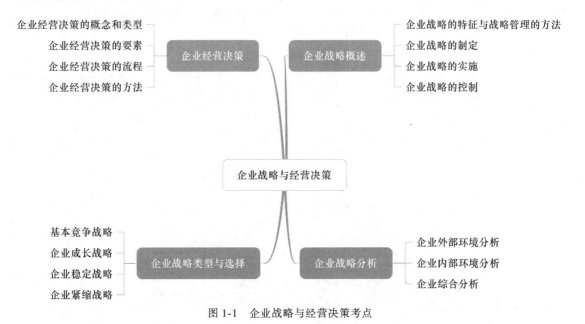

图 1-1　企业战略与经营决策考点

✒ 本章近三年题型及分值总结

　　由于本章知识点多为概念、定义、性质等，因此出现的题型以单项选择题和多项选择题的形式为主，另外，近几年每年都有案例分析题出现。本章的题型分布如表1-1所示。

表 1-1　企业战略与经营决策题型及分值

年　份	单项选择题	多项选择题	案例分析题
2014年	7题	2题	3题
2013年	8题	2题	4题
2012年	7题	2题	5题

第一节　企业战略概述

　　企业战略是指企业在市场经济竞争激烈的环境中，在总结历史经验、调查现状、预测未来的基础上，为谋求生存和发展而做出的长远性、全局性的谋划或方案。

　　企业战略具有全局性与复杂性、稳定性与动态性、收益性与风险性的特征。

　　企业战略管理是指企业战略的分析与制定、评价与选择以及实施与控制，使企业能够达到其战略目标的动态管理过程。首先，企业战略管理是企业战略的分析与制定、评价与选择、实施与控制，三者形成一个完整的、相互联系的管理过程。其次，企业战略管理是把企业战略作为一个不可分割的整体来加以管理的，其目的是提高企业整体优化的水平，使企业战略管理各个部分有机整合以产生集成效应。最后，企业战略管理关心的是企业长期稳定和高速度发展，它是一个不断循环往复、不断完善、不断创新的过程，是螺旋式上升的过程。

　　企业战略管理的基本任务是实现特定阶段的战略目标，战略管理的最高任务是实现企业的使命，因此，战略管理具有明显的主体导向特征。

 思维导图

　　本节涉及多个知识点和概念，如图1-2所示。图中星号部分为需要重点掌握的内容。

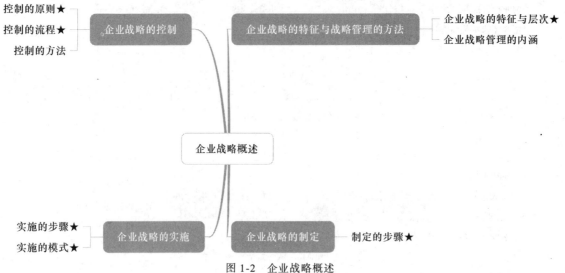

图 1-2　企业战略概述

 知识点测试

　　【2014年单选题】为了提升市场竞争地位，某汽车制造企业成立跑车事业部，投资研发运动型敞篷跑车，并开展市场营销活动，从企业战略层次分析，该企业的此项战略属于（　　）。

A. 企业总体战略　　B. 企业业务战略
C. 企业稳定战略　　D. 企业职能战略

　　【答案】B

　　【解析】企业战略一般分为三个层次：企业总体战略、企业业务战略和企业职能战略。业务战略也称为竞争战略或事业部战略，企业业务战略的重点是要改进一个企业单位在它所从事的行业中，或某一特定的细分市场中所提供的产品和服务的竞争地位。根据题干表述，"为了提升市场竞争地位，某汽车制造企业成立跑车事业部"，应属于企业的业务战略。

【2014年单选题】某企业将战略决策范围由少数高层领导扩大到企业高层管理集体，积极协调高层管理人员达成一致意见并将协商确定后的战略加以推广和实施。该企业采用的战略模式是( )。

A. 指挥型　　　　B. 变革型
C. 合作型　　　　D. 文化型

【答案】C

【解析】合作型模式把战略决策范围扩大到企业高层管理集体之中，协调高层管理人员成为管理者调动了高层管理人员的积极性和创造性。由于战略建立在集体智慧的基础上，从而提高了战略实施成功的可行性；不足之处在于战略是不同观点、不同目的的参与者相互协商后的产物，可能会降低战略的经济合理性。这种模式比较适合于复杂而又缺少稳定环境的企业。

【2014年单选题】下列绩效考核方法中，属于战略绩效管理工具的是( )。

A. 平衡计分卡法　　B. 一一对比法
C. 书面鉴定法　　　D. 交替排序法

【答案】A

【解析】平衡计分卡是战略绩效管理的有力工具。平衡计分卡以企业战略为导向，寻找能够驱动战略成功的关键因素，并建立与关键成功因素有密切联系的关系绩效指标体系。通过关键绩效指标的跟踪监测，衡量战略实施过程的状态并采取必要的修正，以实现战略的成功实施及绩效的持续增长。

【2014年多选题】下列方法中，企业可选择的战略控制方法有( )。

A. 平衡计分卡法
B. PEST分析法
C. 杜邦分析法
D. 杠杆分析法
E. 利润计划轮盘

【答案】ACE

【解析】企业可选择的战略控制方法包括：杜邦分析法、平衡计分卡法、利润计划轮盘。杜邦分析法是基于财务指标的战略控制方法，由美国杜邦公司开发并使用，目前在国际上已得到广泛的应用；平衡计分卡法是将组织的战略落实为可操作的衡量指标和目标值的一种新型绩效评价方法；

利润计划轮盘是由哈佛商学院工商管理学教授罗伯特·西蒙斯于1988年在《利润计划要诀》一文中提出的一种基于企业战略的业绩评价模式，它是一种主要应用于战略业绩目标制定和战略实施过程控制的战略管理工具。

【2010年单选题】某家电企业决定进军医药行业，这属于( )层次的企业战略。

A. 总体战略　　　　B. 职能战略
C. 业务战略　　　　D. 重组战略

【答案】A

【解析】总体战略一般是以企业整体为研究对象，研究整个企业在生存和发展中的基本问题，决定和揭示企业的使命和目标。题干中的企业由家电企业决定进军医药行业，属于总体战略，因此正确答案为A。

【2012年单选题】某食品生产企业决定进军家电业，该企业的这项战略属于( )。

A. 企业业务战略
B. 企业职能战略
C. 企业竞争战略
D. 企业总体战略

【答案】D

【解析】食品生产企业进军家电业，该战略属于关系到整个企业发展的总体战略。本题考查企业战略的层次。

【2011年单选题】在公司组织机构决策的执行中，重视运用组织结构、激励手段和控制系统来促进战略实施的模式是( )。

A. 指令型　　　　B. 合作型
C. 增长型　　　　D. 转化型

【答案】D

【解析】转化型模式十分重视运用组织结构、激励手段和控制系统来促进战略实施。

【2012年单选题】企业通常运用各种现代化的控制方法进行战略控制。运用杜邦分析法旨在进行( )。

A. 质量控制
B. 进度控制
C. 财务控制
D. 工艺控制

【答案】C

【解析】杜邦分析法是一种用来评价公司盈利能力和股东权益回报水平，从财务角度评价企业绩效的经典方法。企业可通过该方法详细了解自身的经营状况，对企业进行财务控制。

【**例题 单选题**】用来评价公司盈利能力和股东权益回报水平，从财务角度评价企业绩效的现代化控制方法是( )。

A. 杜邦分析法

B. 平衡计分卡法

C. 利润计划轮盘

D. 模拟模型法

【**答案**】A

【**解析**】本题考查杜邦分析法，杜邦分析法是一种用来评价公司盈利能力和股东权益回报水平，从财务角度评价企业绩效的经典方法。

【**例题 单选题**】以下( )不是企业战略的特征。

A. 全局性与复杂性

B. 稳定性与动态性

C. 收益性与风险性

D. 单一性与局部性

【**答案**】D

【**解析**】企业战略具有全局性与复杂性、稳定性与动态性、收益性与风险性的特征。

【**例题 多选题**】企业职能战略包括( )。

A. 生产战略

B. 市场营销战略

C. 财务战略

D. 人力资源管理战略

E. 整体战略

【**答案**】ABCD

【**解析**】企业职能战略包括生产战略、市场营销战略、财务战略、人力资源管理战略和研发战略等。

【**例题 单选题**】企业战略管理的基本任务是( )。

A. 实现特定阶段的战略目标

B. 实现企业的使命

C. 实现企业整体规划

D. 实现企业现代化管理

【**答案**】A

【**解析**】企业战略管理的基本任务是实现特定阶段的战略目标，战略管理的最高任务是实现企业的使命。因此，战略管理具有明显的主体导向特征。

【**例题 多选题**】企业战略管理的含义体现在( )。

A. 企业战略管理是企业战略的分析与制定、评价与选择、实施与控制，三者形成一个完整的、相互联系的管理过程

B. 企业战略管理是把企业战略作为一个不可分割的整体来加以管理的，其目的是提高企业整体优化的水平，使企业战略管理各个部分有机整合以产生集成效应

C. 企业战略管理关心的是企业长期稳定和高速度发展，它是一个不断循环往复、不断完善、不断创新的过程，是螺旋式上升的过程

D. 企业战略管理具有明显的主体导向特征

E. 企业战略管理的基本任务是实现特定阶段的战略目标

【**答案**】ABC

【**解析**】选项D是企业战略管理的特征，选项E是基本任务，因此答案为ABC。

【**例题 单选题**】由企业内部的成员所制定，借由团队讨论，获得企业一致共识，形成的大家愿意全力以赴的未来方向指的是( )。

A. 企业愿景　　　　B. 企业使命

C. 企业战略目标　　D. 企业战略方案

【**答案**】A

【**解析**】本题考查企业愿景的相关概念。企业愿景是由企业内部的成员所制定，借由团队讨论，获得企业一致共识，形成的大家愿意全力以赴的未来方向。

【**例题 单选题**】( )是指企业在一定时期内沿其营业方向所预期达到的理想成果。

A. 企业使命　　　　B. 企业战略目标

C. 企业愿景　　　　D. 企业战略方案

【**答案**】B

【**解析**】本题考查企业战略目标的含义。企业在一定时期内沿其营业方向所预期达到的理想成果即是企业战略目标。

【**例题 多选题**】根据企业的类型和使命的不同，可以将企业战略目标分为( )。

A. 盈利　　　　　　B. 服务

C. 员工　　　　　　D. 客户

E. 社会责任

【**答案**】ABCD

【**解析**】本题考查企业战略目标的分类。根据企业的类型和使命的不同，可以将企业战略目标分为盈利、服务、员工、客户四个方面。

【**例题 单选题**】企业愿景主要包括( )。

A. 核心信仰和未来前景

B. 核心信仰和企业哲学

C. 企业哲学和企业定位

D. 未来前景和企业定位

【答案】A

【解析】本题考查企业愿景的内容。企业愿景包括核心信仰和未来前景两部分。

【例题　多选题】企业战略的实施模式主要包括( )。

  A. 指挥型　　　　　B. 转化型
  C. 合作型　　　　　D. 学术型
  E. 增长型

【答案】ABCE

【解析】本题考查企业战略的实施模式。企业战略的实施模式主要包括指挥型、转化型、合作型、文化型、增长型。选项D学术型描述错误，排除不选，因此正确答案为ABCE。

【例题　多选题】平衡计分卡的设计包括( )的内容。

  A. 财务角度　　　　B. 顾客角度
  C. 内部经营流程　　D. 学习与成长
  E. 经营角度

【答案】ABCD

【解析】平衡计分卡的设计包括财务角度、顾客角度、内部经营流程、学习与成长四个方面的内容。

【例题　单选题】设计平衡计分卡的目的是( )。

  A. 建立"实现战略引导"的绩效监控系统，从而保证企业战略得到有效的执行
  B. 引导顾客

  C. 规范内部经营流程
  D. 规范外部经营流程

【答案】A

【解析】设计平衡计分卡的目的是建立"实现战略引导"的绩效监控系统，从而保证企业战略得到有效的执行。

第二节　企业战略分析

企业战略分析主要包括企业外部环境分析和企业内部环境分析两个方面，其中，外部环境分析是企业战略管理的基础，其任务是根据企业目前的市场"位置"和发展机会来确定未来应该达到的市场位置。外部环境分析主要包括宏观环境分析和行业环境分析。

而企业内部环境是指企业能够加以控制的内部因素。企业内部环境是企业经营的基础，是制定战略的出发点、依据和条件，是企业在市场竞争中取胜的根本。一般说来，一个企业的内部环境主要包括企业结构、企业文化、企业资源等。

进行企业综合分析，常用SWOT分析法，该方法是评估企业的优势和劣势及外部环境的机会和威胁的分析方法。

 思维导图

本节涉及多个知识点和概念，如图1-3所示。

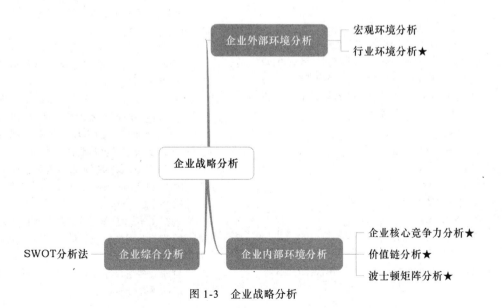

图 1-3　企业战略分析

知识点测试

【2014年单选题】某型号智能手机的业务增长率较低，但市场占有率较高，采用波士顿矩阵分析，该型号手机处于（　　）。

　　A. 金牛区　　　　　　B. 瘦狗区
　　C. 幼童区　　　　　　D. 明显区

【答案】A

【解析】波士顿矩阵根据市场增长率和市场份额两项指标，将企业所有的战略单位分为明星、金牛、瘦狗和幼童四大类，并以此选择企业的战略。在波士顿矩阵中，金牛区拥有较高的市场占有率和较低的业务增长率。

【2011年单选题】某企业目前竞争压力较小，企业规模小，数目多，则表明该企业处于行业生命周期中的（　　）。

　　A. 成长期　　　　　　B. 成熟期
　　C. 衰退期　　　　　　D. 形成期

【答案】D

【解析】形成期是指企业目前竞争压力较小，企业规模小，数目多。

【2011年多选题】潜在新进入者的威胁取决于（　　）。

　　A. 进入市场的障碍
　　B. 退出壁垒
　　C. 市场潜力
　　D. 现有企业的反应程度
　　E. 竞争压力

【答案】ACD

【解析】新的竞争对手带着新增生产能力进入市场，必然要求分享市场份额和资源，因而构成对现有企业的威胁。这种威胁的大小依进入市场的障碍、市场潜力以及现有企业的反应程度而定。

【2012年多选题】企业进行战略环境分析时，行业环境分析的主要内容有（　　）。

　　A. 社会文化环境分析
　　B. 行业生命周期分析
　　C. 企业资源分析
　　D. 行业竞争结构分析
　　E. 行业内战略群体分析

【答案】BDE

【解析】行业环境分析的主要内容有行业生命周期分析、行业竞争结构分析、行业内战略群体分析。选项A属于宏观环境分析，选项C属于企业内部环境分析。

【2011年单选题】企业价值链由主体活动和辅助活动构成，下列企业活动中，属于辅助活动的是（　　）。

　　A. 技术开发　　　　　B. 原料供应
　　C. 成品储运　　　　　D. 生产加工

【答案】A

【解析】选项A属于辅助活动，选项BCD都属于主体活动。

【2010年单选题】劣势—威胁战略下的企业宜采取紧缩战略和（　　）。

　　A. 增长型战略　　　　B. 领先战略
　　C. 集中战略　　　　　D. 放弃战略

【答案】D

【解析】劣势—威胁（WT）战略中的经营单位或业务在其相对弱势处恰恰面临大量的环境威胁。在这种情况下，企业可以采取减少产品或市场的紧缩型或防御型战略，或是改变产品或市场的放弃战略。

【2010年多选题】企业内部环境分析的方法主要有（　　）。

　　A. 德尔菲法
　　B. 价值链分析法
　　C. 企业核心竞争力分析法
　　D. SWOT分析法
　　E. 决策树分析法

【答案】BCD

【解析】德尔菲法是用于预测和决策的方法，A选项排除。决策树分析法是据以分析和选择决策方案的一种系统分析法，E选项不选。

【例题　单选题】外部环境分析是企业战略管理的基础，其任务是（　　）。

　　A. 考察企业所在地区或所服务地区的消费者的收入水平、消费偏好、储蓄情况、就业程度等因素
　　B. 关注与企业生产有关的新技术、新工艺、新材料的出现和发展趋势及应用前景
　　C. 根据企业目前的市场“位置”和发展机会来确定未来应该达到的市场位置
　　D. 准确地分析宏观经济环境对企业的影响，从而制定出正确的企业经营战略

【答案】C

【解析】本题考查企业战略管理的外部环境分析基本任务，即根据企业目前的市场“位置”和发展机会来确定未来应该达到的市场位置。

【例题　多选题】企业战略管理的外部环境分析中，宏观环境分析包括（　　）。

A. 政治环境

B. 经济环境

C. 社会文化环境

D. 科学技术环境分析

E. 人员素质分析

【答案】ABCD

【解析】本题考查宏观环境分析，主要包括政治环境、经济环境、社会文化环境和科学技术环境分析。

【例题 单选题】某企业在进行战略管理分析时，考虑其所在地区或所服务地区的消费者的就业程度，这属于( )因素。

A. 社会文化环境

B. 人员素质

C. 微观经济环境

D. 宏观经济环境

【答案】C

【解析】本题考查微观经济环境分析，微观经济环境分析主要指企业所在地区或所服务地区的消费者的收入水平、消费偏好、储蓄情况、就业程度等因素。

【例题 单选题】行业生命周期阶段，有不少后续企业参与进来，行业的规模扩大，竞争

日趋激烈，那些不成功的企业已开始退出，指的是( )。

A. 形成期   B. 成长期

C. 成熟期   D. 衰退期

【答案】B

【解析】本题考查行业生命周期。成长期中，行业的产品已较完善，顾客对产品已有认识，市场迅速扩大，企业的销售额和利润迅速增长，有不少后续企业参加进来，行业的规模扩大，竞争日趋激烈，那些不成功的企业已开始退出。

【例题 案例分析题】国内某知名电视生产企业采用SWOT分析法，分析企业面临的内外部环境，并进行战略选择。该企业不断收购中小型电视生产企业，扩大企业生产规模；加强内部成本控制，降低产品价格，成为行业中的成本领先者；同时，该企业针对儿童观看电视的需求，独家推出保护视力的防眩光、不闪式液晶电视，获得了市场的认可和顾客的青睐。该企业拟推出一款新型平板电视，共有甲产品、乙产品、丙产品和丁产品四种产品方案可供选择。每种产品方案均存在着畅销、一般、滞销三种市场状态，三种市场状态发生的概率无法预测。每种方案的市场状态及损益值如表1-2所示。

表1-2 四种产品方案市场状态损益值分析   万元

市场状态损益值	畅 销	一 般	滞 销
甲产品	640	350	-250
乙产品	680	460	-350
丙产品	550	300	-200
丁产品	700	440	-400

1. 采用SWOT分析法进行战略选择，WT战略是指( )。

A. 利用企业优势，利用环境机会

B. 利用环境机会，克服企业劣势

C. 利用企业优势，避免环境威胁

D. 使企业劣势最小化，避免环境威胁

【答案】D

【解析】本题考查SWOT分析法的WT战略。WT战略使劣势最小化，避免威胁。

2. 该企业目前实施的战略为( )。

A. 成本领先战略

B. 差异化战略

C. 横向一体化战略

D. 纵向一体化战略

【答案】ABC

【解析】本题考查企业战略类型的分类。采用SWOT分析法，不断收购中小电视生产企业，扩大企业生产规模；加强内部成本控制，降低产品价格，成为行业中的成本领先者；同时，该企业针对儿童观看电视的需求，独家推出保护视力的防眩光、不闪式液晶电视，属差异化战略，可知分别为横向一体化战略、成本领先战略和差异化战略。

3. 该企业此次新产品经营决策属于( )。

A. 确定型决策   B. 不确定型决策

C. 风险型决策   D. 无风险型决策

【答案】B

【解析】本题考查不确定决策的概念。案例中三种市场状态发生的概率无法预测，可知为不确定

型决策。

4. 若采用后悔值原则进行决策，可使该企业获得最大经济效益的方案为生产(　　)。

A. 甲产品　　　　　　B. 乙产品
C. 丙产品　　　　　　D. 丁产品

【答案】A

【解析】根据后悔值原则具体选择如下步骤。

(1) 确定各自然状态下的最大收益值或最小损失值。

畅销：700万元。

一般：460万元。

滞销：-200万元。

(2) 计算各方案各自然状态下的后悔值，如表1-3所示。

表 1-3　四种产品方案自然状态下后悔值分析　　　　　　　　　　　　　　万元

市场状态损益值	畅　销	一　般	滞　销
甲产品	700-640=60	460-350=110	-200-(-250)=50
乙产品	700-680=20	460-460=0	-200-(-350)=150
丙产品	700-550=150	460-300=160	-200-(-200)=0
丁产品	700-700=0	460-440=20	-200-(-400)=200

(3) 确定各方案的最大后悔值。

甲产品：110万元。

乙产品：150万元。

丙产品：160万元。

丁产品：200万元。

(4) 选择最大后悔值最小的方案为最优的方案，因此甲产品(110万元)为最小，故选择A。

第三节　企业战略类型与选择

企业战略主要包括基本竞争战略、企业成长战略、企业稳定战略和企业紧缩战略。基本竞争战略就是无论在什么行业或什么企业都可以采用的竞争性战略；成长战略，也称扩张战略，是一种在现有战略基础上，向更高目标发展的总体战略，主要包括密集型成长战略、多元化战略、一体化战略和战略联盟四种；稳定战略是指受经营环境和内部资源条件的限制，企业基本保持目前的资源分配和经营业绩水平的战略；紧缩战略是企业从目前的经营战略领域和基础水平收缩和撤退，且偏离起点较大的一种战略。

 思维导图

本节涉及多个知识点和概念，如图1-4所示。

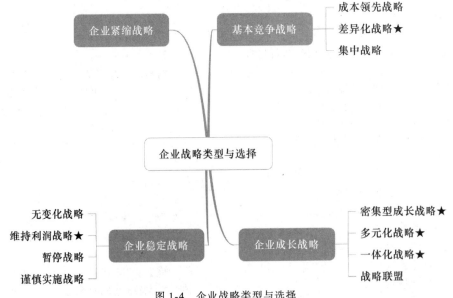

图 1-4　企业战略类型与选择

📖 知识点测试

【2014年单选题】为降低生产成本，某火力发电企业进军煤炭行业，自主供应原料，该企业采取的企业战略是(　　)。

A. 前向一体化战略　　B. 后向一体化战略
C. 转向战略　　　　　D. 差异化战略

【答案】B

【解析】后向一体化战略是指通过资产纽带或契约方式，企业与输入端企业联合形成一个统一的经济组织，从而达到降低交易费用及其他成本，提高经济效益目的的战略。企业产品由于原材料或零配件供应不上，或其成本过高，影响企业发展，这时企业可以依靠自己的力量扩大经营范围，由自己来生产原材料或零配件，也可以兼并原材料或零配件供应商，或与供应商合资办企业，形成统一的经济组织，统一规划产品的生产和销售。

【2014年多选题】下列联盟战略中，属于契约式战略联盟的有(　　)。

A. 合资企业　　B. 产品联盟
C. 相互持股　　D. 产业协调联盟
E. 营销联盟

【答案】BDE

【解析】战略联盟最早由美国DEC企业的总裁简·霍兰德和管理学家罗杰·奈格尔提出，是指两个或两个以上的企业为了实现资源共享、风险和成本共担、优势互补等特定战略目标，在保持自身独立性的同时，通过股权参与或契约连结的方式，建立较为稳固的合作伙伴关系，并在某些领域采用协作行动，从而取得双赢或多赢的目的，可分为：(1)技术开发与研究联盟；(2)产品联盟；(3)营销联盟；(4)产业协调联盟：多见于高新技术企业。

【2011年单选题】需要有规模经济效益支持的战略类型是(　　)。

A. 成本领先战略　　B. 差异化战略
C. 重点集中战略　　D. 以上都不是

【答案】A

【解析】成本领先战略适用于大批量生产的企业，产量要达到经济规模，才会有较低的成本。

【2012年多选题】企业实施成本领先战略的途径包括(　　)。

A. 发挥规模效应
B. 增加产品品种
C. 选择具有优势的经营地点
D. 强化市场营销力度
E. 获取技术优势

【答案】ACE

【解析】选项BD属于差异化战略。

【例题　单选题】在波士顿矩阵中，"明星"类产品的特点是(　　)。

A. 本区的产品有较高的业务增长率和市场占有率
B. 本区的产品有较高的业务增长率和较低的市场占有率
C. 本区的产品有较低的业务增长率和较高的市场占有率
D. 本区的产品有较低的业务增长率和市场占有率

【答案】A

【解析】本题考查波士顿矩阵。"明星"类产品的特点是有较高的业务增长率和市场占有率。

【例题　多选题】成本领先战略的适用范围有(　　)。

A. 适用于大批量生产的企业
B. 企业有较高的市场占有率和市场份额
C. 企业有能力使用先进的生产设备
D. 企业能够严格控制一切费用开支
E. 企业要有很强的研发能力

【答案】ABCD

【解析】本题考查成本领先战略的适用范围。该战略适用于大批量生产的企业，产量要达到经济规模，才会有较低的成本。企业有较高的市场占有率，严格控制产品定价和初始亏损，从而形成较高的市场份额。企业有能力使用先进的生产设备。先进的设备提高生产效率，使产品成本进一步降低。企业能够严格控制一切费用开支，全力以赴地降低成本。

【例题　单选题】某大型企业有很强的研究开发能力，并且具有一定数量的研发人员，有强烈的市场意识和创新眼光，及时了解客户需求，其产品及服务不断创造出新、独树一帜，该企业实施的是(　　)。

A. 成本领先战略
B. 差异化战略
C. 重点集中战略
D. 市场渗透战略

【答案】B

【解析】本题考查差异化战略的特点。实施差异化战略，要求企业要有很强的研究开发能力，具有一定数量的研发人员，有强烈的市场意识和创新眼光，及时了解客户需求，不断地在产品及服务中创造出独特性。企业在产品或服务上要具有领先的声望，具有很高的知名度和美誉度。企业要有很强的市场营销能力。企业内部的研究开发、生产制造、市场营销等职能部门之间有很好的协调性。

【例题　单选题】某企业是拥有很高知名度和良好口碑的大型食品企业，其生产的产品一直很受市场欢迎，该企业基于其良好的生产能力开发了适合儿童食用的系列零食饼干、牛肉干等产品，且该企业拥有很好的市场营销能力。则该企业实施的是（　）。

A.成本领先战略

B.重点集中战略

C.差异化战略

D.市场渗透战略

【答案】C

【解析】本题考查差异化战略的特点。实施差异化战略，企业在产品或服务上要具有领先的声望，具有很高的知名度和美誉度。企业要有很强的市场营销能力。企业内部的研究开发、生产制造、市场营销等职能部门之间有很好的协调性。

【例题　多选题】集中战略的实现途径有（　）。

A.通过选择产品系列实现集中战略，对于产品开发和工艺装备成本偏高的行业通常以产品系列的某一部分作为经营的重点，正确地选择产品系列

B.通过细分市场选择重点客户实现集中战略，将经营重心放在不同需求的顾客群上

C.通过市场细分选择重点地区实现集中战略

D.通过发挥优势集中经营实现集中战略

E.企业内部着重开展研究开发、生产制造、市场营销等职能部门之间的协调工作

【答案】ABCD

【解析】集中战略的实现途径有：(1)通过选择产品系列实现集中战略的方法。对于产品开发和工艺装备成本偏高的行业通常以产品系列的某一部分作为经营的重点，正确地选择产品系列为企业的持续发展奠定了基础。(2)通过细分市场选择重点客户实现集中战略的方法。将经营重心放在不同需求的顾客群上是这种方法的主要特点。(3)通过市场细分选择重点地区实现集中战略的方法。划分细分市场，可按地区为标准。如果一种产品能够按照特定地区的需求实现重点经营，也能获得竞争优势。(4)通过发挥优势集中经营实现集中战略的方法。市场占有率低的中小企业或业务部门，如果充分发挥

自己的优势，将经营重点对准特定的细分市场，有重点地进行研究开发，也能建立起不败的竞争优势。

【例题　单选题】企业战略中，在现有战略基础上向更高目标发展的总体战略指的是（　）。

A.成长战略

B.集中战略

C.差异化战略

D.成本领先战略

【答案】A

【解析】本题考查成长战略的定义。在企业战略中，基于现有战略基础上，向更高目标发展的总体战略是成长战略。

【例题　单选题】某汽车制造厂除生产轿车、卡车等大型车辆外，还生产摩托车等类型的车辆，该汽车制造厂实施的企业战略是（　）。

A.水平多元化

B.垂直多元化

C.同心型多元化

D.集中战略

【答案】A

【解析】水平多元化是指在同一专业范围内进行多种经营，如汽车制造厂生产轿车、卡车和摩托车等不同类型的车辆。

【例题　单选题】某造船厂业务不景气，于是计划承接海洋工程，该厂实施的是（　）战略。

A.水平多元化

B.垂直多元化

C.差异化战略

D.同心型多元化

【答案】D

【解析】同心型多元化是指以市场或技术为核心的多元化，如一家生产电视机、电冰箱、洗衣机的企业，以"家电市场"为核心；造船厂在造船业不景气的情况下承接海洋工程、钢结构加工等。

【例题　多选题】下列（　）是企业稳定战略。

A.无变化战略　　　B.维持利润战略

C.停止战略　　　　D.暂停战略

E.谨慎实施战略

【答案】ABDE

【解析】企业稳定战略主要包括无变化战略、维持利润战略、暂停战略、谨慎实施战略。选项C描述不够准确，因此答案为ABDE。

【例题　单选题】（　）是指卖掉其资产或停

止整个企业的运营而终止一个企业的存在。

A.转向战略　　　　B.放弃战略

C.清算战略　　　　D.结余战略

【答案】C

【解析】本题考查清算战略。清算战略是指卖掉其资产或停止整个企业的运营而终止一个企业的存在。

第四节　企业经营决策

企业经营决策是指企业通过内部条件和外部环境的调查研究、综合分析，运用科学的方法选择合理方案，实现企业经营目标的整个过程。这一定义包含以下内容：决策要有明确的目标，没有目标就无从决策；决策要有多个可行方案供选择；决策是建立在调查研究、综合分析、评价和选择的基础上的。

经营决策日益渗透到企业经营的各个层次、各个环节，在指导企业经营的实践中发挥着重要的作用。

思维导图

本节涉及多个知识点和概念，如图1-5所示。

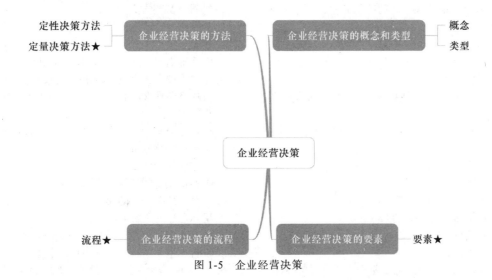

图1-5　企业经营决策

知识点测试

【2014年单选题】关于企业经营决策的说法，错误的是(　　)。

A.决定决策者是企业经营决策的起点

B.确定目标是企业经营决策的前提

C.企业经营决策应充分考虑决策条件的制约

D.企业经营决策应建立在调查研究、综合分析、评价和选择的基础上

【答案】A

【解析】企业经营决策就是指企业通过内部条件和外部环境的调查研究和综合分析，运用科学的方法选择合理方案，实现企业经营目标的整个过程。这一定义包含以下内容：(1)决策要有明确的目标，没有目标就无从决策；(2)决策要有多个可行方案供选择；(3)决策是建立在调查研究、综合分析、评价和选择的基础上的。选项A错误，决策目标的确立是科学决策的起点。

【2010年单选题】(　　)是指已知决策方案所需的条件，但每种方案的执行都有可能出现不同后果，多种后果的出现有一定的概率。

A.确定型决策方法　　B.不确定型决策方法

C.风险型决策方法　　D.以上答案均不对

【答案】C

【解析】风险型决策方法是指已知决策方案所需的条件，但每种方案的执行都有可能出现不同的后果，多种后果的出现有一定的概率。

【2011年多选题】经营决策的要素包括(　　)。

A.决策条件　　　　B.决策者

C.决策目标　　　　D.决策地点

E.决策备选方案

【答案】ABCE

【解析】经营决策的要素包括决策者、决策目标、决策备选方案、决策条件、决策结果。

【2010年单选题】企业进行科学决策的起点是( )。

A.确立决策目标

B.决策者

C.选择决策备选方案

D.评价决策结果

【答案】A

【解析】决策目标的确立是科学决策的起点，它为决策指明了方向，为选择行动方案提供了衡量标准，也为决策实施的控制提供了依据。

【2011年单选题】运用德尔菲法，专家人数一般为( )。

A.5～8人　　　　B.8～15人

C.10～50人　　　D.50～100人

【答案】C

【解析】德尔菲法的关键在于专家人数为10～50人。

【例题　单选题】将企业经营决策分为总体层经营决策、业务层经营决策、职能层经营决策，是根据( )标准进行的。

A.决策的重要性

B.决策影响的时间

C.环境因素的可控程度

D.决策目标的层次性

【答案】A

【解析】将企业经营决策分为总体层经营决策、业务层经营决策、职能层经营决策，是根据决策的重要性进行划分的。

【例题　单选题】科学的决策流程，大致包括五个阶段，正确的流程顺序是( )。

A.确定目标阶段—拟订方案阶段—选定方案阶段—方案实施与监督阶段—评价阶段

B.拟订方案阶段—确定目标阶段—选定方案阶段—评价阶段—方案实施与监督阶段

C.选定方案阶段—确定目标阶段—拟订方案阶段—评价阶段—方案实施与监督阶段

D.确定目标阶段—选定方案阶段—拟订方案阶段—方案实施与监督阶段—评价阶段

【答案】A

【解析】科学的决策流程，大致包括五个阶段，即确定目标阶段、拟订方案阶段、选定方案阶段、方案实施与监督阶段、评价阶段。

考题预测及强化训练

一、单项选择题

1. 企业战略是指企业在市场经济竞争激烈的环境中，在总结历史经验、调查现状、预测未来的基础上，为谋求生存和发展而做出的( )的谋划。

A.指导性、激励性　　B.科学性、民主性

C.长远性、全局性　　D.局部性、竞争性

2. 企业战略制定的第一步是( )。

A.确定企业愿景、使命与战略目标

B.评价和选择战略方案

C.分析外部环境，评估自身的能力

D.准备战略方案

3. 企业使命的定位不包括( )。

A.经营哲学　　　　B.生存目的

C.企业形象　　　　D.企业风气

4. 企业管理人员应该正确分析和判断企业是执行原有战略还是常规的战略变化，属于企业战略实施步骤中的( )。

A.战略方案分解与实施

B.战略变化分析

C.组织结构调整

D.战略实施的考核与奖励

5. 在企业战略实施的模式中，( )比较适合于环境确定性较大的企业。

A.转化型　　　　　B.增长型

C.合作型　　　　　D.文化型

6. ( )就是指企业战略管理者及参与战略的实施者根据战略目标和行动方案，对战略的实施状况进行全面的评审，及时发现偏差并纠正偏差的活动。

A.企业战略的制定　　B.企业战略的实施

C.企业战略的控制　　D.企业战略的分析

7. 采用杜邦分析法进行战略控制时，有关净资产收益率的公式正确的是( )。

A.净资产收益率=资产净利率×权益乘数

B.净资产收益率=资产净利率/权益乘数

C.净资产收益率=资产净利率×(1-资产负债率)

D.净资产收益率=(销售净利率×资产周转率)×(1-资产负债率)

8. 在平衡计分卡的( )，管理者确立了其业务单位将竞争的顾客和市场，以及业务单位在这些目标顾客和市场中的衡量指标。

A.内部经营流程层面　B.学习与成长层面

C.顾客层面　　　　　D.财务层面

9. 利润计划轮盘由三部分组成，其中不包括(　　)。
 A.利润轮盘　　　　 B.现金轮盘
 C.权益回报率轮盘　 D.净资产收益率轮盘

10. 企业进行战略环境分析时，行业环境分析的主要内容不包括(　　)。
 A.行业竞争结构分析　B.行业生命周期分析
 C.企业资源分析　　　D.战略群体分析

11. 企业制定战略的出发点、依据和条件是(　　)。
 A.内部环境　　　 B.宏观环境
 C.行业环境　　　 D.中观环境

12. 企业价值链由主体活动和辅助活动构成，下列不属于辅助活动的是(　　)。
 A.企业基础职能管理　B.人力资源管理
 C.生产加工　　　　　D.技术开发

13. 在波士顿矩阵中，拥有较高的业务增长率和市场占有率的是(　　)产品。
 A.金牛类　　　　 B.瘦狗类
 C.幼童类　　　　 D.明星类

14. 在波士顿矩阵中，幼童区的产品特征是(　　)。
 A.业务增长率比较低，市场占有率比较高
 B.业务增长率比较低，市场占有率比较低
 C.业务增长率比较高，市场占有率比较低
 D.业务增长率比较高，市场占有率比较高

15. 根据SWOT分析法，企业要利用机会、克服劣势可以采取的战略是(　　)。
 A.SO战略　　　　 B.ST战略
 C.WO战略　　　　 D.WT战略

16. 当企业有较高的市场占有率，能够采用先进的设备提高生产效率，从而使产品成本进一步降低时，企业应选择的市场战略为(　　)。
 A.低成本战略　　　 B.集中战略
 C.差异化战略　　　 D.无差异化战略

17. 当企业研发和营销能力较强、经营的产品市场异质性又比较高时，企业应选择的市场战略为(　　)。
 A.低成本战略　　　 B.集中战略
 C.差异化战略　　　 D.无差异化战略

18. 实施差异化战略的核心是(　　)。
 A.取得某种对顾客有价值的独特性
 B.取得某种对顾客有价值的差异性
 C.取得某种对顾客有价值的集中性
 D.获取特定的目标顾客

19. 下列对集中战略的表述错误的是(　　)。
 A.与成本领先战略的不同是企业围绕整个产业开展生产经营和服务活动

 B.集中战略又称为专一化战略
 C.通过选择产品系列可以实现集中战略
 D.其适用于经营实力较弱，不足以追求广泛的市场目标的企业

20. 下列战略中，(　　)是一种在现有战略基础上，向更高目标发展的总体战略。
 A.暂停战略　　　　 B.稳定战略
 C.扩张战略　　　　 D.紧缩战略

21. 下列不属于实施市场渗透战略的基本途径的是(　　)。
 A.增加现有产品的使用人数
 B.增加现有产品使用者的使用量
 C.增加产品的新用途
 D.产品革新

22. 企业战略是根据企业总体发展的需要而制定，追求的是整体效果，战略的制定、实施和评价都是一个复杂的系统工程，因此企业战略具有(　　)。
 A.全局性与复杂性　 B.稳定性与动态性
 C.收益性与风险性　 D.局部性与长期性

23. 某空调生产企业今年开始涉猎彩电、冰箱等家电领域，该企业实施的战略属于(　　)。
 A.关联多元化战略　 B.无关联多元化战略
 C.前向一体化战略　 D.后向一体化战略

24. 某钢铁生产企业为降低原材料价格，将经营范围延伸至采矿业，该企业实施的是(　　)战略。
 A.后向一体化　　　 B.前向一体化
 C.横向一体化　　　 D.水平一体化

25. 为了扩大产品的销售，某计算机生产企业投资建立了计算机销售公司。这种战略属于(　　)。
 A.后向一体化战略　 B.前向一体化战略
 C.专业化发展战略　 D.集中化发展战略

26. 下列并购形式中，被并购企业的法人地位不会消失的是(　　)。
 A.新设合并　　　　 B.吸收合并
 C.收购　　　　　　 D.兼并

27. 在经济不景气、资源紧缩、产品滞销、组织内部冲突、财务状况恶化以及原来的经营领域处于不利竞争地位时，应采用的战略是(　　)。
 A.暂停战略　　　　 B.转向战略
 C.放弃战略　　　　 D.收缩战略

28. 企业经营决策的定义包含三方面的内容，其中不包括(　　)。
 A.决策要有多个可行方案供选择
 B.经营决策由最高管理层决定

C. 决策是建立在调查研究、综合分析、评价和选择的基础上的

D. 决策要有明确的目标

29. 企业职能战略的重点是( )。

  A. 提高资源的利用效率，最大化企业资源利用效率

  B. 改进一个业务单位在它所从事的行业中，或某一特定的细分市场中所提供的产品和服务的竞争地位

  C. 研究整个企业生存和发展中的基本问题

  D. 正确评判下层的各种建议，淘汰不适当的方案

30. 在企业经营决策的过程中，( )是决策的基础。

  A. 方案的评价与选择　　B. 确定目标

  C. 拟订备选方案　　　　D. 方案实施

31. 确定型决策方法主要有( )。

  A. 乐观原则和悲观原则

  B. 决策树分析法和盈亏平衡点法

  C. 线性规划和盈亏平衡点法

  D. 线性规划和决策树分析法

32. 某公司生产某种产品的固定成本为30万元，单位可变成本为8元，本年度产品订单为15万件，则产品单位售价为( )元时才不至于亏损。

  A. 8　　　B. 10　　　C. 12　　　D. 6

33. 某厂在下一年拟生产某种产品，需要确定产品批量。根据预测估计，这种产品市场状况的概率是：畅销为0.2，一般为0.5，滞销为0.3。其他有关数据见表1-4，使该厂取得最大经济效益的方案为( )。

表1-4　产品市场状况

方案	畅销	一般	滞销
	0.2	0.5	0.3
I	30	25	20
II	35	35	20
III	25	30	26
IV	20	30	25

  A. I　　　B. II　　　C. III　　　D. IV

34. 研究整个企业生存和发展中的基本问题是企业( )战略的目标。

  A. 业务　　　　B. 整体

  C. 职能　　　　D. 长远

35. 某企业开发新产品，有四种设计方案可供选择，四种方案在不同市场状态下的损益值(单位：万元)参见表1-5，采用乐观原则判断，该企业应选择( )。

表1-5　四种方案在不同市场状态下的损益值

方案	畅销	一般	滞销
I	50	40	20
II	60	50	10
III	70	60	0
IV	90	80	-20

  A. 方案 I　　　　B. 方案 II

  C. 方案 III　　　D. 方案 IV

36. 当无法确定某种自然状态发生的可能性大小及其顺序时，可以假定每一自然状态具有相等的概率，并以此计算各方案的损益值，进行方案选择。这种方法称为( )。

  A. 折中原则　　　　B. 等概率原则

  C. 后悔值原则　　　D. 乐观原则

37. 战略管理是由( )在其1976年出版的《从战略计划趋向战略管理》中首先提出的。

  A. 霍弗　　　　B. 波特

  C. 安索夫　　　D. 申德尔

38. 从决策影响的时间进行分类，决策可分为( )。

  A. 企业总体层、业务层和职能层经营决策

  B. 确定型决策、风险型决策和不确定型决策

  C. 长期决策和短期决策

  D. 单目标决策和多目标决策

39. 下列不属于股权收购形式的是( )。

  A. 参股　　　　　B. 控股

  C. 全面收购　　　D. 资产收购

40. 某企业过去长期生产经营汽车，今年开始进入房地产行业。该企业实施的新战略属于( )。

  A. 关联多元化战略　　B. 前向一体化战略

  C. 非关联多元化战略　D. 后向一体化战略

41. 差异化战略的核心是取得某种对顾客有价值的( )。

  A. 使用性　　　　B. 竞争性

  C. 差异性　　　　D. 独特性

42. 在波士顿矩阵中，对于幼童业务，如果管理者认为其不能转变为明星业务，应当采取( )。

  A. 清算战略　　　B. 扩张战略

  C. 紧缩战略　　　D. 放弃战略

43. 在波士顿矩阵中，拥有较高的市场占有率和较低的业务增长率的是( )。

  A. 幼童区　　　　　B. 金牛区

  C. 瘦狗区　　　　　D. 明星区

44. 战略控制方法中，( )是将组织的战略落实为可操作的衡量指标和目标值的一种新型绩效评价方法。

A. 平衡计分卡法　　　B. 杜邦分析法

C. 利润计划轮盘　　　D. 模拟模型法

45. 下列不属于战略控制原则的是( )。

A. 适应性原则　　　　B. 确保目标原则

C. 适时控制原则　　　D. 综合平衡原则

46. 在企业战略实施模式中,( )模式十分重视运用组织结构、激励手段和控制系统来促进战略实施。

A. 增长型　　　　　　B. 转化型

C. 合作型　　　　　　D. 文化型

47. 企业战略管理的主体是( )。

A. 董事　　　　　　　B. 股东

C. 企业所有者　　　　D. 企业管理者

48. 下列有关决策收益表法的表述错误的是( )。

A. 决策收益表法又称决策损益矩阵

B. 损益期望值实质上是各种状态下加权性质的平均值

C. 利用表格的形式,进行期望值比较和选择的决策方法是决策收益表法

D. 当决策指标为成本时,应选取期望值最大的方案

49. 某企业生产某产品的固定成本为45万元,单位可变成本为15元,产品单位售价为20元,其盈亏平衡点的产量为( )件。

A. 12 857　　　　　　B. 22 500

C. 30 000　　　　　　D. 90 000

50. 下列不属于定性决策方法的是( )。

A. 德尔菲法　　　　　B. 决策树法

C. 名义小组技术　　　D. 思维共振法

51. 在企业内部条件中,综合体现了企业战略实力的是( )。

A. 企业结构　　　　　B. 企业规章

C. 企业文化　　　　　D. 企业资源

52. 在行业生命周期的( )阶段,产品成本和市场营销有效性成为企业成败的关键因素。

A. 形成期　　　　　　B. 成长期

C. 成熟期　　　　　　D. 衰退期

53. 能够成为企业持续竞争优势源泉的经营资源是( )。

A. 先进的机器设备　　B. 原材料库存

C. 土地使用权　　　　D. 研发能力

54. 某汽车制造厂原来要向发动机厂购买发动机,现在该厂并购了一个发动机厂,则该汽车制造厂实施的是( )战略。

A. 后向一体化　　　　B. 前向一体化

C. 横向一体化　　　　D. 混合一体化

55. 当企业经营实力较弱,不足以追求广泛的市场目标时,企业应选择的市场战略为( )。

A. 低成本战略　　　　B. 集中战略

C. 差异化战略　　　　D. 无差异化战略

56. 在分析潜在进入者对产业内现有企业的威胁时,应重点分析( )。

A. 产业进入壁垒　　　B. 产业内现有企业数量

C. 产业生命周期　　　D. 买方及卖方集中度

57. 工作重点是改进一个业务单位在它所从事的行业中,或某一特定的细分市场中所提供的产品和服务的竞争地位的企业战略层次是( )。

A. 企业总体战略　　　B. 企业职能战略

C. 企业业务战略　　　D. 企业竞争战略

58. 在下列关于稳定型战略特征的表述中,错误的是( )。

A. 在执行稳定型战略时,企业继续提供相同的产品和服务

B. 稳定型战略追求的是稳定的、均衡的发展

C. 稳定型战略可能会使企业丧失一些发展机会

D. 稳定型战略风险相对较大

59. 某企业生产一种电动按摩器,年销售量100万台,固定成本总额为1000万元,单位变动成本为55元,该电动按摩器的盈亏临界点价格为( )元/台。

A. 55　　　B. 65　　　C. 75　　　D. 85

60. 某企业过去长期生产经营家电,今年投入巨资进入汽车行业。该企业实施的新战略属于( )。

A. 关联多元化战略　　B. 前向一体化战略

C. 无关联多元化战略　D. 后向一体化战略

61. 企业战略制定的第一步是( )。

A. 分析外部环境,评价自身能力

B. 确定企业使命与目标

C. 识别和鉴定现行的战略

D. 准备战略方案

62. 在行业生命周期的成熟期,市场需求呈现出多样化、复杂化与个性化的变化趋势,市场竞争更为激烈。这时企业应积极实施( )。

A. 成本领先战略　　　B. 无差异战略

C. 集中化战略　　　　D. 差异化战略

63. 在发展战略中,企业进行扩张时的主要选择是( )。

A. 无关联多元化战略

B. 放弃战略

C. 抽资转向战略

D. 关联多元化发展战略

64. 在紧缩战略中,( )是指企业在现有经营领域不能完成原有产销规模和市场规模,不得不将其缩小;或者企业有了新的发展机会,压缩原有领域的投资,控制成本支出以改善现金流为其他业务领域提供资金的战略方案。
    A. 发展战略　　　　　B. 转向战略
    C. 放弃战略　　　　　D. 清算战略

65. 在竞争战略的制定中,比较适合中小企业采用的竞争战略是( )。
    A. 稳定战略　　　　　B. 集中化战略
    C. 差异化战略　　　　D. 成本领先战略

66. 把战略决策范围扩大到企业高层管理集体之中,调动了高层管理人员的积极性和创造性,这种战略实施模式为( )模式。
    A. 合作型　　　　　　B. 增长型
    C. 文化型　　　　　　D. 转化型

67. 机电公司经销一种小型电动机,单价为505元/台,单位产品的变动成本为105元/台,固定成本分摊为200万元。预计年销售量为6000台。该种小型电动机的保本销售量是( )。
    A. 3922台　　　　　　B. 5000台
    C. 4000台　　　　　　D. 4500台

68. 从环境因素的可控程度分类,经营决策可分为( )。
    A. 初始决策和追踪决策
    B. 长期决策和短期决策
    C. 战略决策、战术决策和业务决策
    D. 确定型决策、风险型决策和不确定型决策

69. 在企业经营决策的要素中,( )的确立是科学决策的起点。
    A. 决策条件　　　　　B. 决策目标
    C. 决策结果　　　　　D. 决策者

70. 动员企业全体员工充分利用并协调企业内外一切可利用的资源,沿着企业战略的方向和途径,自觉而努力地贯彻战略,以期更好地达成企业战略目标的过程是( )。
    A. 企业战略制定　　　B. 企业战略实施
    C. 企业战略控制　　　D. 企业战略反馈

二、多项选择题

1. 企业战略分若干层次,具体由( )组成。
   A. 企业总体战略　　　B. 企业业务战略
   C. 企业发展战略　　　D. 企业职能战略
   E. 企业产品战略

2. 企业的战略目标因企业的类型和使命不同而各不相同,一般可分为( )和服务。
   A. 盈利　　　　　　　B. 顾客
   C. 员工　　　　　　　D. 企业文化
   E. 社会责任

3. 下列属于PEST分析因素的有( )。
   A. 企业结构　　　　　B. 科技环境
   C. 企业资源　　　　　D. 政治环境
   E. 社会文化环境

4. 行业生命周期阶段包括( )。
   A. 形成期　　　　　　B. 成长期
   C. 鼎盛期　　　　　　D. 成熟期
   E. 衰退期

5. 企业进行内部环境分析的方法有( )。
   A. 价值链分析
   B. 企业核心竞争力分析
   C. 战略群体分析
   D. 行业竞争结构分析
   E. 波士顿矩阵分析

6. 以下关于波士顿矩阵分析的说法正确的是( )。
   A. 波士顿矩阵法以市场占有率和业务增长率为指标
   B. 波士顿矩阵法将所有的战略单位分为"明星"、"瘦牛"、"金狗"、"幼童"
   C. 位于明星区的产品有着较高的市场占有率和业务增长率
   D. 波士顿矩阵是企业内部环境分析的方法
   E. 在明星区的最佳战略是停止投资

7. 实施市场开发战略的一般条件有( )。
   A. 在空间上存在着未开发或未饱和的市场区域
   B. 企业具备很高的研究和开发能力,不断进行产品的开发创新
   C. 企业拥有扩大经营所需的资金、人力和物质资源
   D. 企业的主营业务是全球化惠及的行业
   E. 企业可以获得新的、可靠的、经济的、高质量的销售渠道

8. 企业使命是要说明企业的根本性质与存在的理由,说明企业的宗旨、哲学、信念、原则,下面有关企业使命的说法中正确的是( )。
   A. 企业生存目的的定位是要说明企业要满足顾客的某种需求
   B. 企业经营哲学的定位是对企业经营活动本质性认识的高度概括
   C. 企业形象的良好定位意味着企业在社会公众心目中留下长期的信誉,是吸引现在和将来顾客的重要因素,也是形成企业内部凝聚力的重要原因

D. 确定核心信仰

E. 确定未来前景

9. 企业战略实施的步骤主要包括( )。

A. 战略变化分析　　　B. 战略方案分解

C. 战略实施的考核　　D. 战略适度控制

E. 战略适时控制

10. 运用德尔菲法的关键在于( )。

A. 拟订好意见征询表

B. 填写意见征询表

C. 确定预测小组的人员

D. 决定适当的专家人数

E. 选择好专家

11. 以下属于风险型决策的方法有( )。

A. 淘汰法　　　　　　B. 线性规划法

C. 决策树分析法　　　D. 盈亏平衡点法

E. 决策收益表法

12. 战略控制过程实际上是一个不断肯定与否定的循环过程,战略控制流程的步骤为( )。

A. 制定绩效标准　　　B. 衡量实际绩效

C. 审查结果　　　　　D. 采取纠偏措施

E. 确定目标

13. 头脑风暴法的缺点和弊端有( )。

A. 不易产生更多的创造性思维

B. 易忽视少数派的意见

C. 受心理因素影响较大

D. 对预测的价值较低

E. 易屈服于权威或大多数人的意见

14. 实施战略联盟的企业是为了实现( )等特定战略目标。

A. 资源共享　　　　　B. 优势互补

C. 风险共担　　　　　D. 成本共担

E. 渠道共用

15. 企业价值链由主体活动和辅助活动构成,下列属于主体活动的是( )。

A. 采购　　　　　　　B. 生产加工

C. 技术开发　　　　　D. 市场营销

E. 成品储运

16. 以下( )属于差异化战略的实现途径。

A. 通过产品质量的不同实现差异化战略

B. 通过提高产品的可靠性实现

C. 通过产品创新实现

D. 通过产品特性差别实现

E. 通过细分市场选择重点客户实现

17. 在行业的成长期,( )成为关键性职能。

A. 产品成本控制　　　B. 生产管理

C. 市场营销　　　　　D. 广告宣传

E. 研究开发和工程技术

18. 企业战略实施的考核通常利用( )等方法实施。

A. 关键绩效指标法

B. 杜邦分析法

C. SWOT分析法

D. 德尔菲法

E. 平衡计分卡法

19. 下面有关密集型成长战略的描述中正确的是( )。

A. 新产品开发战略形式不属于密集型成长战略

B. 市场开发战略形式属于密集型成长战略

C. 市场渗透的战略形式属于密集型成长战略

D. 这种战略的重点是加强对原有市场的开发或对原有产品的开发

E. 密集型成长战略是指企业在原有业务范围内,充分利用在产品和市场方面的潜力来求得成长的战略

20. 市场渗透可以采取( )实现。

A. 在同一专业范围内进行多种经营

B. 主要通过产品换代、产品改良等方式增加产品的使用价值

C. 主要通过增加产品的主要用途或附带用途等方式实现

D. 通过增加对产品的使用次数、增加每次的使用量等方式实现

E. 主要通过转化非使用者,挖掘潜在的使用者、吸引竞争对手的顾客等方式实现

21. 一个行业里普遍存在的基本竞争力量包括( )等。

A. 政府部门　　　　　B. 新进入者

C. 行业内现有企业　　D. 供应者

E. 替代品生产者

22. 下面有关企业经营决策的描述中正确的是( )。

A. 决策者是企业经营决策的主体,是决策最基本的要素

B. 决策者是决策系统的驾驭者和操纵者

C. 决策目标是指决策所要达到的目的

D. 决策结果指决策实施后所产生的效果和影响,是决策系统的又一基本要素

E. 决策备选方案的确立是科学决策的起点,它为决策指明了方向,为选择行动方案提供了衡量标准,也为决策实施的控制提供了依据

23. 下面有关定性决策方法中德尔菲法的描述中正

确的是( )。

A. 德尔菲法以匿名方式通过几轮函询征求专家的意见，组织决策小组对每一轮的意见进行汇总整理后作为参考再发给各专家，供他们分析判断，以提出新的论证

B. 运用德尔菲法的关键是选择好专家

C. 德尔菲法中专家人数一般以10～50人较好

D. 德尔菲法意见征询表的质量直接关系到决策的有效性

E. 德尔菲法中专家人数一般以3～5人较好

24. 企业内部条件分析的方法除了内部要素评价矩阵外，还有( )。

A. 企业核心竞争力分析法

B. SWOT分析法

C. 企业价值链分析法

D. 外部要素评价矩阵

E. 组织温度调查法

25. 线性规划法属于定量决策方法中确定型决策方法的一种，其步骤一般包括( )。

A. 确定影响目标的变量

B. 列出目标函数方程

C. 找出实现目标的约束条件

D. 找出使目标函数达到最优的可行解

E. 将成本分为固定成本和可变成本两部分，然后与总收益进行对比来确定盈亏平衡时的产量或某一盈利水平的产量

26. 下列选项中，属于美国战略学家迈克尔·波特提出的企业一般竞争战略的是( )。

A. 产品差异化战略

B. 一体化战略

C. 多元化战略

D. 成本领先战略

E. 集中战略

27. 采取差异化战略的原因主要有( )。

A. 形成进入障碍

B. 增强讨价还价能力

C. 提高替代品的威胁

D. 保持领先的竞争地位

E. 增强客户的敏感度

28. 运用稳定型战略的优点在于( )。

A. 能够保持战略的稳定性

B. 易适应外部环境变化

C. 风险较小

D. 可不断开发市场

E. 经营目标集中

29. 发展型战略的特征包括( )。

A. 投入大量资源，扩大规模，提高产品的市场占有率，增强企业的竞争实力

B. 继续提供相同的产品服务来满足原有顾客的需要

C. 不断地开发新产品、开拓新市场，采用新的生产方式和管理方式

D. 不仅适应外部环境的变化，而且试图通过产品创新来引导消费，创造需求

E. 继续追求过去相同的经济效益目标

30. 集中战略的优点包括( )。

A. 经营目标集中

B. 风险小

C. 管理简单方便

D. 有利于集中使用企业资源

E. 实现生产的专业化

31. 下列有关一体化发展战略的优点表述正确的是( )。

A. 有助于更好地掌握市场需求信息和发展趋势，更迅速地了解顾客的意见和建议，增强对市场的适应能力

B. 有助于抓住市场机会，进入更具发展潜力的行业

C. 有助于降低成本，减少风险，使生产稳定、正常进行

D. 有利于发挥企业资源优势，提高经济效益

E. 前向一体化通过提高产品的深加工程度，可以给企业带来更多利润

32. 非确定型决策中一些公认的思考原则包括( )等。

A. 期望收益原则　　B. 乐观原则

C. 悲观原则　　D. 折中原则

E. 等概率原则

33. 企业核心能力组成要素主要包括( )。

A. 全体员工的知识和技能水平

B. 企业技术体系

C. 企业的管理体系

D. 企业愿景

E. 以上都不对

34. 一体化战略的缺点主要是( )。

A. 对企业长远发展非常不利

B. 使企业规模扩大，人员和组织机构庞杂，导致管理的难度加大和管理费用大幅度增加

C. 分散企业资源，降低资源配置效率

D. 进入新的经营领域，不仅需要投入大量的资金，而且需要企业掌握更多新的技术和经验

E. 企业一旦进入新的经营领域，再退出就很难

35. 企业实施相关多元化战略时，应符合的条件是( )。

A. 企业可以将技术、生产能力从一种业务转向另一种业务

B. 企业可以将不同业务的相关活动合并在一起

C. 企业具有进入新产业所需的资金和人才

D. 企业在新的业务中可以借用公司品牌的信誉

E. 企业能够创建有价值的竞争能力的协作方式实施相关的价值链活动

36. 战略选择的方法主要有( )。

A. 战略逻辑理性评估

B. 财务指标分析法

C. 组织温度调查法

D. 内部要素评价法

E. 风险分析法

37. 实施企业战略的基本原则是( )。

A. 整体协调性原则　　B. 权变原则

C. 可接受性原则　　　D. 合理性原则

E. 统一指挥原则

38. 按控制方式划分，战略控制可以分为( )。

A. 前馈控制　　　　　B. 反馈控制

C. 实时控制　　　　　D. 直接控制

E. 回避控制

39. 经营决策的要素除了决策者外，还包括( )。

A. 决策目标　　　　　B. 决策备选方案

C. 决策条件　　　　　D. 决策环境

E. 决策结果

40. 根据数学模型涉及的决策问题的性质或者说根据所选方案结果的可靠性的不同，定量决策方法一般可以分为( )。

A. 确定型决策方法

B. 名义小组技术

C. 风险型决策方法

D. 淘汰法

E. 不确定型决策方法

三、案例分析题

(一) 某公司十年来一直只生产电视机显像管，产品质量较高，经营状况良好。2014年该公司与某电视机生产企业联合，开始生产电视机成品，拟生产三种不同型号的电视机产品，有四个备选方案，每个方案的投资额、经营期限、市场状态和收益值如表1-6所示。

表1-6　某公司生产三种型号电视机决策收益表

市场状态 概率方案	销路好 0.3	销路一般 0.5	销路差 0.2	投资额/万元	经营期限/年
1	400	200	-20	400	3
2	300	180	60	300	4
3	230	150	50	200	5
4	150	100	40	100	6

根据上述资料回答下列问题：

1. 该公司与某电视机生产企业联合前实施的是( )。

A. 差异化战略　　　　B. 一体化战略

C. 集中战略　　　　　D. 稳定战略

2. 目前该公司实施的是( )。

A. 前向一体化战略　　B. 后向一体化战略

C. 集中战略　　　　　D. 差异化战略

3. 方案1的期望收益值为( )万元。

A. 248　　　　　　　B. 255

C. 260　　　　　　　D. 648

4. 该公司可以取得最大期望经济效益的决策方案为( )。

A. 方案1　　　　　　B. 方案2

C. 方案3　　　　　　D. 方案4

(二) 某跨国家电集团2000年进入中国市场，业务范围不断扩大，不仅在家电制造领域站稳脚跟，而且通过并购、联合等多种形式，使业务遍及手机、医药、建筑等多个领域。在家电制造领域，该集团成绩表现尤为突出，不断针对不同的消费群体，推出具有独特功能和款式的新型家电，占领不同领域消费市场，市场占有率大幅提升。2014年该集团拟推出一款多功能新型家电，备选型号有Ⅰ、Ⅱ、Ⅲ、Ⅳ四种。未来市场情况存在畅销、一般和滞销三种可能，但各种情况发生的概率难以测算。在市场调研的基础上，集团对四种型号的损益状况进行了预测，在不同市场状态下的损益值如表1-7所示。

表 1-7　某集团 Ⅰ、Ⅱ、Ⅲ、Ⅳ四种家电经营损益表　　　　　万元

型　号	市场状况		
	畅　销	一　般	滞　销
Ⅰ	500	400	50
Ⅱ	600	450	0
Ⅲ	700	500	100
Ⅳ	1100	600	-100

根据以上资料，回答下列问题：

5. 目前该集团实施的经营战略为( )。(多选题)
　A. 成本领先战略　　　B. 一体化战略
　C. 差异化战略　　　　D. 多元化战略
6. 该集团进行战略实施时应遵循的基本原则有
　( )。(多选题)
　A. 合理性原则　　　　B. 统一指挥原则
　C. 综合平衡原则　　　D. 权变原则
7. 若采用乐观原则计算，使公司获得最大经济效益
　的型号为( )。
　A. Ⅰ　　B. Ⅱ　　C. Ⅲ　　D. Ⅳ
8. 若采用折中原则计算(最大值系数 α=0.8)，生产型

号Ⅲ能使公司获得的经济效益为( )万元。
　A. 220　　　　　　　B. 420
　C. 580　　　　　　　D. 660
9. 该公司的这项经营决策属于( )。(多选题)
　A. 确定型决策　　　　B. 风险型决策
　C. 非常规型决策　　　D. 不确定型决策

　(三) 某商品流通企业在开业前要选择经营商品的品种，现在有甲、乙、丙、丁四类商品可供选择，由于对未来两年的市场需求无法做到比较准确的预测，只能大致估计为：需求量较高、需求量一般和需求量较低三种情况。这三种情况的损益值如表 1-8 所示。

表 1-8　甲、乙、丙、丁四类产品损益值　　　　　万元

自然状态	方　案			
	甲	乙	丙	丁
需求量较高	530	700	140	200
需求量一般	70	150	140	100
需求量较低	-70	60	140	50

10. 用乐观原则选择比较满意的方案是( )。
　A. 甲　　B. 乙　　C. 丙　　D. 丁
11. 用悲观原则选择比较满意的方案是( )。
　A. 甲　　B. 乙　　C. 丙　　D. 丁
12. 确认乐观系数为0.4，用折中原则选择比较满意
　的方案是( )。
　A. 甲　　B. 乙　　C. 丙　　D. 丁
13. 用等概率原则选择比较满意的方案是( )。
　A. 甲　　B. 乙　　C. 丙　　D. 丁
14. 用后悔值原则选择比较满意的方案是( )。
　A. 甲　　B. 乙　　C. 丙　　D. 丁

参考答案及解析

一、单项选择题
1.【答案】C
　【解析】企业战略是指企业在市场经济竞争激烈的环境中，在总结历史经验、调查现状、预测未

来的基础上，为谋求生存和发展而做出的长远性、全局性的谋划。
2.【答案】A
　【解析】企业战略制定的第一步是确定企业愿景、使命与战略目标。
3.【答案】D
　【解析】本题考查企业使命的定位——生存目的、经营哲学、企业形象。
4.【答案】B
　【解析】本题考查企业战略的实施。战略实施流程一共有三步，即战略变化分析—战略方案分解与实施—战略实施的考核与奖励。企业管理人员正确分析和判断企业是执行原有战略还是常规战略变化属于第一步，即战略变化分析。
5.【答案】A
　【解析】转化型比较适合于环境确定性较大的企业。
6.【答案】C
　【解析】本题考查企业战略控制的定义。

7.【答案】A
【解析】净资产收益率=资产净利率×权益乘数=(销售净利率×资产周转率)×[1÷(1-资产负债率)]。

8.【答案】C
【解析】本题考查平衡计分卡的顾客层面。在平衡记分卡的顾客层面，管理者确立了其业务单位将竞争的顾客和市场，以及业务单位在这些目标顾客和市场中的衡量指标。

9.【答案】C
【解析】本题考查利润计划轮盘的组成。利润计划轮盘由利润轮盘、现金轮盘和净资产收益率轮盘三部分组成。

10.【答案】C
【解析】行业环境分析的主要内容有行业生命周期分析、行业竞争结构分析和战略群体分析。

11.【答案】A
【解析】企业内部环境是企业制定战略的出发点、依据和条件，是竞争取胜的根本。

12.【答案】C
【解析】价值链要素中的辅助活动包括采购、技术开发、人力资源管理和企业基础职能管理。选项C属于主体活动。

13.【答案】D
【解析】明星区位于直角坐标轴的右上角，产品有较高的业务增长率和市场占有率。

14.【答案】C
【解析】本题考查波士顿矩阵。在波士顿矩阵中，位于幼童区的企业或产品业务增长率高，但是市场占有率低。

15.【答案】C
【解析】根据SWOT分析法，企业要利用机会、克服劣势可采取的战略是WO战略。

16.【答案】A
【解析】本题考查成本领先战略的适用范围。成本领先战略又称低成本战略。

17.【答案】C
【解析】本题考查基本竞争战略。差异化战略是通过提供与众不同的产品或服务，满足顾客的特殊需求，从而形成一种独特的优势。其适用范围包括企业要有很强的研究开发能力和市场营销能力、产品或服务具有领先的声望等。

18.【答案】A
【解析】差异化战略的核心是取得某种对顾客有价值的独特性。

19.【答案】A
【解析】集中战略与成本领先战略和差异化战略的不同是，企业不是围绕整个产业，而是面向某一特定的目标市场开展生产经营和服务活动。

20.【答案】C
【解析】扩张战略又称为成长战略，是一种在现有战略基础上，向更高目标发展的总体战略。

21.【答案】D
【解析】本题考查实施市场渗透战略的基本途径。选项D属于实施新产品开发战略的基本途径。

22.【答案】A
【解析】题干所描述的是企业战略的全局性和复杂性，答案选A。

23.【答案】A
【解析】本题考查关联多元化战略。空调、彩电、冰箱属于相关联的产品，所以该企业实施的是关联多元化战略。

24.【答案】A
【解析】本题考查后向一体化战略的概念。后向一体化战略是指通过资产纽带或契约方式，企业与输入端企业联合形成一个统一的经济组织，从而达到降低交易费用及其他成本、提高经济效益目的的战略。

25.【答案】B
【解析】计算机生产企业建立其前端计算机销售公司，这属于前向一体化战略。

26.【答案】C
【解析】本题考查收购的相关内容。收购中，被收购企业的法人地位并不消失。

27.【答案】D
【解析】本题考查收缩战略的使用情况。

28.【答案】B
【解析】企业经营决策包含以下内容：①决策要有明确的目标；②决策要有多个可行方案供选择；③决策是建立在调查研究、综合分析、评价和选择的基础上的。

29.【答案】A
【解析】企业职能战略的重点是提高资源的利用效率，最大化企业资源利用效率。

30.【答案】C
【解析】拟订备选方案是决策的基础。

31.【答案】C
【解析】确定型决策方法主要有线性规划和盈亏平衡点法。

32.【答案】B

【解析】根据公式$Q_0=F/(P-v)$，可得$150\,000=300\,000/(P-8)$，解得$P=10$。

33. 【答案】B

【解析】各方案的期望值如下：

方案Ⅰ：$0.2×30+0.5×25+0.3×20=24.5$

方案Ⅱ：$0.2×35+0.5×35+0.3×20=30.5$

方案Ⅲ：$0.2×25+0.5×30+0.3×26=27.8$

方案Ⅳ：$0.2×20+0.5×30+0.3×25=26.5$

Max$\{24.5,30.5,27.8,26.5\}=30.5$，对应的是方案Ⅱ。

34. 【答案】B

【解析】研究整个企业生存和发展中的基本问题是企业整体战略的目标。因此答案选B。

35. 【答案】D

【解析】本题考查不确定型决策方法，见表1-9。

表1-9　市场状态　　　　　万元

方案	畅销	一般	滞销	max
Ⅰ	50	40	20	50
Ⅱ	60	50	10	60
Ⅲ	70	60	0	70
Ⅳ	90	80	-20	90

Max$\{50,60,70,90\}=90$，所以本题选D。

36. 【答案】B

【解析】等概率原则是指当无法确定某种自然状态发生的可能性大小及其顺序时，可以假定每一自然状态具有相等的概率，并以此计算各方案的期望值，进行方案选择。

37. 【答案】C

【解析】本题考查战略管理的提出者——安索夫。

38. 【答案】C

【解析】本题考查经营决策的类型。选项A是从决策的重要性分类的；选项B是从环境因素的可控程度分类的；选项D是从决策目标的层次性分类的。

39. 【答案】D

【解析】本题考查股权收购的形式——参股、控股和全面收购。收购包括股权收购和资产收购。

40. 【答案】C

【解析】汽车行业和房地产行业是两个非相关的行业，所以该企业实施的战略属于非关联多元化战略。

41. 【答案】D

【解析】差异化战略的核心是取得某种对顾客有价值的独特性。

42. 【答案】D

【解析】本题考查波士顿矩阵中各类型业务所对应的经营战略。对于幼童业务，如果管理者认为其不能转变为明星业务，应当采取放弃战略。

43. 【答案】B

【解析】金牛区拥有较高的市场占有率和较低的业务增长率。

44. 【答案】A

【解析】本题考查平衡计分卡的相关内容。

45. 【答案】D

【解析】本题考查战略控制的原则。选项D属于评价和选择企业战略方案应遵循的基本原则。

46. 【答案】B

【解析】转化型模式十分重视运用组织结构、激励手段和控制系统来促进战略实施。

47. 【答案】D

【解析】本题考查企业战略管理的主体——企业管理者。

48. 【答案】D

【解析】当决策指标为收益时，应选取期望值最大的方案；当决策指标为成本时，应选取期望值最小的方案。

49. 【答案】D

【解析】本题考查确定型决定方法中的盈亏平衡点法。盈亏平衡点的产量=固定成本/(单位售价-单位可变成本)=$450\,000/(20-15)=90\,000$件。

50. 【答案】B

【解析】本题考查定性决策方法的内容。选项B属于定量决策方法。

51. 【答案】D

【解析】企业内部环境包括企业结构、企业文化、企业资源。其中，企业资源包括企业的人、财、物、设备、管理、技术、经验、产品、原材料、信息、甚至市场等多种要素，是企业战略要素的总和，是企业战略实力的综合体现。

52. 【答案】C

【解析】进入成熟期后，一方面行业的市场已趋于饱和，销售额已难以增长，在此阶段的后期甚至会开始下降；另一方面行业内部竞争异常激烈，合并、兼并大量出现，许多小企业退出，于是行业由分散走向集中，往往只留下少量的大企业。产品成本和市场营销有效性成为企业成败的关键因素。

53. 【答案】D

【解析】研发能力是使企业保持优势源泉的经

营资源。

54.【答案】A

【解析】后向一体化战略是指通过资产纽带或契约方式，企业与输入端企业联合形成一个统一的经济组织，从而达到降低交易费用及其他成本，提高经济效益的战略。

55.【答案】B

【解析】集中战略又称专一化战略，是指企业把其经营活动集中于某一特定的购买者群、产品线的某一部分或某一地区市场上的战略。与成本领先战略和差异化战略不同的是，企业不是围绕整个产业，而是面向某一特定的目标市场开展生产经营和服务活动，以期能比竞争对手更有效地为特定的目标顾客群服务。

56.【答案】A

【解析】如果新的竞争对手带着新增生产能力进入市场，必然要求分享份额和资源，因而构成对现有企业的威胁。这种威胁的大小依进入市场的障碍、市场潜力以及现有企业的反应程度而定。

57.【答案】C

【解析】企业业务战略，也称为竞争战略或事业部战略。企业业务战略是企业内部各部门和所属单位在企业总体战略指导下，经营管理某一个特定的经营单位的战略计划。企业业务战略是经营一级的战略，它的重点是要改进一个业务单位在它所从事的行业中，或某一特定的细分市场中所提供的产品和服务的竞争地位。

58.【答案】D

【解析】稳定战略是指受经营环境和内部资源条件的限制，企业在战略期所期望达到的经营状态基本保持在战略起点水平上的战略。按照这种战略，企业目前的经营方向、业务领域、市场规模、竞争地位及生产规模都大致不变，保持持续地向同类顾客提供同样的产品和服务，维持市场份额。

59.【答案】B

【解析】盈亏平衡法是进行产量决策常用的方法。盈亏平衡点 $Q_0 = F/(P-v)$；$P = F/Q_0 + v = 10\,000\,000/1\,000\,000 + 55 = 65$ 元/台。

60.【答案】C

【解析】本题主要考查的是多元化发展战略的两种类型的区别。多元化发展战略包括相关多元化和不相关多元化的两种基本方式。相关多元化战略，又称关联多元化战略，是指企业进入与现有

产品或服务有一定关联的经营领域，进而实现企业规模扩张的战略。不相关多元化战略，又称无关联多元化战略，是指企业进入与现有产品或服务在技术、市场等方面没有任何关联的新行业或新领域的战略。家电行业与汽车行业无关联，因而属于无关联多元化战略。

61.【答案】C

【解析】企业战略制定的步骤如下：①识别和鉴定现行的战略；②分析外部环境，评估自身能力；③确定企业使命与目标；④准备战略方案；⑤评价和确定战略方案。第一个步骤为识别和鉴定现行的战略。

62.【答案】D

【解析】当市场需求呈现出多样化、复杂化和个性化的变化趋势时，企业应实施差异化战略，这样可以建立起稳固的市场竞争地位，使企业获得高于行业平均水平的收益率，制定较高的价格。

63.【答案】D

【解析】由于关联多元化发展战略有利于发挥企业在生产技术、销售网络、顾客忠诚度等方面的优势，获取研发、生产、销售等方面的协同效应，风险小，所以关联多元化发展战略是企业进行扩张时的主要选择。

64.【答案】B

【解析】本题主要考查的内容是转向战略的概念及其与其他三个选项的区别。转向战略是指企业在现有经营领域不能完成原有产销规模和市场规模，不得不将其缩小；或者企业有了新的发展机会，压缩原有领域的投资，控制成本支出以改善现金流为其他业务领域提供资金的战略方案。发展战略是一种在现有战略的基础上，向更高目标发展的总体战略，主要包括一体化战略和多元化战略。放弃战略是将企业的一个或几个主要部门转让、出卖或停止经营。清算战略是指卖掉其资产或停止整个企业的运行而终止一个企业的存在。

65.【答案】B

【解析】由于集中战略的优势是组织结构简单，便于管理，有利于充分利用企业的资源和能力，故适宜中小企业采用。

66.【答案】A

【解析】合作型模式把战略决策范围扩大到企业高层管理集体之中，调动了高层管理人员的积极性和创造性。协调高层管理人员成为管理

者的工作重点。这种模式比较适合于复杂而又缺少稳定性环境的企业。

67.【答案】B

【解析】保本销售量$Q_0=F/(P-v)=2\ 000\ 000/(505-105)=5000$台。

68.【答案】D

【解析】从环境因素的可控程度分类，经营决策可分为确定型决策、风险型决策和不确定型决策。

69.【答案】B

【解析】企业经营决策目标是指决策所要达到的目的。决策目标的确立是科学决策的起点，它为决策指明了方向，为选择行动方案提供了衡量标准，也为决策实施的控制提供了依据。确定决策目标是决策过程中的重要内容。

70.【答案】B

【解析】企业战略实施是企业战略管理的关键环节，是动员企业全体员工充分利用并协调企业内外一切可利用的资源，沿着企业战略的方向和途径，自觉而努力地贯彻战略，以期更好地达成企业战略目标的过程。

二、多项选择题

1.【答案】ABD

【解析】本题考查企业战略的层次。企业战略一般分为三个层次：企业总体战略、企业业务战略和企业职能战略。

2.【答案】ACE

【解析】企业的战略目标因企业的类型和使命不同而各不相同，一般可分为盈利、服务、员工和社会责任四个方面。

3.【答案】BDE

【解析】PEST分析是指宏观环境的政治、经济、社会文化和科技这四大类影响企业的主要外部环境因素。

4.【答案】ABDE

【解析】本题考查行业生命周期的四个阶段。选项C属于干扰项。

5.【答案】ABE

【解析】本题考查企业内部环境分析的方法。选项CD属于行业环境分析。

6.【答案】ACD

【解析】本题考查波士顿矩阵。选项B应该是"瘦狗"、"金牛"；选项E最佳战略应该是对明星产品进行必要的投资，从而扩大产品竞争优势。

7.【答案】ACDE

【解析】本题考查实施市场开发战略的一般条件。选项B属于实施新产品开发战略的一般条件。

8.【答案】ABC

【解析】选项ABC是对于企业使命的正确描述。选项DE指的是企业愿景的核心内容，包括核心信仰和未来前景，答案选ABC。

9.【答案】ABC

【解析】企业战略实施的步骤主要包括：战略变化分析、战略方案分解、战略实施的考核三个步骤，答案选ABC。

10.【答案】ADE

【解析】运用德尔菲法的关键在于：第一，选择好专家；第二，决定适当的专家人数，一般以10～50人为好；第三，拟订好意见征询表。

11.【答案】CE

【解析】风险型决策的方法包括决策收益表法和决策树分析法。

12.【答案】ABCD

【解析】战略控制过程实际上是一个不断肯定与否定的循环过程，战略控制流程的步骤为：制定绩效标准、衡量实际绩效、审查结果、采取纠偏措施。

13.【答案】BCE

【解析】头脑风暴法的缺点和弊端包括：受心理因素影响较大，易屈服于权威或大多数人的意见，而忽视少数派的意见。

14.【答案】ABCD

【解析】本题考查战略联盟的战略目标。实施战略联盟的企业是为了实现资源共享、风险和成本共担、优势互补等特定战略目标。

15.【答案】BDE

【解析】主体活动分为原料供应、生产加工、成品储运、市场营销和售后服务五种活动。

16.【答案】ABCD

【解析】选项ABCD属于差异化战略的实现途径，选项E属于集中战略的相关途径，答案选ABCD。

17.【答案】BC

【解析】本题考查行业生命周期各阶段的具体内容。在行业的成长期，市场营销和生产管理成为关键性职能。

18.【答案】AE

【解析】本题考查战略实施的考核与激励。企业战略实施的考核通常利用关键绩效指标法、平衡计分卡法等方法实施。

19.【答案】BCDE

【解析】密集型成长战略是指企业在原有业务范围内，充分利用在产品和市场方面的潜力来求得成长的战略。这种战略的重点是加强对原有市场的开发或对原有产品的开发。一般来说，密集型成长战略主要有市场渗透、市场开发战略和新产品开发三种具体的战略形式。选项A描述错误，答案选BCDE。

20.【答案】BCDE

【解析】市场渗透的途径主要有：增加现有产品的使用人数、增加现有产品使用者的使用量、增加产品的新用途和增加现有产品的特性，BCDE分别阐述了市场渗透的几种途径，选项A描述错误，答案选BCDE。

21.【答案】BCDE

【解析】产业竞争性分析是企业制定竞争战略最重要的基础，在一个行业里，普遍存在着五种基本竞争力量，即行业内现有企业、新进入者、替代品生产者、供应者和购买者。

22.【答案】ABCD

【解析】选项ABCD是对企业经营决策的正确描述，决策目的的确立是科学决策的起点，它为决策指明了方向，为选择行动方案提供了衡量标准，也为决策实施的控制提供了依据，排除选项E，答案选ABCD。

23.【答案】ABCD

【解析】德尔菲法以匿名方式通过几轮函询征求专家的意见，组织决策小组对每一轮的意见进行汇总整理后作为参考再发给各专家，供他们分析判断，以提出新的论证。几轮反复后，专家意见渐趋一致，最后供决策者进行决策。运用德尔菲法的关键是选择好专家，这主要取决于决策所涉及的问题或机会的性质；决定适当的专家人数，一般以10～50人较好；拟订好意见征询表，因为它的质量直接关系到决策的有效性，排除选项E，答案选ABCD。

24.【答案】ABCE

【解析】企业内部条件分析的方法主要有：企业核心竞争力分析法、SWOT分析法、企业价值链分析法、内部要素评价(IFE)矩阵和组织温度调查法。

25.【答案】ABCD

【解析】选项ABCD是对线性规划法的正确描述，选项E描述的是盈亏平衡点法的内容，排除

不选，答案选ABCD。

26.【答案】ADE

【解析】美国战略学家迈克尔·波特提出的企业一般竞争战略主要有三种，即成本领先战略、产品差异化战略及集中战略。

27.【答案】ABD

【解析】本题考查差异化战略的相关概念，一般情况下，采取差异化战略可以形成进入障碍，增强讨价还价能力，降低替代品的威胁，保持领先的竞争地位，降低顾客敏感度。差异化战略应该降低替代品的威胁，因此选项C错误，正确答案选ABD。

28.【答案】AC

【解析】稳定型战略的好处就是能够保持战略的稳定性，不会因战略的突然改变而引起资源分配、组织结构和人员安排上的大变动，进而有助于实现企业的平稳发展，稳定型战略的风险较小，对于那些处于成熟期的行业或稳定环境中的企业来说，不失为一种有效的战略。

29.【答案】ACD

【解析】BE选项属于稳定型战略的特征。发展型战略强调抓住外部环境提供的有利机会，发掘和充分运用企业各种资源，实现企业的快速发展。

30.【答案】ACDE

【解析】本题主要考查的内容是集中战略的优点，主要有经营目标集中、管理简单方便、有利于集中使用企业资源、实现生产的专业化、获取规模经济效益。

31.【答案】ACE

【解析】一体化战略的优点是：(1)后向一体化可以使企业对其所需的原材料或零部件的成本、质量和供应情况进行有效的控制，进而有助于降低成本、减少风险，使生产稳定、正常进行；(2)前向一体化使企业能够有效控制销售和分销渠道，进而有助于更好地掌握市场需求信息和发展趋势，更迅速地了解顾客的意见和建议，增强对市场的适应能力；(3)前向一体化通过提高产品的深加工程度，可以给企业带来更多利润。

32.【答案】BCDE

【解析】非确定型决策中一些公认的决策准则包括悲观原则、乐观原则、折中原则、等概率原则和后悔值原则。

33.【答案】ABC

【解析】企业核心能力组成要素主要包括五个方面：(1)全体员工的知识和技能水平；(2)企业技术体系；(3)企业的管理体系；(4)企业文化；(5)整合集成。因此选项D描述错误，正确答案选ABC。

34.【答案】BDE
【解析】一体化战略的不足是：(1)一体化使企业规模扩大，人员和组织机构庞杂，这不可避免地导致管理的难度加大和管理费用的大幅度增加。(2)进入新的经营领域，不仅需要投入大量的资金，而且需要企业掌握更多新的技术和经验。如果企业缺乏这些技术和能力，可能会导致效率的下降，使一体化失去应有的作用。(3)企业一旦进入新的经营领域，再退出就很难。当该产业处于衰退期时，企业就可能面临大的风险。

35.【答案】ABDE
【解析】企业实施相关多元化战略时，应符合以下条件：(1)企业可以将技术、生产能力从一种业务转向另一种业务；(2)企业可以将不同业务的相关活动合并在一起；(3)企业在新的业务中可以借用公司品牌的信誉；(4)企业能够创建有价值的竞争能力的协作方式实施相关的价值链活动。

36.【答案】ABE
【解析】战略选择的方法主要有：(1)战略逻辑理性评估。战略逻辑的理性评估主要是将特定的战略方案与企业的市场情况及它的核心竞争力或相对战略能力相匹配，从而评估该战略方案是否会提高公司的竞争优势及其提高的程度。(2)财务指标分析法。利用各项财务指标的计算能够从定量的角度衡量企业战略的可行性和适宜性，具有较强的说服力。(3)风险分析法。公司选择实施某个战略时总是面临着环境变化而带来的不确定性，即风险永远存在。因此，风险是衡量战略可接受性的一个重要指标。

37.【答案】BDE
【解析】在企业战略的实施中会遇到许多在制定战略时未估计到或不可能完全估计到的问题，因此，在战略实施过程中要贯彻三个基本原则，以作为实施企业战略的基本依据。这三个原则是合理性原则、统一指挥原则、权变原则。

38.【答案】DE
【解析】按控制方式即按达到控制目的的工作方式划分，可将战略控制分为回避控制与直接控制。

39.【答案】ABCE
【解析】经营决策的要素有：(1)决策者；(2)决策目标；(3)决策备选方案；(4)决策条件；(5)决策结果。

40.【答案】ACE
【解析】定量决策方法是利用数学模型进行优选决策方案的决策方法。根据数学模型涉及的决策问题的性质或者说根据所选方案结果的可靠性的不同，定量决策方法一般分为确定型决策、风险型决策和不确定型决策三类。

三、案例分析题

(一)

1.【答案】C
【解析】集中战略又称专一化战略，是指企业把其经营活动集中于某一特定的购买者群、产品线的某一部分或某一地区市场上的战略。

2.【答案】A
【解析】前向一体化战略是指通过资产纽带或契约方式，企业与输出端企业联合，形成一个统一的经济组织，从而达到降低交易费用及其他成本、提高经济效益目的的战略。企业原材料及半成品方面在市场上有优势，为获取更大的经济效益，企业决定由自己制造成品或与制造成品的企业联合，形成统一的经济组织，促进企业有更高速的成长和更快的发展。

3.【答案】A
【解析】方案1的期望收益=(400×0.3+200×0.5-20×0.2)×3-400=248万元。

4.【答案】C
【解析】方案2的期望收益=(300×0.3+180×0.5+60×0.2)×4-300=468万元；方案3的期望收益=(230×0.3+150×0.5+50×0.2)×5-200=570万元；方案4的期望收益=(150×0.3+100×0.5+40×0.2)×6-100=518万元。
因此，方案3是可以取得最大期望经济效益的决策方案。

(二)

5.【答案】CD
【解析】该集团不断针对不同的消费群体，推出具有独特功能和款式的新型家电，这采取的是差异化战略。而且其同时又在手机、医药、建筑等多个领域进行经营，所以又采取了多元化战略。

6.【答案】ABD
【解析】选项C属于评价和确定战略方案应遵循

的原则。

7.【答案】D

【解析】首先，市场状况为畅销时，各型号的收益值最大，Max{500，600，700，1100}=1100，它所对应的型号是Ⅳ，所以选D。

8.【答案】C

【解析】采用折中原则生产型号Ⅲ能使公司获得的经济效益为700×0.8+100×(1-0.8)=580万元。

9.【答案】CD

【解析】不确定型决策又称为非常规型决策，其常遵循的思考原则有乐观原则和折中原则等。

(三)

10.【答案】B

【解析】乐观原则也称为大中取大，四个品种的最大收益值分别为530、700、140、200，Max{530，700，140，200}=700，因而乙方案比较满意。

11.【答案】C

【解析】悲观原则也称为小中取大，四个品种的最小收益值分别为：-70；60；140；50。选丙方案收益值最大(140)。因为该方案在需求量很低的情况下，可获得140万元的收益，比其他

方案的收益值都高。

12.【答案】B

【解析】甲品种的折中损益值=530×0.4+(-70)×(1-0.4)=170万元；

乙品种的折中损益值=700×0.4+60×(1-0.4)=316万元；

丙品种的折中损益值=140×0.4+140×(1-0.4)=140万元；

丁品种的折中损益值=200×0.4+50×(1-0.4)=110万元。

由于乙方案折中损益值最大，所以应选择乙方案。

13.【答案】B

【解析】甲品种的平均值=(530+70-70)/3=176.67万元；

乙品种的平均值=(700+150+60)/3=303.33万元；

丙品种的平均值=(140+140+140)/3=140万元；

丁品种的平均值=(200+100+50)/3=116.67万元。

由于乙方案的平均值最大，所以选择乙方案。

14.【答案】B

【解析】各方案的后悔值如表1-10所示。

表1-10　各方案的后悔值　　　　　　　　　　　　　　　　　　万元

自然状态	方案			
	甲	乙	丙	丁
需求量较高	700-530=170	700-700=0	700-140=560	700-200=500
需求量一般	150-70=80	150-150=0	150-140=10	150-100=50
需求量较低	140-(-70)=210	140-60=80	140-140=0	140-50=90

将每种产品的后悔值加总得：

甲品种的后悔值=170+80+210=460万元；

乙品种的后悔值=0+0+80=80万元；

丙品种的后悔值=560+10+0=570万元；

丁品种的后悔值=500+50+90=640万元。

从中选择一个最小的80万元，就是乙方案。

第二章　公司法人治理结构

　　本章的主要内容是公司法人治理结构，涵盖了公司治理的内涵、公司的内外部治理机制、公司治理的基本模式，股东机构、董事会和经理机构的构成以及各组成部分的相关结构和作用等。

　　从近三年的考题情况来看，本章主要考查公司制企业本质特征，公司所有者、股东的分类和构成，股东大会种类，股东大会会议的决议方式，国有独资公司权力机构，董事会会议的相关内容，经理的选任与解聘，监事会组成等。考查形式以单项选择题和多项选择题为主，一般单选题 5～7 道，多选题 2 道，平均分值是 12 分。

本章重要考点分析

　　本章涉及十几个重要考点，考点分布比较分散，考查的知识点比较零碎，亦涉及易混淆之处，如董事会会议与股东会会议的区别等，因此需要考生在学习教材的基础上进行有针对性的总结、重点掌握。本章具体知识点如图2-1所示。

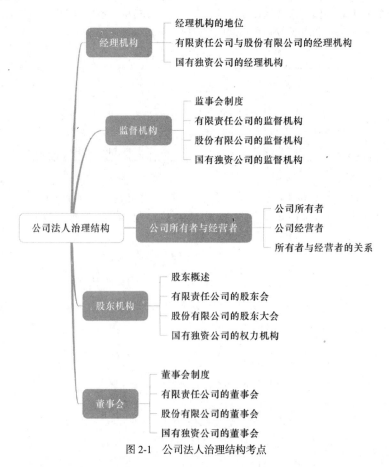

图 2-1　公司法人治理结构考点

本章近三年题型及分值总结

由于本章知识点多为概念、定义、性质等，因此近三年出现的题型以单项选择题和多项选择题为主，如表2-1所示。

表 2-1　公司法人治理结构题型及分值

年　份	单项选择题	多项选择题	案例分析题
2014年	5题	2题	0题
2013年	7题	2题	0题
2012年	7题	2题	0题

第一节　公司所有者与经营者

公司的原始所有权是指出资人(股东)对投入资本的终极所有权，其表现为股权。公司经营者是指在一个所有权和经营权分离的企业中承担法人财产的保值增值责任，对法人财产拥有绝对经营权和管理权，全面负责企业日常经营管理，由企业在经理人市场中聘任，以年薪、股权和期权等为获得报酬主要方式的经营人员。

 思维导图

本节涉及多个知识点和概念，如图2-2所示。

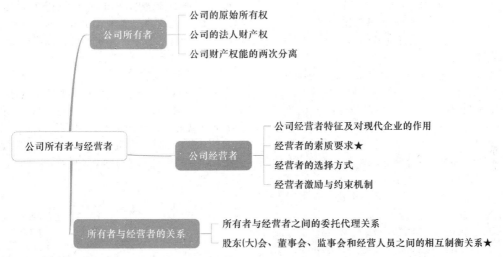

图 2-2　公司所有者与经营者

 知识点测试

【2011年单选题】原始所有权与法人产权的分离是公司财产权能的第( )次分离。

A.一 　　　　　　　B.二

C.三 　　　　　　　D.四

【答案】A

【解析】公司财产权能的分离是以公司法人为中介的所有权与经营权的两次分离。第一次分离是原始所有权与法人财产权相分离；第二次分离是企业所有权与经营权分离的最高形式。

【2010年单选题】企业代理人可能利用其信息优势损害企业利益，这种风险属于( )。

A.信用风险 　　　　B.流动性风险

C.经营风险 　　　　D.道德风险

【答案】D

【解析】企业家和企业所有者追求的目标不完全一致，企业家又拥有私人信息优势，因而，存在道德风险和代理成本是不可避免的。

【2010年多选题】现代公司股东大会、董事

会、监事会和经营人员之间的相互制衡关系是(　　)。

A. 股东掌握最终的控制权

B. 董事会对股东负责

C. 董事会掌握控制权

D. 经营人员受聘于董事会

E. 经营人员受聘于股东大会

【答案】ABD

【解析】现代公司治理结构的股东大会、董事会、监事会和经营人员之间的制衡关系是：

(1) 股东作为所有者掌握着最终的控制权；

(2) 董事会作为公司最主要的代表人全权负责公司经营，董事会必须对股东负责；

(3) 经营人员受聘于董事会。

【例题　多选题】公司的原始所有权是指出资人(股东)对投入资本的终极所有权，主要权限表现在(　　)。

A. 对股票或其他股份凭证的所有权和处分权

B. 对公司高级管理人员的聘任权

C. 对公司决策的参与权

D. 对公司高级管理人员的解聘权

E. 对公司收益参与分配的权利

【答案】ACE

【解析】本题考查公司原始所有权。公司的原始所有权是指出资人(股东)对投入资本的终极所有权，主要权限表现在对股票或其他股份凭证的所有权和处分权，对公司决策的参与权，对公司收益参与分配的权利。

【例题　多选题】下列选项中对公司的法人财产权的描述正确的是(　　)。

A. 公司法人财产从归属意义上讲，是属于出资者的

B. 当公司解散时，公司法人财产要进行清算，在依法偿还公司债务后，所剩余的财产要按出资者的出资比例归还于出资者

C. 公司的法人财产和出资者的其他财产之间有明确的界限

D. 公司以其法人财产承担民事责任。一旦公司破产或解散进行清算时，公司债权人只能对公司法人财产提出要求，而与出资者的其他个人财产无关

E. 资金注入公司形成法人财产后，出资者不能再直接支配这一部分财产，但是可以从企业中抽回

【答案】ABCD

【解析】公司法人财产从归属意义上讲，是属于出资者的。当公司解散时，公司法人财产要进行清算，在依法偿还公司债务后，所剩余的财产要按出资者的出资比例归还于出资者。公司的法人财产和出资者的其他财产之间有明确的界限。公司以其法人财产为限承担民事责任。一旦公司破产或解散进行清算时，公司债权人只能对公司法人财产提出要求，而与出资者的其他个人财产无关。一旦资金注入公司形成法人财产后，出资者不能再直接支配这部分财产，也不得从企业中抽回，只能依法转让其所持的股份。

【例题　多选题】下列关于企业家与企业所有者的关系中描述正确的有(　　)。

A. 企业家和企业所有者追求的目标完全一致

B. 在委托—代理的过程中存在着道德风险和代理成本

C. 企业所有者有必要通过适当的机制对企业家进行约束和激励

D. 通过建立适当的薪酬制度，激励企业家在增加自己收益的同时，增加所有者收益

E. 企业家期望通过成功地经营企业向社会展示自己的才能，实现自我价值，得到社会的尊重

【答案】BCDE

【解析】由于企业家和企业所有者追求的目标不完全一致，企业家又拥有私人信息优势，因而，在整个委托—代理的过程中不可避免地存在着道德风险和代理成本。因此，企业所有者有必要通过适当的机制对企业家进行约束和激励。

第二节　股东机构

股东是指持有公司资本的一定份额并享有法定权利的人。具体而言，有限责任公司的股东是指持有公司资本的一定份额，据此而拥有所有权，对公司享有权利和承担义务的人。股份有限公司的股东是指持有公司股份，据此而享有所有权，对公司享有权利和承担义务的人。

有限责任公司的股东会、股份有限公司的股东大会和国有独资公司的权力机构各有特点。

 思维导图

本节涉及多个知识点和概念，如图2-3所示。

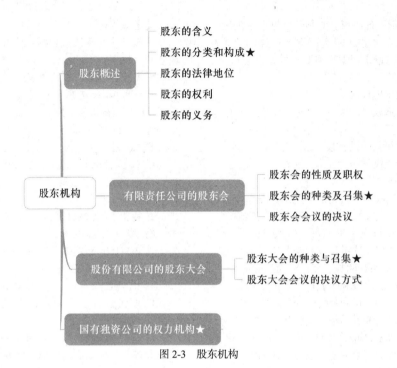

图 2-3 股东机构

知识点测试

【2014年单选题】根据我国《公司法》的规定，关于发起人股东的说法错误的是( )。

A. 股份公司的发起人必须一半以上在中国有住所

B. 发起人持有的本公司的股份自公司成立之日起三年内不得转让

C. 自然人发起人应当具备完全行为能力

D. 发起人对设立行为所产生的债务承担连带责任

【答案】B

【解析】根据我国《公司法》的规定，设立股份有限公司必须有一定数量的发起人。发起人是指参加公司设立活动并对公司设立承担责任的人。除发起人外，任何在公司设立时或公司成立后认购或受让公司出资或股份的人，都可以成为公司股东。同一般股东相比，发起人股东在义务、责任承担及资格限制上有自己的特点。选项B错误，《公司法》规定发起人持有的本公司股份自公司成立之日起一年内不得转让。

【2014年单选题】有限责任公司的股东以其( )为限对公司承担责任。

A. 个人资产　　　　B. 家庭资产

C. 实缴出资额　　　D. 认缴出资额

【答案】D

【解析】除无限公司股东、两合公司的无限

责任股东外，公司股东均对公司(债务)承担有限责任。对此，各国《公司法》几乎无例外地做了规定。我国《公司法》规定：公司以其全部财产对公司的债务承担责任，有限责任公司的股东以其认缴的出资额为限对公司承担责任，股份有限公司的股东以其认购股份为限对公司承担责任。从各国《公司法》的规定可以看出，首先，公司是公司债务的直接承担者，公司要以其自身的财产而不是股东的财产承担债务责任，公司要以其全部财产对公司债务承担责任；其次，公司股东不是公司债务的直接承担者，公司股东仅以其出资额(所持股份)为限，对公司债务承担间接责任。

【2014年单选题】某公司召开股东大会表决与另一家公司的合并事项。根据我国公司法，此项决议必须经该股份有限公司出席会议的股东所持有表决权的( )通过。

A. 三分之一以上　　B. 二分之一以上

C. 三分之二以上　　D. 全体

【答案】C

【解析】股东大会的决议可分为普通决议和特别决议。对于公司的一般事宜所做的决议，可以采取简单多数的表决方式，即我国《公司法》规定的"必须经出席会议的股东所持表决权过半数通过"。但是，股东大会做出修改公司章程、增加或者减少注册资本的决议，以及公司合并、分立、解散或者变更公司形式的决议，必须经出席会议的股东所持表决权的三分之二以上绝对多数通过。

【2014年多选题】根据我国《公司法》规定，股东享有的权利有( )。

A.股东会的出席权

B.董事的选举权

C.经理的聘任权

D.内部管理机构的设置权

E.股份的转让权

【答案】ABE

【解析】根据我国《公司法》规定，股东享有的权利有：(1)股东会的出席权、表决权；(2)临时股东大会的召开提议权和提案权；(3)董事、监事的选举权、被选举权，选举管理者是股东权的重要内容；(4)公司资料的查阅权；(5)公司股利的分配权，通过盈余分配获取股利是股东出资的收益权，是股东权的核心；(6)公司剩余财产的分配权；(7)出资、股份的转让权；(8)其他股东转让出资的优先购买权；(9)公司新增资本的优先认购权；(10)股东诉讼权，既是股东权的重要内容，也是股东权有效行使的保证和救济措施。

【2010年多选题】股东基于股东资格而对公司享有的权利有( )。

A.公司股利的分配权

B.决定公司的经营要务

C.制定公司合并、分立、解散的方案

D.制定公司的基本管理制度

E.股东会的出席权、表决权

【答案】AE

【解析】选项BCD是公司董事会的职权。

【2011年单选题】股东的忠诚义务不包括( )。

A.禁止损害公司利益

B.考虑其他股东的利益

C.以全体员工的利益为主

D.谨慎负责地行使股东权利及影响力

【答案】C

【解析】股东的忠诚义务包括：(1)禁止损害公司利益；(2)考虑其他股东利益；(3)谨慎负责地行使股东权利及其影响力。

【2011年单选题】以下不属于应交由有限责任公司股东会特别决议的事项是( )。

A.修改公司章程

B.增加或者减少注册资本

C.修改公司投资计划

D.公司的合并、分立、解散

【答案】C

【解析】特别决议包括：修改公司章程、增加或者减少注册资本的决议，以及公司合并、分立、解散或者变更公司形式的决议。

【2011年单选题】有限责任公司首次股东会会议由( )召集和主持。

A.出资最多的股东

B.董事长

C.代表十分之一以上表决权的股东

D.三分之一以上的董事

【答案】A

【解析】有限责任公司首次股东会会议由出资最多的股东召集和主持。

【2010年单选题】国有独资公司不设股东会，行使股东会职权的机构是( )。

A.监事会　　　　B.董事会

C.职代会　　　　D.国资委

【答案】D

【解析】国有独资公司只有一个股东，因此其不设股东会，由国有资产监督管理机构行使股东会职权。

【2012年单选题】下列股东大会的事项中，适用于累积投票制的是( )。

A.修改公司章程　　B.选举董事监事

C.确定分红方案　　D.减少注册资本

【答案】B

【解析】本题考核股东大会会议的决议方式。累积投票制是指股东大会选举董事或者监事时，每一股份拥有与应选董事或者监事人数相同的表决权，股东拥有的表决权可以集中使用。

【2012年多选题】股份有限公司的股东大会类型包括( )。

A.大股东会议　　　B.定期股东会议

C.股东年会　　　　D.临时股东会议

E.特别会议

【答案】CD

【解析】本题考核股份有限公司的股东大会。股份有限公司的股东大会会议由全体股东出席，分为股东年会和临时股东大会。

【例题　多选题】股东的法律地位体现在( )。

A.股东是公司的出资人，必须履行出资义务

B.股东是公司经营的最小受益人和风险承担者

C.股东享有股东权，这是股东最根本的法律特征，是股东法律地位的集中体现

D. 股东承担有限责任

E. 股东平等

【答案】ACDE

【解析】股东是公司的出资人，必须履行出资义务；股东是公司经营的最大受益人和风险承担者；股东享有股东权，这是股东最根本的法律特征，是股东法律地位的集中体现。股东承担有限责任；股东平等。

【例题 单选题】股东会的首次会议由( )股东召集和主持。

A. 男性 　　　　　　B. 年龄最长的

C. 出资最多的 　　　D. 学历最高的

【答案】C

【解析】本题考查股东会，股东会的首次会议由出资最多的股东召集和主持，因此正确答案选C。

第三节 董事会

在公司的实际经营活动中，董事会兼有进行一般经营决策和执行股东大会重要决策的双重职能。在决策权力系统内，董事会是执行机构。在执行决策的系统内，董事会是决策机构(限于一般决策)，经理机构是实际执行机构。董事会处于公司决策系统和执行系统的交叉点，是公司运转的核心，董事会工作效率的高低对公司的发展有着决定性的影响。

有限责任公司、股份有限公司、国有独资公司的董事会性质、职权、议事规则各有特点。

 思维导图

本节涉及多个知识点和概念，如图2-4所示。

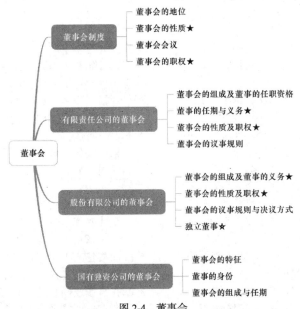

图2-4 董事会

 知识点测试

【2014年单选题】根据我国《公司法》的规定，召集董事会定期会议应当于会议召开( )日前通知全体董事。

A. 7 　　　　　　　　B. 10

C. 15 　　　　　　　D. 30

【答案】B

【解析】董事会会议同股东会会议一样，也必须由有召集权的人召集和主持，否则，董事会会议

不能召开，即使召开，其决议也不产生法律效力。根据我国《公司法》的规定，董事会会议由董事长召集和主持；董事长不能履行职务或不履行职务时，由副董事长召集和主持；副董事长不能履行职务或不履行职务时，由半数以上董事共同推举一名董事召集和主持。召集董事会会议应当于会议召开10日前通知全体董事。召开临时董事会会议时，可以由公司另行规定董事会的通知方式和通知时限。

【2014年单选题】根据我国公司法，国有独资公司经理的聘任或者解聘由( )决定。

A. 董事会　　　　　B. 监事会
C. 职工代表大会　　D. 国资监管机构

【答案】A

【解析】关于董事会和总经理的关系,我国的相关法律法规做了如下规定:第一,总经理负责执行董事会决议,依照《公司法》和公司章程的规定行使职权,向董事会报告工作,对董事会负责,接受董事会的聘任或解聘、评价、考核和奖励;第二,董事会根据总经理的提名或建议,聘任或解聘、考核和奖励副总经理、财务负责人;第三,按照谨慎与效率相结合的决策原则,在确保有效监控的前提下,董事会可将其职权范围内的有关具体事项有条件地授权总经理处理;第四,不兼任总经理的董事长不承担执行性事务。在公司执行性事务中实行总经理负责的领导体制。经理由董事会聘任或者解聘,向董事会负责,接受董事会的监督。

【2010年单选题】董事会是股东大会决议的( )。

A. 决策机构　　　　B. 参谋机构
C. 执行机构　　　　D. 监督机构

【答案】C

【解析】股东大会是决策机构,董事会是执行机构,其依附于股东大会。

【2012年单选题】在现代企业制度下,决定经理职权的机构是( )。

A. 股东大会　　　　B. 董事会
C. 监事会　　　　　D. 执委会

【答案】B

【解析】董事会决定经理的职权。经理的职权范围通常来自董事会的授权。

【2012年多选题】作为公司法人治理结构的重要组成部分,董事会是公司的( )。

A. 最高权力机构　　B. 咨询参谋机构
C. 执行机构　　　　D. 对外代表机构
E. 法定常设机构

【答案】CDE

【解析】本题考查董事会的性质。董事会是公司的执行机构、经营决策机构、对外代表机构、法定常设机构和代表股东对公司进行管理的机构,选项CDE正确。股东会是公司的最高权力机构,选项A错误。

【2011年单选题】国有独资公司的董事每届任期不得超过( )年。

A. 2　　　B. 3　　　C. 4　　　D. 5

【答案】B

【解析】我国《公司法》规定,国有独资公司的董事每届任期不得超过3年。董事会成员由国有资产监督管理机构委派。

【2010年多选题】国有独资公司的董事会成员的产生方式是( )。

A. 股东大会选举
B. 公司职工代表大会选举
C. 国有资产监管机构委派
D. 董事长任命
E. 监事会选举

【答案】BC

【解析】国有独资公司的董事会成员由两部分组成:国有资产监管机构的委派和公司职工代表大会的选举。

【2012年单选题】根据我国有关法律法规,上市公司董事会成员中独立董事的比例不得小于( )。

A. 五分之一　　　　B. 三分之一
C. 二分之一　　　　D. 三分之二

【答案】B

【解析】本题考查独立董事的相关内容。证监会《指导意见》要求上市公司董事会成员中应当至少包括三分之一的独立董事。

【2011年单选题】在直接或间接持有上市公司已发行股份的( )以上的股东单位或者在上市公司前五名股东单位任职的人员及其直系亲属不能担任独立董事。

A. 1%　　　　　　　B. 5%
C. 10%　　　　　　D. 15%

【答案】B

【解析】不能担任独立董事的人员有:①直接或间接持有上市公司已发行股份1%以上或者是上市公司前10名股东中的自然人股东及其直系亲属;②在直接或间接持有上市公司已发行股份5%以上的股东单位或者在上市公司前5名股东单位任职的人员及其直系亲属。

【例题　多选题】董事会会议的决议方式遵循( )原则。

A. "一人一票"　　　B. 多数通过
C. 董事长决议　　　D. 半数通过
E. 长期决议

【答案】AB

【解析】本题考查董事会会议的决议方式,应遵循"一人一票"的原则和多数通过原则。

【例题　多选题】董事会的忠实义务主要包括( )。

A. 自我交易之禁止　　B. 竞业禁止
C. 禁止泄露商业秘密　D. 禁止滥用公司财产
E. 制定法上的注意义务

【答案】ABCD

【解析】本题考查董事会的忠实义务，主要体现在自我交易之禁止、竞业禁止、禁止泄露商业秘密、禁止滥用公司财产方面。选项E制定法上的注意义务是注意义务的内容。

第四节　经理机构

经理是指由董事会做出决议聘任的主持日常经营工作的公司负责人，又称经理人。尽管公司经理在各国《公司法》中多为由章程任意设定的机构，但事实上在现代公司中一般都设置有经理机构，尤其是在实行所有权与经营权、决策权与管理权相分离的股份有限公司及有限责任公司中，经理往往是必不可少的常设业务辅助执行机关。董事会与经理的关系是以董事会对经理实施控制为基础的合作关系。

 思维导图

本节涉及多个知识点和概念，如图2-5所示。

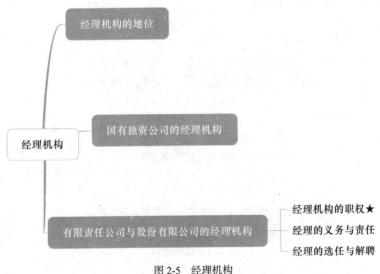

图 2-5　经理机构

知识点测试

【2010年单选题】董事会与经理的关系是（　）。

A. 以董事会对经理实施控制为基础的合作关系
B. 以经理对董事会分权为基础的制衡关系
C. 经理必须听从作为法定业务执行机关董事会的指挥和监督
D. 以上答案都不对

【答案】A

【解析】董事会与经理的关系是以董事会对经理实施控制为基础的合作关系。其中，控制是第一性的，合作是第二性的。

【2012年多选题】在有限责任公司和股份有限公司中，经理被授予了部分董事会的职权，经理对董事会负责，行使的职权包括（　）。

A. 主持公司的生产经营管理工作
B. 决定公司管理机构设置方案
C. 确定公司的基本管理制度
D. 实施公司年度经营和投资方案
E. 聘任或解聘副经理、财务负责人

【答案】AD

【解析】本题考核经理的职权。选项BCE属于董事会的职权。

【例题　多选题】在国有独资公司经理机构中总经理与董事会之间的关系是（　）。

A. 总经理负责执行董事会决议，向董事会报告工作，对董事会负责，接受董事会的聘任或解聘、评价、考核和奖励

B. 董事会根据总经理的提名或建议，聘任或解聘、考核和奖励副总经理、财务负责人
C. 不兼任总经理的董事长可以承担执行性事务
D. 经理由董事会聘任或者解聘，向董事会负责，接受董事会的监督
E. 不兼任总经理的董事长不承担执行性事务

【答案】ABDE

【解析】选项ABDE都是对国有独资公司经理机构中总经理与董事会之间关系的正确描述，C选项错误，不兼任总经理的董事长不可以承担执行性事务。

第五节　监督机构

监事会是公司制企业的监督机构，是指以检查监督公司的财务及业务执行状况为目的而设立的公司机关。监事会制度是根据权力制衡原则由股东选举监事组成公司专门监督机关对公司经营进行监督的制度。

 思维导图

本节涉及多个知识点和概念，如图2-6所示。

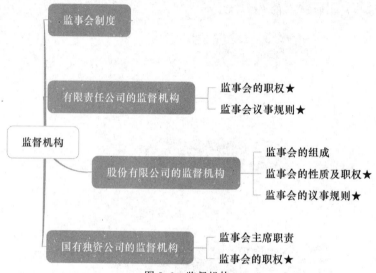

图2-6　监督机构

 知识点测试

【2011年多选题】一般情况下，公司监事会的监督职能主要表现在（　　）。

A. 监事会是公司内部的专职监督机构
B. 监事会属于公司外部的监督机构
C. 监事会的基本职能是监督公司的一切经营活动
D. 监事会以董事会和总经理为监督对象
E. 监事会监督的形式多种多样

【答案】ACDE

【解析】本题考查公司监事会的监督职能。选项B表述错误，监事会是公司内部的专职监督机构。

【2010年单选题】有限责任公司监事会中必须要有（　　）的职工。

A. 五分之一　　　　　B. 四分之一
C. 三分之一　　　　　D. 二分之一

【答案】C

【解析】《公司法》规定，有限责任公司设监事会，其中职工代表的比例不得低于三分之一，具体比例由公司章程规定。

【2012年多选题】根据我国《公司法》的规定，国有独资公司的监事会由国有资产监督管理机构派出，其目的有（　　）。

A. 加强对国有企业的监管
B. 促进董事、经理忠实履行职责
C. 确保国有资产不受侵犯
D. 监控企业的员工流失
E. 推进企业扁平化管理

【答案】ABC

【解析】向国有独资公司派出监事会的目的是

从体制上、机制上加强对国有企业的监管，促进企业董事、高级经理人员忠实勤勉地履行职责，确保国有资产及其权益不受侵犯。

【例题　多选题】监事会监督的形式多种多样，下列(　　)属于监事会监督的形式。

A. 会计监督　　　　　B. 业务监督

C. 事前监督　　　　　D. 事后监督

E. 员工监督

【答案】ABCD

【解析】监事会监督的形式多种多样，包括会计监督和业务监督，以及事前监督、事中监督和事后监督。

【例题　单选题】股份有限公司设立监事会，其成员不得少于(　　)人。

A. 3　　　　　　　　　B. 4

C. 6　　　　　　　　　D. 8

【答案】A

【解析】根据我国《公司法》的规定，股份有限公司设立监事会，其成员不得少于3人。

【例题　单选题】下面关于股份有限公司监事会的描述中，不正确的是(　　)。

A. 监事会会议决议经过半数以上监事通过

B. 董事、高级管理人员可以兼任监事

C. 监事会包括股东代表和适当比例的公司职工代表，但董事、高级管理人员不得兼任监事

D. 监事任期的长短，应当服从于监事功能的发挥

【答案】B

【解析】本题考查股份有限公司的监事会。监事会的成员组成，因监事会代表全体股东对公司的经营管理进行监督，所以监事会应当包括股东代表和适当比例的公司职工代表，但董事、高级管理人员不得兼任监事。监事任期的长短应当服从于监事功能的发挥。监事会会议决议需经半数以上监事通过。

考题预测及强化训练

一、单项选择题

1. 公司的本质特征是企业所有权与经营权分离条件下的(　　)关系。

A. 委托—代理　　　　B. 发包—承包

C. 交易　　　　　　　D. 行政隶属

2. 公司治理的核心是合理地分配公司的(　　)，这是调解公司各方利益冲突的关键。

A. 经营权　　　　　　B. 剩余控制权

C. 法人财产权　　　　D. 原始所有权

3. 日本企业实行的公司治理模式是(　　)。

A. 股东控制型治理机制

B. 经理控制型治理机制

C. 主银行相机治理机制

D. 股东和员工共同控制型治理机制

4. (　　)是出资人(股东)对投入资本的终极所有权，主要表现为股权。

A. 原始所有权　　　　B. 法人产权

C. 经营权　　　　　　D. 处置权

5. 公司所有权本身的分离是(　　)。

A. 法人产权与债权的分离

B. 法人产权与经营权的分离

C. 原始所有权与法人产权的分离

D. 原始所有权与一般所有权的分离

6. 公司作为法人对公司财产的排他性占有权、使用权、收益权和处分转让权指的是(　　)。

A. 所有权　　　　　　B. 经营权

C. 法人产权　　　　　D. 股权

7. 在经营者拥有的业务能力中，核心能力是(　　)。

A. 组织能力　　　　　B. 决策能力

C. 应变能力　　　　　D. 创造能力

8. 通过对企业家履行职能状况的综合考查，并据此给予企业家相应的社会地位，这种企业家激励约束机制属于(　　)。

A. 报酬激励　　　　　B. 声誉激励

C. 内在激励　　　　　D. 社会价值激励

9. 根据公司法，自然人作为股份有限公司的发起人股东，必须具有(　　)。

A. 完全行为能力　　　B. 特定行为能力

C. 限制行为能力　　　D. 中国国籍

10. 持有公司资本的一定份额并享有股东权利的人称为(　　)。

A. 股东　　　　　　　B. 发起人股东

C. 法人股东　　　　　D. 自然人股东

11. 我国公司法规定，公司的发起人、股东在公司成立后，抽逃其出资的，由公司登记机关责令改正，处以所抽逃出资金额(　　)的罚款。

A. 5%以上、10%以下

B. 5%以上、15%以下

C. 10%以上、15%以下

D. 10%以上、20%以下

12. 在公司的组织机构中居于最高层的是(　　)。

A. 董事会　　　　　　B. 股东大会

C. 经理　　　　　　　D. 监事会

13. 我国《公司法》规定，股份有限公司的股东大会应当每年召开（　　）次年会。
    A. 一　　　　　　　B. 二
    C. 三　　　　　　　D. 四

14. 股份有限公司的股东大会做出修改公司章程的决议时，必须经出席会议的股东所持表决权的（　　）以上绝对多数通过。
    A. 二分之一　　　　B. 三分之一
    C. 三分之二　　　　D. 四分之一

15. 我国公司法对于股份有限公司董事会临时会议的规定是，代表（　　）以上表决权的股东、（　　）以上董事或监事会可以提议召开董事会临时议会。
    A. 1/4，1/3　　　　B. 1/10，2/3
    C. 1/3，1/10　　　　D. 1/10，1/3

16. 制定公司的基本管理制度属于（　　）的职权。
    A. 监事会　　　　　B. 经理机构
    C. 董事会　　　　　D. 股东会

17. 下列关于我国《公司法》对有限责任公司董事会的组成表述错误的是（　　）。
    A. 董事会的成员由3～13人组成
    B. 所有的有限责任公司的董事会成员中都应有公司职工代表
    C. 董事会中的职工代表由公司职工通过民主选举产生
    D. 董事会设董事长一人，可以设副董事长

18. 股份有限公司董事任期由公司章程规定，每届任期不得超过（　　）年。
    A. 3　　B. 5　　C. 6　　D. 8

19. 独立董事原则上最多在（　　）家上市公司兼任独立董事。
    A. 2　　B. 3　　C. 4　　D. 5

20. 企业所有权与经营权分离的最高形式是（　　）。
    A. 出资人与公司法人的分离
    B. 原始所有权与法人产权相分离
    C. 法人产权与经营权的分离
    D. 第一次分离

21. 由董事会做出决议聘任的主持日常经营工作的公司负责人称为（　　）。
    A. 经营者　　　　　B. 经理人
    C. 执行者　　　　　D. 管理者

22. 提请聘任或者解聘公司副经理、财务负责人的职权属于公司的（　　）。
    A. 监事　　　　　　B. 董事
    C. 经理　　　　　　D. 股东

23. 股份有限公司经理的选任和解聘均由（　　）决定。
    A. 股东大会　　　　B. 董事会
    C. 监事会　　　　　D. 职工大会

24. 公司经理的经营水平和经营能力要接受（　　）。
    A. 监事会的监督　　B. 董事会的监督
    C. 职工的考核　　　D. 股东会的考察

25. 根据我国《公司法》的规定，国有独资公司的经理由（　　）聘任或解聘。
    A. 董事会　　　　　B. 监事会
    C. 职工代表大会　　D. 国资监管机构

26. 我国《公司法》规定，有限责任公司设监事会，其成员不得少于（　　）人。
    A. 3　　　　　　　B. 5
    C. 7　　　　　　　D. 9

27. 检查公司财务属于公司（　　）的职权。
    A. 监事会　　　　　B. 董事会
    C. 经理机构　　　　D. 股东会

28. 我国公司法规定，国有独资公司的监事会成员不得少于（　　）人。
    A. 5　　B. 6　　C. 7　　D. 9

29. 公司经营的最大受益人和风险承担者是（　　）。
    A. 董事　　　　　　B. 股东
    C. 监事　　　　　　D. 经理

30. 股东最根本的法律特征是（　　）。
    A. 股东是公司经营的最大受益人
    B. 股东承担有限责任
    C. 股东享有股东权
    D. 股东是公司的出资人

31. 对经营者激励的形式多种多样，主要有年薪制、薪金与奖金相结合、股票奖励、股票期权等，这些均属于企业家激励约束机制中的（　　）。
    A. 报酬激励　　　　B. 声誉激励
    C. 市场竞争机制　　D. 实物激励

32. 经营者的权力受（　　）委托范围的限制。
    A. 经理机构　　　　B. 监事会
    C. 董事会　　　　　D. 股东会

33. 企业经营者的选择机制中市场招聘的优点是（　　）。
    A. 企业与入选对象之间十分了解，从而大大减少了信息的不对称，提高了用人的准确性
    B. 入选者对于企业十分了解，能迅速进入角色
    C. 有利于激励内部干部的进取精神和工作热情
    D. 可以为企业带来新的价值观念、新的思维方式，有助于企业拓展新市场

34. 一般而言，企业财产所有权(或产权)的拥有者称为(　　)。
    A. 占有者　　　　　　　　B. 管理者
    C. 经营者　　　　　　　　D. 所有者

35. 监事会会议决议经过(　　)监事通过。
    A. 三分之一以上　　　　　B. 半数以上
    C. 10%以上　　　　　　　D. 2%以上

36. 股东控制型治理机制的典型代表有(　　)。
    A. 日本　　　　　　　　　B. 美国
    C. 韩国　　　　　　　　　D. 德国

37. 股东可以将自己的有效表决权集中投向自己同意或否决的议案，这种股东会投票机制称为(　　)。
    A. 代理投票制　　　　　　B. 累加表决制
    C. 一股一票制　　　　　　D. 一人一票制

38. 股份有限公司监事会会议分为定期会议和临时会议，定期会议至少每(　　)个月召开一次。
    A. 3　　　　　　　　　　B. 4
    C. 5　　　　　　　　　　D. 6

39. 根据《公司法》的规定，有限责任公司中监事的任期为每届(　　)年。
    A. 2　　　　　　　　　　B. 3
    C. 4　　　　　　　　　　D. 5

40. 股份有限公司的经理机构是(　　)。
    A. 公司的辅助机构　　　　B. 经营决策机构
    C. 公司权力机构　　　　　D. 经营管理机构

41. 我国《公司法》明确了国有独资公司章程的制定和批准机构，是(　　)。
    A. 股东会　　　　　　　　B. 职工代表大会
    C. 人大常委会　　　　　　D. 国有资产监管机构

42. 监事会的基本职能是(　　)。
    A. 监督公司的一切经营活动
    B. 监督公司财务状况
    C. 监督公司市场营销状况
    D. 监督公司原料供应状况

43. (　　)是有限责任公司的执行机构和决策机构，是对内执行公司业务、对股东会负责，对外代表公司的常设机构。
    A. 董事会　　　　　　　　B. 监事会
    C. 股东会　　　　　　　　D. 经理机构

44. 既处于公司决策系统和执行系统的交叉点，又是公司运转的核心的是(　　)。
    A. 经理机构　　　　　　　B. 股东会
    C. 监事会　　　　　　　　D. 董事会

45. 股份有限公司中，单独或者合计持有公司(　　)以上股份的股东，可以在股东大会召开(　　)日前提出临时提案并书面提交董事会。
    A. 5%，8　　　　　　　　B. 5%，10
    C. 3%，8　　　　　　　　D. 3%，10

46. 监事会以(　　)为主要监督对象。
    A. 董事会和总经理　　　　B. 全体员工
    C. 董事长　　　　　　　　D. 财务部门

47. 下面有关经理机构的地位描述中正确的是(　　)。
    A. 经理是指由董事会作出决议聘任的主持日常经营工作的公司负责人
    B. 董事会与经理的关系是以董事会对经理实施控制为基础的合作关系，合作是第一位的
    C. 经理必须听从作为法定业务执行机关董事会的指挥和监督
    D. 以上都不正确

48. 工业革命后，美国历史上最早由职业经理人通过专门管理机构进行管理的行业是(　　)。
    A. 海运业　　　　　　　　B. 纺织业
    C. 钢铁业　　　　　　　　D. 铁路业

49. 在法律上和经济上都没有独立性的公司是(　　)。
    A. 母公司　　　　　　　　B. 子公司
    C. 分公司　　　　　　　　D. 集团公司

50. 我国《公司法》规定，董事会每年度至少召开(　　)次会议。
    A. 一　　　　　　　　　　B. 二
    C. 三　　　　　　　　　　D. 四

51. 我国《公司法》规定了股份有限公司董事长的法定职权为(　　)。
    A. 禁止泄露商业秘密
    B. 禁止滥用公司财产
    C. 竞业禁止
    D. 主持董事会会议和检查董事会决议的实施情况

52. 在公司治理结构中，执行机构是(　　)。
    A. 股东大会　　　　　　　B. 管理层
    C. 董事会　　　　　　　　D. 监事会

53. 有限责任公司的股东应以(　　)为限对公司债务承担责任。
    A. 认缴的出资额
    B. 认购的公司股份
    C. 个人全部财产
    D. 个人及家庭成员全部财产

54. 公司产权制度的特征是( )。
    A. 法人财产
    B. 出资者原始所有权、公司法人产权与公司经营权相互分离
    C. 法制管理
    D. 法人治理

55. 在经营活动中善于敏锐地观察旧事物的缺陷，准确地捕捉新事物的萌芽，提出大胆的、新颖的设想，并进行周密分析，拿出可行的思路付诸实施所表现出来的能力是( )。
    A. 决策能力　　　　B. 创造能力
    C. 沟通能力　　　　D. 应变能力

56. 我国《公司法》规定，设立股份公司，其发起人必须( )以上在中国有住所。
    A. 三分之一　　　　B. 四分之一
    C. 五分之一　　　　D. 一半

57. 股东最根本的法律特征以及股东法律地位的集中体现指的是( )。
    A. 股东享有股东权
    B. 股东承担有限责任
    C. 所有股东均按其所持股份的性质、内容和数额平等地享受权利
    D. 股东有忠诚义务

58. 公司按照法律或章程的规定而定期召开会议，一个业务年度召开一次的会议是( )。
    A. 股东年会　　　　B. 临时股东大会
    C. 定期股东大会　　D. 股东总结会议

59. 国有独资公司的监督机构成员不得少于( )人。
    A. 5　　B. 6　　C. 3　　D. 10

二、多项选择题

1. 按照法律形态来划分，企业的组织形式类型有( )。
    A. 简单专业化企业　　B. 多元专业化企业
    C. 公司制企业　　　　D. 合伙制企业
    E. 个人业主制企业

2. 公司的内部治理机制表现为( )。
    A. 经理市场的竞争
    B. 资本市场的竞争
    C. 独立董事制度及其实施
    D. 股东对董事会的控制和监督机制
    E. 股东对经理阶层的激励和监督机制

3. 对于现代公司制企业，股东所拥有的股权的主要权限有( )。
    A. 对法人财产占有权

B. 对企业经营管理权
C. 对公司股票或其他股份凭证的所有权和处分权
D. 对公司收益参与分配的权利
E. 对公司决策的参与权

4. 现代企业经营者具有的显著特征包括( )。
    A. 岗位职业化趋势
    B. 较高深的经营管理素养
    C. 较强的协调沟通能力
    D. 体现为有偿雇佣关系
    E. 权力受股东会限制

5. 经营者要有精湛的业务能力，其中最为重要的是( )。
    A. 沟通能力　　　　B. 指挥能力
    C. 应变能力　　　　D. 创造能力
    E. 决策能力

6. 下列关于股东大会、董事会和经营人员之间的关系表述正确的是( )。
    A. 股东可以决定董事会的人选
    B. 授权董事会负责公司后，股东还可以干预董事会的决策
    C. 董事会必须对股东负责
    D. 经营人员受聘于董事会
    E. 经营人员经营业绩的优劣受到董事会的监督和批评

7. 公司股东作为出资者按投入公司的资本额享有所有者的权利，主要有( )。
    A. 重大决策　　　　B. 资产受益
    C. 选择管理者　　　D. 决定公司的经营要务
    E. 制定公司的基本管理制度

8. 下面有关公司的原始所有权的描述中正确的是( )。
    A. 原始所有权包括对股票或其他股份凭证的所有权和处分权，包括馈赠、转让、抵押等
    B. 原始所有权包括对公司决策的参与权，即股东可以出席股东会议并对有关决议进行表决，可以通过选举董事会间接参与公司管理
    C. 原始所有权包括对公司收益参与分配的权利，包括获得股息和红利的权利
    D. 公司的原始所有权是由在公司设立时出资者依法向公司注入的资本金及其增值和公司在经营期间负债所形成的财产构成
    E. 原始所有权包括在公司清算后分得剩余财产的权利

9. 下列关于董事会性质的认识，正确的有( )。
    A. 董事会是公司的最高权力机构

B.董事会是公司法人的对外代表机构

C.董事会是公司的法定常设机构

D.董事会是代表股东对公司进行管理的机构

E.董事会是公司的经营决策机构

10.有下列情形之一的，不得担任公司的董事、监事和高级管理人员(　　)。

　　A.无民事行为能力或者限制民事行为能力

　　B.个人所负数额较大的债务到期未清偿

　　C.因犯罪被剥夺政治权利，执行期满未逾3年

　　D.因侵占财产、挪用财产被判处刑罚，执行期满未逾5年

　　E.担任因违法被吊销营业执照、责令关闭的公司的法定代表人，并负有个人责任的，自该公司被吊销营业执照之日起未逾3年

11.下列关于股份有限公司董事会的议事规则与决议方式正确的是(　　)。

　　A.每次董事会会议应当于会议召开10日前通知全体董事和监事

　　B.董事会做出决议必须经全体董事的过半数通过

　　C.股份有限公司董事会每年度至少召开两次会议

　　D.我国《公司法》规定，董事会会议应有三分之二以上的董事出席方可举行

　　E.董事会会议实行"一人一票"制

12.下面有关公司财产权能的分离中描述正确的是(　　)。

　　A.公司财产权能的分离是以公司法人为中介的所有权与经营权的两次分离

　　B.第一次分离是具有法律意义的出资人与公司法人的分离，即原始所有权与法人产权相分离

　　C.第二次分离是具有经济意义的法人产权与经营权的分离

　　D.第一次分离是企业所有权与经营权分离的最高形式

　　E.第二次分离是企业所有权与经营权分离的最高形式

13.即使已经取得经理职位的人，也必须通过(　　)来确保其经理职务。

　　A.提高公司的利润水平

　　B.不断增强公司的实力

　　C.使公司长期稳定发展

　　D.说服大多数股东

　　E.与董事会形成战略同盟

14.有限责任公司监事会的职权有(　　)。

　　A.检查公司财务

B.罢免高级管理人员

C.向股东会会议提出提案

D.依法对董事、高级管理人员提起诉讼

E.提议召开临时股东会会议

15.下面有关公司经营者的描述正确的是(　　)。

　　A.经营者具有比较高深的企业经营管理素养，能够引领企业获得良好的业绩

　　B.经营者必须具备较强的协调沟通能力，能够协调好所有者、属下和员工及客户等的关系

　　C.公司中经营者的产生基于有偿雇佣，是公司的"高级雇员"，即受股东委托的企业经营代理人

　　D.经营者的权力不用受董事会委托范围的限制

　　E.经营者的岗位职业化趋势，已经形成企业家群体和企业家市场

16.由于一股一票制的股东会投票机制存在着问题，由此推出的改进和补充机制有(　　)。

　　A.累加表决制　　　　B.代理投票制

　　C.资本多数制　　　　D.计分投票制

　　E.一人一票制

17.现实中企业家的选择机制具有明显的弱市场性，下面有关企业家的选择机制中描述正确的是(　　)。

　　A.内部提拔是经营者的选择方式之一，它体现了强烈的非市场性特征

　　B.企业对内部提拔的入选对象十分了解，从而大大减少了信息的不对称，提高了用人的准确性

　　C.内部提拔的入选者对于企业十分了解，能迅速进入角色

　　D.内部提拔有利于激励内部干部的进取精神和工作热情

　　E.内部提拔有利于克服某些在人才选拔上的个人情感因素

18.经理对董事会负责，其职权包括(　　)。

　　A.制定公司的具体规章

　　B.制定公司的基本管理制度

　　C.主持公司的生产经营管理工作

　　D.组织实施公司年度经营和投资方案

　　E.聘任或者解聘除应由董事会聘任或者解聘以外的管理人员

19.独立董事必须具有独立性，下列人员不得担任独立董事的有(　　)。

　　A.在上市公司或其附属企业任职的人员

　　B.在上市公司前十名股东单位任职的人员及其直系亲属

C. 上市公司前五名股东中的自然人股东及其直
系亲属

D. 为上市公司或其附属企业提供财务、法律、
咨询等服务的人员

E. 在直接或间接持有上市公司已发行股票5%以
上的股东单位任职的人员

20. 下面有关市场对企业家的约束和激励的描述中
正确的是(　　)。

A. 企业经营状况通过各种市场指标反映出来，
这在一定程度上体现出企业家能力和其在企
业经营活动中的努力程度，从而为上述机制
发挥作用提供了客观的考查依据

B. 市场竞争的优胜劣汰机制对企业家地位形成
直接的威胁

C. 企业的市场竞争力在一定程度上反映了企业
家的能力和努力程度

D. 市场竞争对于企业家没有实质上的约束

E. 市场竞争关乎企业的进步与否，无法激励企
业家的努力

21. 董事会是代表股东对公司进行管理的机构，这
体现在(　　)。

A. 董事会的成员——董事由股东选举产生

B. 董事会对股东会负责，向股东会汇报工作，
接受股东的监督

C. 董事会必须代表股东利益，反映股东意志

D. 董事会行使职权不得违背股东制定的公司章程

E. 董事会在特殊情况下可以违背股东会决议

22. 国有独资公司的(　　)，必须由国有资产监督管
理机构决定。

A. 合并、分立

B. 解散

C. 增加或者减少注册资本

D. 修改章程

E. 发行公司债券

23. 有限责任公司的股东会依法享有的职权有(　　)。

A. 决定公司的经营方针和投资计划

B. 审议批准监事会或监事的报告

C. 对公司增加或减少注册资本作出决议

D. 制定公司合并、分立、解散或变更公司形式
的方案

E. 修改公司章程

24. 股东的法律地位包括(　　)。

A. 股东平等

B. 股东承担无限责任

C. 股东享有股东权

D. 股东是公司的出资人

E. 股东是公司经营的最大受益人和风险承担者

25. 一个优秀企业经营者的职业心态应该表现为
(　　)。

A. 开放和追求　　　　B. 自知和自信

C. 意志和胆识　　　　D. 宽容和忍耐

E. 乐观和坚强

26. 下列对经营者的表述正确的是(　　)。

A. 经营者对法人财产拥有绝对经营权和管理权

B. 全面负责企业日常经营管理

C. 由董事会从股东中选聘

D. 获得报酬的主要方式有年薪、股权和期权等

E. 要承担法人财产的保值增值责任

27. 在现代公司治理结构中，股东会、董事会、监事
会和经营人员之间的相互制衡关系表现在(　　)。

A. 股东掌握着最终的控制权，可以决定董事会
的人选

B. 董事会负责公司经营，但必须对股东负责

C. 经营人员受聘于董事会，统管企业日常经营
事务

D. 董事会和经营人员互相牵制，经营人员可以
监督董事会

E. 经营人员向股东汇报工作，并向股东承担责任

28. 下面有关公司所有者与经营者的关系描述中正
确的是(　　)。

A. 经营者作为意定代理人，其权力受到董事会
委托范围的限制

B. 公司对经营人员是一种有偿委任的雇佣

C. 董事会有权对经营人员的经营业绩进行监督
和评价，并据此对经营人员做出(或约定)奖
励或激励的决定

D. 董事会无权解雇经营者

E. 董事会有权对经营人员的经营业绩进行监督
和评价，并有可以根据监督评价结果决定是
否解雇经营者

29. 下列选项中，属于对公司经营者的素质要求内
容的是(　　)。

A. 优秀的个性品质　　B. 良好的身体素质

C. 精湛的业务能力　　D. 健康的职业心态

E. 优秀的文化水平

30. 现代企业领导体制的作用主要表现在(　　)。

A. 科学的领导体制是企业进行领导决策的基础

B. 科学的领导体制是企业有效运行的根本保障

C. 科学的领导体制是规范企业领导行为的根本
机制

D. 科学的领导体制是提高企业整体领导效能的重要因素

E. 科学的领导体制是企业领导活动有效开展的组织保证

31. 有下列( )情形之一的，应当在两个月内召开临时股东大会。
   A. 董事人数不足法律规定人数或者公司章程所定人数的1/3时
   B. 董事人数不足法律规定人数或者公司章程所定人数的2/3时
   C. 公司未弥补的亏损达实收股本总额1/3时
   D. 单独或者合计持有公司10%以上股份的股东请求时
   E. 单独或者合计持有公司20%以上股份的股东请求时

32. 有限责任公司经理机构的职权有( )。
   A. 制定公司的基本管理制度
   B. 拟订公司管理机构设置方案
   C. 制定公司的具体规章
   D. 提请聘任或者解聘公司副经理、财务负责人
   E. 组织实施公司年度经营和投资方案

33. 关于股东大会会议的召集和主持，下列说法正确的有( )。
   A. 股东大会会议由董事会召集，董事长主持
   B. 股东大会会议由董事会召集，经营者主持
   C. 董事会不能履行召集股东大会会议职责的，监事会应当及时召集和主持
   D. 监事会不召集和主持的，连续90日以上单独或者合计持有公司10%以上股份的股东可以自行召开和主持
   E. 监事会不召集和主持的，连续90日以上单独或者合计持有公司20%以上股份的股东可以自行召开和主持

34. 下列选项中，属于股份有限公司监事会职权的有( )。
   A. 提案权
   B. 检查公司财务
   C. 任命公司经理人
   D. 对高级管理人员执行公司职务的行为进行监督
   E. 提议召开临时股东会会议

35. 董事会作为常设机构的性质主要体现在( )。
   A. 董事会成员固定，任期固定且任期内不能无故解除
   B. 董事会决议内容多为公司经常性重大事项
   C. 董事会负责制定公司的具体规章

D. 董事会通常设置专门工作机构处理日常事务
   E. 聘任或者解聘公司副经理、财务负责人

36. 对股份有限公司与有限责任公司董事而言，其忠诚义务主要表现在( )。
   A. 禁止在相关企业兼职
   B. 自我交易之禁止
   C. 竞业禁止
   D. 禁止泄露公司秘密
   E. 禁止滥用公司财产

37. 市场营销的功能主要包括( )。
   A. 交换功能
   B. 产品分类功能
   C. 信息功能
   D. 承担风险功能
   E. 消费功能

38. 公司制企业的产权关系与其组织结构是一一对应的，这种对应主要表现为( )。
   A. 公司法人财产处置权由股东大会行使
   B. 经营决策权由董事会行使
   C. 管理人员任免权由人力资源部行使
   D. 指挥权由执行机构行使
   E. 监督权由监事会行使

39. 下列选项中关于监事会和监事的说法正确的有( )。
   A. 监事会设主席一人，由全体监事过半数选举产生
   B. 监事会主席召集和主持监事会会议
   C. 董事可以兼任监事，但高级管理人员不得兼任监事
   D. 监事的任期每届为5年
   E. 监事会主席不能履行职务或者不履行职务的，由半数以上监事共同推举一名监事召集和主持监事会会议

40. 下面有关股东会会议的描述中正确的是( )。
   A. 首次会议由出资最多的股东召集和主持
   B. 首次会议讨论并通过公司章程
   C. 首次会议选举公司董事会成员
   D. 临时会议可以由代表十分之一以上表决权的股东提议召开
   E. 临时会议需要由三分之二以上的董事提议召开

参考答案及解析

一、单项选择题

1.【答案】A
【解析】本题考查公司制企业的本质特征——企业所有权与经营权分离条件下的委托—代理关系。

2.【答案】B

【解析】公司治理的核心是合理地分配公司的剩余控制权。

3.【答案】C
【解析】主银行相机治理机制的典型代表是日本。

4.【答案】A
【解析】原始所有权是出资人(股东)对投入资本的终极所有权，主要表现为股权。

5.【答案】C
【解析】本题考查公司财产权能的两次分离。公司所有权本身的分离是原始所有权与法人产权的分离。

6.【答案】C
【解析】法人产权是指公司作为法人对公司财产的排他性占有权、使用权、收益权和处分转让权。这是一种派生所有权，是所有权的经济行为。

7.【答案】D
【解析】经营者拥有的业务能力中，决策能力、创造能力和应变能力最为重要。其中创造能力是一个经营者的核心能力。

8.【答案】B
【解析】题干中的这种激励约束机制属于声誉激励。

9.【答案】A
【解析】本题考查股东的分类与构成。自然人作为股份有限公司的发起人股东，应当具有完全行为能力。

10.【答案】A
【解析】本题考查股东的含义。股东是指持有公司资本的一定份额并享有股东权利的人。

11.【答案】B
【解析】我国公司法规定，公司的发起人、股东在公司成立后，抽逃其出资的，由公司登记机关责令改正，处以所抽逃出资金额5%以上、15%以下的罚款。

12.【答案】B
【解析】本题考查股东大会的性质。在公司组织机构中，股东大会居于最高层，董事会、经理、监事会都对股东大会负责，向其报告工作。

13.【答案】A
【解析】我国《公司法》规定，股份有限公司的股东大会应当每年召开一次年会。

14.【答案】C
【解析】股份有限公司的特别决议必须经出席会议的股东所持表决权的三分之二以上绝对多数通过。

15.【答案】D
【解析】本题考查董事会的临时会议。我国公司法对于股份有限公司董事会临时会议的规定是，代表十分之一以上表决权的股东、三分之一以上董事或监事会可以提议召开董事会临时会议。

16.【答案】C
【解析】本题考查董事会的职权。制定公司的基本管理制度属于董事会的职权。

17.【答案】B
【解析】两个以上的国有企业或者两个以上的其他国有投资主体投资设立的有限责任公司，其董事会成员中应当有公司职工代表。

18.【答案】A
【解析】股份有限公司的董事任期由公司章程规定，但每届任期不得超过3年。

19.【答案】D
【解析】独立董事原则上最多在5家上市公司兼任独立董事。

20.【答案】C
【解析】公司财产权能的分离是以公司法人为中介的所有权与经营权的两次分离。第一次分离是具有法律意义的出资人与公司法人的分离，即原始所有权与法人产权相分离；第二次分离是具有经济意义的法人产权与经营权的分离，这种分离形式是企业所有权与经营权分离的最高形式。答案选C。

21.【答案】B
【解析】本题考查经理的含义。经理又称为经理人，是指由董事会做出决议聘任的主持日常经营工作的公司负责人。

22.【答案】C
【解析】本题考查经理的职权。

23.【答案】B
【解析】本题考查经理的选任和解聘。作为董事会的辅助执行机构，经理的选任和解聘均由董事会决定。

24.【答案】B
【解析】本题考查公司经理的选任和解聘。经理入选后，其经营水平和经营能力要接受实践检验，要通过述职、汇报和其他形式接受董事会的定期和随时监督。

25.【答案】A
【解析】我国《公司法》规定，国有独资公司设经理，由董事会聘任或解聘。

26.【答案】A
【解析】本题考查有限责任公司监事会的组成。我国《公司法》规定，有限责任公司设监事会，其成员不得少于3人。

27.【答案】A
【解析】检查公司财务属于公司监事会的职权。

28.【答案】A
【解析】本题考查国有独资公司监事会的组成。国有独资公司的监事会成员不得少于5人。

29.【答案】B
【解析】股东是公司经营的最大受益人和风险承担者。

30.【答案】C
【解析】股东享有股东权是股东最根本的法律特征，是股东法律地位的集中体现。

31.【答案】A
【解析】本题考查经营者激励与约束机制中的报酬激励。对经营者采取报酬激励的形式多种多样，主要有年薪制、薪金与奖金相结合、股票奖励、股票期权等。

32.【答案】C
【解析】本题考查经营者的特征。经营者的权力受董事会委托范围的限制。

33.【答案】D
【解析】选项ABC描述的是经营者内部提拔选择机制的优点，D描述的是市场招聘的优点，答案选D。

34.【答案】D
【解析】一般而言，所有者是指企业财产所有权(或产权)的拥有者。

35.【答案】B
【解析】监事会会议决议经过半数以上监事通过。

36.【答案】C
【解析】本题考查股东控制型治理机制的典型代表——韩国和东南亚国家。

37.【答案】B
【解析】累加表决制即股东可以将自己的有效表决权集中投向自己同意或否决的议案。

38.【答案】D
【解析】股份有限公司监事会会议分为定期会议和临时会议，定期会议至少每6个月召开一次。

39.【答案】B
【解析】有限责任公司监事的任期为每届3年。

40.【答案】D
【解析】经理是董事会领导下的负责公司日常经营管理活动的机构。

41.【答案】D
【解析】我国公司法明确了国有独资公司章程的制定和批准机构，是国有资产监管机构。

42.【答案】A
【解析】监事会的基本职能是监督公司的一切经营活动。

43.【答案】A
【解析】董事会是有限责任公司的执行机构和决策机构，是对内执行公司业务、对股东会负责，对外代表公司的常设机构。

44.【答案】D
【解析】董事会处于公司决策系统和执行系统的交叉点，是公司运转的核心。

45.【答案】D
【解析】股份有限公司中，单独或者合计持有公司3%以上股份的股东，可以在股东大会召开10日前提出临时提案并书面提交董事会。

46.【答案】A
【解析】监事会以董事会和总经理为主要监督对象。

47.【答案】A
【解析】经理是指由董事会作出决议聘任的主持日常经营工作的公司负责人，答案选A。

48.【答案】D
【解析】本题考查企业领导体制的发展。美国历史上第一家由全部拿薪水的经理人员通过专门的管理机构来管理的行业是铁路业。

49.【答案】C
【解析】分公司是母公司的分支机构或附属机构，在法律上和经济上都没有独立性，具体表现在：(1)它没有自己独立的公司名称，而和母公司使用同一名称；(2)分公司的业务问题完全由母公司决定；(3)分公司的资本全部属于母公司；(4)分公司没有自己的资产负债表，也没有自己的公司章程；(5)它一般以母公司的名义并根据其委托进行业务活动，母公司以自己的资产对分公司的债务负责。

50.【答案】B
【解析】我国《公司法》规定，董事会每年度至少召开二次会议。

51.【答案】D
【解析】选项D是《公司法》中规定的董事长的法定职权，而选项ABC是其义务。

52.【答案】B

【解析】在公司治理结构中，公司的决策机构是股东大会、董事会，公司的执行机构是管理层，公司的监督机构是监事会。

53.【答案】A
【解析】我国公司法规定：公司以其全部财产对公司的债务承担责任；有限责任公司的股东以其认缴的出资额为限对公司承担责任；股份有限公司的股东以其认购股份为限对公司承担责任。

54.【答案】B
【解析】公司的产权制度具有明晰的产权关系，它以公司的法人财产为基础，以出资者原始所有权、公司法人产权与公司经营权相互分离为特征，并以股东会、董事会、监事会、执行机构作为法人治理机构来确立所有者、公司法人、经营者和职工之间的权利、责任和利益关系。

55.【答案】B
【解析】创造能力是一个经营者的核心能力，它表现为在经营活动中善于敏锐地观察旧事物的缺陷，准确地捕捉新事物的萌芽，提出大胆的、新颖的设想，并进行周密分析，拿出可行的思路付诸实施。

56.【答案】D
【解析】设立股份公司，发起人要对公司设立承担特殊义务和责任，因而其资格限制要严于一般股东。一是自然人作为发起人应当具备完全行为能力，二是法人作为发起人应当是法律上不受限制者，三是发起人的国籍和住所受到一定限制。我国《公司法》规定，设立股份公司，其发起人必须一半以上在中国有住所。

57.【答案】A
【解析】股东享有股东权是股东最根本的法律特征以及股东法律地位的集中体现，答案选A。

58.【答案】A
【解析】股东年会是公司按照法律或章程的规定而定期召开的会议，一个业务年度召开一次。我国公司法规定，股东大会应当每年召开一次年会。

59.【答案】A
【解析】国有独资公司的监督机构成员不得少于5人，答案选A。

二、多项选择题
1.【答案】CDE
【解析】本题考查企业的组织形式。按照法律形态来划分，企业的组织形式有个人业主制企业、合伙制企业和公司制企业三种类型。

2.【答案】CDE
【解析】本题考查公司的内部治理机制。选项AB属于公司的外部治理机制。

3.【答案】CDE
【解析】股权的主要权限有：①对股票或其他股份凭证的所有权和处分权；②对公司决策的参与权；③对公司收益参与分配的权利。

4.【答案】ABCD
【解析】本题考查公司经营者的特征，选项E错误，经营者的权力受董事会委托范围的限制。

5.【答案】CDE
【解析】经营者要有精湛的业务能力，决策能力、创造能力和应变能力最为重要。其中创造能力是一个经营者的核心能力。

6.【答案】ACDE
【解析】选项B的正确表述是一旦授权董事会负责公司后，股东就不能随意干预董事会的决策了。

7.【答案】ABC
【解析】公司股东作为出资者按投入公司的资本额享有所有者的资产受益、重大决策和选择管理者等权利。选项DE属于董事会的职权。

8.【答案】ABCE
【解析】选项ABCE是对公司的原始所有权的正确描述，选项D指的是公司的法人财产权，排除不选，答案选ABCE。

9.【答案】BCDE
【解析】本题考查董事会的性质。选项A错误，公司的最高权力机构是股东大会。

10.【答案】ABDE
【解析】选项C正确的表述是因犯罪被剥夺政治权利，执行期满未逾5年。

11.【答案】ABCE
【解析】我国《公司法》规定，董事会会议应有过半数的董事出席方可举行。

12.【答案】ABCE
【解析】公司财产权能的分离是以公司法人为中介的所有权与经营权的两次分离。第一次分离是具有法律意义的出资人与公司法人的分离，即原始所有权与法人产权相分离；第二次分离是具有经济意义的法人产权与经营权的分离，这种分离形式是企业所有权与经营权分离的最高形式。因此答案选ABCE。

13.【答案】ABC
【解析】本题考查经理的选任与解聘。保住经理职务的唯一途径是提高公司的利润水平、不断增强公司的实力、使公司得以长期稳定地发展。

14. 【答案】ACDE
【解析】监事会只能提出罢免高级管理人员的建议。

15. 【答案】ABCE
【解析】经营者具有比较高深的企业经营管理素养，能够引领企业获得良好的业绩；经营者必须具备较强的协调沟通能力，能够协调好所有者、属下和员工及客户等的关系；公司中经营者的产生基于有偿雇佣，是公司的"高级雇员"，即受股东委托的企业经营代理人；经营者的权力受董事会委托范围的限制，选项ABCE均正确，选项D描述错误，答案选ABCE。

16. 【答案】AB
【解析】由于一股一票制的股东会投票机制存在着问题，由此推出的改进和补充机制是累加表决制和代理投票制。

17. 【答案】ABCD
【解析】内部提拔是经营者的选择方式之一，它体现了强烈的非市场性特征——企业与入选对象之间十分了解，从而大大减少了信息的不对称，提高了用人的准确性；入选者对于企业十分了解，能迅速进入角色；有利于激励内部干部的进取精神和工作热情，因此选项ABCD描述正确，选项E错误，市场招聘的选择机制有利于克服某些在人才选拔上的个人情感因素，排除不选，答案选ABCD。

18. 【答案】ACDE
【解析】选项B属于董事会的职权。经理只有"拟订公司的基本管理制度"的职权。

19. 【答案】ADE
【解析】选项B的正确表述是在上市公司前五名股东单位任职的人员及其直系亲属。选项C的正确表述是上市公司前十名股东中的自然人股东及其直系亲属。

20. 【答案】ABC
【解析】市场对企业家的约束和激励可归纳为两个方面：第一，市场竞争机制具有信息显示功能。企业经营状况通过各种市场指标反映出来，这在一定程度上体现出企业家能力和其在企业经营活动中的努力程度，从而为上述机制发挥作用提供了客观的考查依据。第二，市场竞争的优胜劣汰机制对企业家地位形成直接的威胁。企业的市场竞争力在一定程度上反映了

企业家的能力和努力程度，这就使低能力、不努力或努力程度不够的企业家随时都有可能被代替。选项DE描述错误，答案选ABC。

21. 【答案】ABCD
【解析】本题考查董事会性质中的具体内容。选项D的表述正确，所以选项E错误。

22. 【答案】ABCE
【解析】国有独资公司的合并、分立、解散、增加或者减少注册资本和发行公司债券，必须由国有资产监督管理机构决定。

23. 【答案】ABCE
【解析】选项D属于董事会的职权。

24. 【答案】ACDE
【解析】本题考查股东的法律地位。股东承担有限责任，所以选项B错误。

25. 【答案】ABCD
【解析】一个优秀企业经营者的职业心态应该表现为：①自知和自信；②意志和胆识；③宽容和忍耐；④开放和追求。

26. 【答案】ABDE
【解析】经营者由企业在经理人市场中聘任。所以选项C错误。

27. 【答案】ABC
【解析】现代公司治理结构的要旨在于明确划分股东、董事会、监事会和经营人员各自的权力、责任和利益，形成了四者之间的制衡关系，最终保证了公司制度的有效运行：①股东作为所有者掌握着最终的控制权，可以决定董事会的人选，并具有推选或不推选直至起诉某位董事的权利。然而，一旦授权董事会负责公司后，股东就不能随意干预董事会的决策了。②董事会作为公司最主要的代表人全权负责公司经营，拥有支配法人财产的权力和任命、指挥经营人员的全权，但董事会必须对股东负责。③经营人员受聘于董事会，作为公司的意定代表人统管企业日常经营事务，在董事会授权范围内，经营人员有权决策，他人不能随意干涉。但是，经营人员的管理权限和代理权限不能超过董事会决定的授权范围，经营人员经营业绩的优劣也受到董事会的监督和评判。

28. 【答案】ABCE
【解析】经营者作为意定代理人，其权力受到董事会委托范围的限制，包括法定限制和意定限制。公司对经营人员是一种有偿委任的雇佣。经营人员有义务和责任依法经营好公司事

务，董事会有权对经营人员的经营业绩进行监督和评价，并据此对经营人员做出（或约定）奖励或激励的决定，并可以予以解聘。因此选项ABCE正确，选项D错误。

29.【答案】ACD
【解析】对公司经营者的素质要求有：(1)精湛的业务能力；(2)优秀的个性品质；(3)健康的职业心态。

30.【答案】CDE
【解析】现代企业领导体制的作用主要表现在以下三个方面：(1)科学的领导体制是企业领导活动有效开展的组织保证；(2)科学的领导体制是提高企业整体领导效能的重要因素；(3)科学的领导体制是规范企业领导行为的根本机制。

31.【答案】BCD
【解析】有下列情形之一的，应当在两个月内召开临时股东大会：(1)董事人数不足法律规定人数或者公司章程所定人数的三分之二时；(2)公司未弥补的亏损达实收股本总额三分之一时；(3)单独或者合计持有公司10%以上股份的股东请求时；(4)董事会认为必要时；(5)监事会提议召开时；(6)公司章程规定的其他情形。

32.【答案】BCDE
【解析】经理被授予了部分董事会的职权，经理对董事会负责，行使下列职权：(1)主持公司的生产经营管理工作，组织实施董事会决议；(2)组织实施公司年度经营和投资方案；(3)拟订公司管理机构设置方案；(4)拟订公司的基本管理制度；(5)制定公司的具体规章；(6)提请聘任或者解聘公司副经理、财务负责人；(7)聘任或者解聘除应由董事会聘任或者解聘以外的管理人员；(8)公司章程和董事会授予的其他职权。此外，经理作为董事会领导下的负责公司日常经营管理活动的机构，为便于其了解情况，汇报工作，《公司法》还规定了经理有权列席董事会会议。

33.【答案】ACD
【解析】我国《公司法》规定：(1)股东大会会议由董事会召集，董事长主持；董事长不能履行职务或者不履行职务的，由副董事长主持；副董事长不能履行职务的或者不履行职务的，由半数以上董事共同推举一名董事主持。(2)董事会不能履行召集股东大会会议职责的，监事会应当及时召集和主持；监事会不召集和主持

的，连续90日以上单独或者合计持有公司10%以上股份的股东可以自行召开和主持。

34.【答案】ABDE
【解析】股份有限公司监事会的职权包括：(1)检查公司财务；(2)对董事、高级管理人员执行公司职务的行为进行监督。对违反法律、行政法规、公司章程或者股东大会决议的董事、高级管理人员提出罢免的建议；(3)当董事、高级管理人员的行为损害公司的利益时，要求董事、高级管理人员纠正；(4)提议召开临时股东会会议；(5)提案权；(6)对董事、高级管理人员提起诉讼；(7)公司章程规定的其他职权。

35.【答案】ABD
【解析】董事会作为常设机构的性质主要体现在：(1)董事会成员固定，任期固定且任期内不能无故解除；(2)董事会决议内容多为公司经常性重大事项，董事会会议召开次数较多；(3)董事会通常设置专门工作机构(如办公室、秘书室)处理日常事务。

36.【答案】BCDE
【解析】董事的忠实义务，即要求董事对公司诚实，忠诚于公司利益，始终以最大限度地实现和保护公司利益作为衡量自己执行董事职务的标准；当自身利益与公司利益发生冲突时，必须以公司的最佳利益为重，必须将公司整体利益置于首位。具体而言，包括以下几种类型：(1)自我交易之禁止；(2)竞业禁止；(3)禁止泄露公司秘密；(4)禁止滥用公司财产。

37.【答案】ABCD
【解析】本题考查市场营销的功能——交换功能、物流功能、产品分类功能、融资功能、信息功能、承担风险功能。消费功能不属于市场营销功能的内容，因此排除E选项，正确答案选ABCD。

38.【答案】ABDE
【解析】选项C管理人员任免权是董事会的职权范围。

39.【答案】ABE
【解析】董事、高级管理人员都不得兼任监事，监事的任期每届为3年。

40.【答案】ABCD
【解析】选项ABCD均是对股东会会议的正确描述，选项E中临时会议需要由三分之一以上的董事提议召开，排除不选，答案选ABCD。

第三章 市场营销与品牌管理

本章的知识框架包括市场营销概念、市场营销环境、目标市场战略、市场营销组合策略、品牌管理等。

从近三年的考题情况来看，本章主要考查市场的含义、市场营销的含义、市场营销观念、市场营销管理的任务；市场营销环境、市场营销环境分析；市场细分、目标市场、市场定位；产品策略、定价策略、渠道策略、促销策略；品牌含义、品牌资产、品牌战略等。考查形式以单项选择题和多项选择题为主，单选题一般为6～7道，多选题为2道，平均分值是12分。

本章重要考点分析

本章涉及十几个重要考点，在历年考试中出现频率比较高的知识点有市场营销环境、市场营销环境分析；市场定位；产品策略、定价策略、渠道策略、促销策略等，需要重点掌握。另外，案例分析题出现的概率较小。本章的主要考点如图3-1所示。

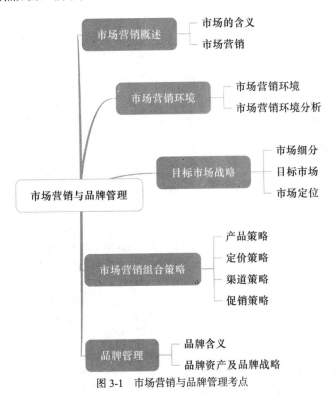

图 3-1 市场营销与品牌管理考点

本章近三年题型及分值总结

由于本章知识点以营销相关概念和理论介绍为主，因此近三年的考试题型多以单项选择题和多项选择题的形式出现，如表3-1所示。

表 3-1　市场营销与品牌管理题型及分值

年　份	单项选择题	多项选择题	案例分析题
2014年	7题	2题	0题
2013年	6题	2题	4题
2012年	7题	2题	0题

第一节　市场营销概述

市场是某种产品或劳务的现实购买者与潜在购买者需求的总和；亦指具有特定需要和欲望，并具有购买使这种需要和欲望得到满足的消费者群。

市场营销是个人和集体通过创造、提供出售并同别人交换产品和价值，以获得其所需所欲之物的一种社会和管理过程。市场营销观念是企业经营活动的基本指导思想。市场营销观念的核心是企业如何处理企业、顾客和社会三者之间的利益关系。

 思维导图

本节涉及多个知识点和概念，如图3-2所示。

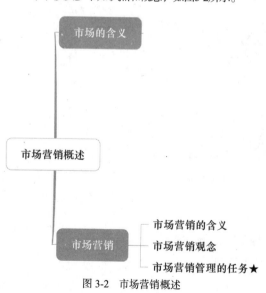

图 3-2　市场营销概述

 知识点测试

【2014年单选题】市场由三个要素构成，即认可、购买力和(　　)。

A. 购买欲望　　　　B. 消费倾向
C. 支付能力　　　　D. 消费能力

【答案】A

【解析】市场是由人口、购买力与购买欲望三个要素构成的，用公式表示为：市场=人口+购买力+购买欲望。人口因素是构成市场的基本要素，人口越多，现实的和潜在的消费需求就越大；购买力因素是人们支付货币购买商品或劳务的能力，购买力水平的高低是决定市场容量大小的重要指标；购买欲望是导致消费者产生购买行为的驱动力——愿望和要求，它是消费者将潜在购买力变为现实购买行为的重要条件。

【2014年单选题】某手表企业高层管理人员认为"只要手表质量好，就一定有销路。"这种营销观念属于传统市场营销观念中的(　　)。

A. 生产观念
B. 推销观念
C. 产品观念
D. 社会市场营销观念

【答案】C

【解析】产品观念是与生产观念并存的市场营销观念，其主要表现为"只要产品质量好，就一定有销路。"该观念认为，消费者喜欢购买高质量、多功能和具有某种特色的产品，企业应致力于提高产品质量，不断开发新产品。

【2011年单选题】当市场出现负需求时，需要进行(　　)市场营销。

A. 转变性　　　　B. 刺激性
C. 开发性　　　　D. 整合性

【答案】A

【解析】当市场出现负需求时，需要进行转变性市场营销。

【例题　多选题】市场的构成主要包括(　　)。

A. 人口　　　　　　　B. 购买力

C. 物质数量　　　　　D. 购买欲望

E. 地理位置

【答案】ABD

【解析】本题考查市场的定义，市场构成主要包括人口、购买力和购买欲望。

【例题　多选题】购买力即人们购买所需产品时的货币支付能力，这种能力取决于(　　)。

A. 人们收入的多少

B. 物价的高低

C. 人们信贷的能力

D. 人口数量的多少

E. 人们教育水平的高低

【答案】ABC

【解析】本题考查购买力的相关概念。购买力即人们购买所需产品时的货币支付能力，这种能力首先取决于人们收入的多少，其次取决于物价的高低，还取决于人们信贷的能力。

【例题　多选题】关于市场的构成要素描述正确的是(　　)。

A. 人口因素是构成市场的基本要素，人口越多，现实的和潜在的消费需求就越大

B. 购买力因素是人们支付货币购买商品或劳务的能力，购买力水平的高低是决定市场容量大小的重要指标

C. 购买欲望是导致消费者产生购买行为的驱动力——愿望和要求，它是消费者将潜在购买力变为现实购买行为的重要条件

D. 这三个构成要素是互相统一、互相制约的

E. 人口越多，消费需求就单一集中

【答案】ABCD

【解析】本题考查市场的三个构成要素。人口因素是构成市场的基本要素，人口越多，现实的和潜在的消费需求就越大；购买力因素是人们支付货币购买商品或劳务的能力，购买力水平的高低是决定市场容量大小的重要指标；购买欲望是导致消费者产生购买行为的驱动力——愿望和要求，它是消费者将潜在购买力变为现实购买行为的重要条件。

市场的这三个构成要素是互相统一、互相制约的。

【例题　多选题】下列关于现代市场营销观念的描述不正确的是(　　)。

A. 现代市场营销观念注重的是目标市场

B. 现代市场营销活动围绕着顾客需求这个中心来开展

C. 在现代市场营销观念下，要求企业的所有部门在为满足顾客的利益服务时，可以通过整合营销途径实现企业的目标

D. 在满足顾客需求的前提下，在利润的追求过程中，把获得利润当成整个市场营销工作的副产品

E. 我生产什么，就卖什么

【答案】ABCD

【解析】本题考查现代市场营销观念。其中E选项描述的是传统营销观念中的生产观念，其余ABCD四个选项都是对于现代市场营销观念的正确描述。

【例题　单选题】(　　)指产品或服务的市场需求超过了企业所能或所愿供应的水平，出现了供不应求的状况。

A. 下降需求

B. 不规则需求

C. 充分需求

D. 过量需求

【答案】D

【解析】本题考查过量需求的定义。指的是产品或服务的市场需求超过了企业所能或所愿供应的水平，出现了供不应求的状况。

第二节　市场营销环境

市场营销环境包括宏观环境和微观环境，宏观环境是指那些给企业带来市场机会并带来环境威胁的主要社会力量，是不可控的变量。微观环境中的所有因素都受到宏观环境的影响。企业只有加强认识、分析和研究宏观环境，确立相应对策，才能不断发展成长。

 思维导图

本节涉及多个知识点和概念，如图3-3所示。

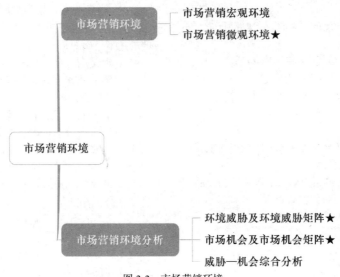

图 3-3　市场营销环境

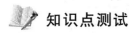 **知识点测试**

【2014年多选题】市场营销宏观环境包括( )。

A. 人口环境　　　　B. 经济环境

C. 技术环境　　　　D. 政治法律环境

E. 员工工作环境

【答案】ABCD

【解析】市场营销环境是指作用于企业营销活动的一切外界因素和力量的总和，分为宏观环境和微观环境。宏观环境是指那些给企业造成市场机会和环境威胁的主要社会力量，它是间接影响企业营销活动的各种环境因素之和，包括人口环境、经济环境、自然环境、技术环境、政治法律环境、社会文化环境。

【例题　多选题】一般说来，企业市场营销的微观环境包括( )。

A. 企业　　　　　　B. 营销中介

C. 政府监管部门　　D. 竞争者

E. 公众

【答案】ABDE

【解析】市场营销的微观环境包括：(1)企业；(2)营销中介；(3)顾客；(4)竞争者；(5)公众。

【例题　单选题】某国际快餐连锁公司宣布在中东开设连锁店，但并不出售猪肉汉堡，只出售牛肉汉堡、鸡肉汉堡和鱼肉汉堡。这说明该国际快餐连锁公司在环境分析中考虑了( )。

A. 科学技术环境　　B. 经济环境

C. 社会文化环境　　D. 政治法律环境

【答案】C

【解析】该企业考虑了市场营销宏观环境中的社会文化环境。

【例题　多选题】企业市场营销者应善于识别所面临的环境威胁，从环境威胁对企业的影响程度和出现环境威胁的可能性方面考虑，参考图3-4的环境威胁矩阵，下列关于环境威胁的描述正确的是( )。

图 3-4　环境威胁矩阵

A. 在第Ⅰ象限内，环境威胁程度高，出现的概率大

B. 在第Ⅱ象限内，环境威胁程度高，出现的概率低

C. 在第Ⅲ象限内，环境威胁程度低，但出现的概率却很大

D. 在第Ⅳ象限内，环境威胁程度低，出现的概率也低

E. 在第Ⅳ象限内，环境威胁程度低，出现的概率大

【答案】ABCD

【解析】在第Ⅰ象限内，环境威胁程度高，出现的概率大，表明企业面临着严重的环境危机，企业应处于高度重视状态，必须严密监视和预测其发展变化趋势，积极采取相应的对策；在第Ⅱ象限内，环境威胁程度高，出现的概率低，虽然出现的概率低，但一旦出现会给企业营销带来特别大的危害，企业应制定相应的措施，力争避免危害；在第Ⅲ象限内，环境威胁程度低，但出现的概率却很大，对此企业也应该予以重视，准备相应的对策措施；在第Ⅳ象限内，环境威胁程度低，出现的概率也低，在这种情况下，企业不必担心，但应该注意观察其发展变化，看它是否有向其他象限发展变化的可能。

【例题　单选题】环境威胁矩阵图中，（　　）环境威胁程度高，出现的概率低，一旦出现会给企业营销带来特别大的危害。

A. 第Ⅰ象限　　　　B. 第Ⅱ象限
C. 第Ⅲ象限　　　　D. 第Ⅳ象限

【答案】B

【解析】在环境威胁矩阵的第Ⅱ象限内，环境威胁程度高，出现的概率低。虽然出现的概率低，但一旦出现会给企业营销带来特别大的危害，企业应制定相应的措施，力争避免危害。

【例题　多选题】市场机会是指由于环境变化形成的对企业营销管理富有吸引力的领域，分析市场机会的主要参考要素是潜在机会的吸引力和机会出现的可能性。参照图3-5所示的市场机会矩阵图，下列选项中描述正确的有(　　)。

图 3-5　市场机会矩阵图

A. 在第Ⅰ象限内，潜在利益和出现概率都很大
B. 在第Ⅱ象限内，潜在利益大，但出现概率小
C. 在第Ⅲ象限内，潜在利益小，出现概率大

D. 在第Ⅲ象限内，潜在利益小，出现概率小
E. 在第Ⅳ象限内，潜在利益和出现概率都很小

【答案】ABCE

【解析】本题考查市场机会矩阵图，在第Ⅰ象限内，潜在利益和出现概率都很大，表明对企业发展有利，企业也有能力利用市场机会，应采用积极的行动措施。在第Ⅱ象限内，潜在利益大，但出现概率小，表明企业暂时无法利用这些机会，但一旦机会出现会给企业带来很大的潜在利益。在第Ⅲ象限内，潜在利益小，出现概率大，表明企业拥有利用机会的优势，这需要企业再三思考、慎重考虑，制定相应措施。在第Ⅳ象限内，潜在利益和出现概率都很小，企业应关注其发展变化，并依据变化情况及时采取措施。

【例题　单选题】在市场机会矩阵图中(见图3-6)，(　　)表明潜在利益和出现概率都很大，表明对企业发展有利，企业也有能力利用市场机会，应采用积极的行动措施。

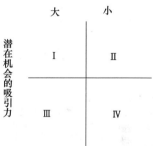

图 3-6　市场机会矩阵图

A. 第Ⅰ象限　　　　B. 第Ⅱ象限
C. 第Ⅲ象限　　　　D. 第Ⅲ象限

【答案】A

【解析】在市场机会矩阵图第Ⅰ象限内，潜在利益和出现概率都很大，表明对企业发展有利，企业也有能力利用市场机会，应采用积极的行动措施。

第三节　目标市场战略

目标市场是指企业营销活动所要满足的市场，是企业为实现预期目标而需要进入的市场，即企业的服务对象。企业的一切营销活动都是围绕目标市场进行的。市场定位是企业根据目标市场上同类产品的竞争状况，针对顾客对该类产品的某些特征或属性的重视程度，为本企业的产品塑造强有力的、与众不同的鲜明个性，并将其形象生动地传递给顾

客，求得顾客认同的过程。市场定位的实质是使本企业与其他企业严格区分开来，使顾客明显地感觉和认识到这种差别，从而在顾客心中占有特殊位置。

 思维导图

本节涉及多个知识点和概念，如图3-7所示。

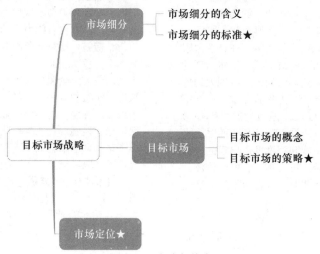

图 3-7 目标市场战略

 知识点测试

【2014年单选题】某乳制品公司将消费者细分为婴幼儿、青少年和中老年，该公司市场细分依据的变量是(   )。

A. 地理变量　　　　　B. 心理变量
C. 行为变量　　　　　D. 人口变量

【答案】D

【解析】市场细分是指企业通过市场调研，根据顾客对产品或服务不同的需求和欲望，不同的购买行为和购买习惯，把某一市场的整体分割成需求不同的若干个市场的过程。分割后的每一个小市场称为子市场，也称为细分市场。人口变量主要包括人口总数、人口密度、家庭户数、年龄、性别、职业、民族、文化、宗教、国籍、收入、家庭生命周期等。

【2011年单选题】市场细分是根据(   )把某一产品或服务的整体市场划分为不同的分类市场。

A. 政策因素的变化　　B. 消费者需求的差异性
C. 分销渠道的不同　　D. 地理位置的差别

【答案】B

【解析】市场细分是指按照消费者需求的差异性把某一产品或服务的整体市场划分为不同的分类市场。

【例题　多选题】市场定位的策略可分为(   )。

A. 集中定位策略　　　B. 分散定位策略
C. 迎头定位策略　　　D. 避强定位策略
E. 重新定位策略

【答案】CDE

【解析】市场定位的策略可分为以下三种：(1)避强定位策略；(2)迎头定位策略；(3)重新定位策略。

【例题　单选题】由于风险较小，成功率较高，常为多数企业所采用的市场定位策略是(   )。

A. 避强定位策略　　　B. 迎头定位策略
C. 重新定位策略　　　D. 集中定位策略

【答案】A

【解析】本题考查避强定位策略。避强定位策略的风险较小，成功率较高，为多数企业所采用。

【例题　多选题】行为细分中参考的行为变量有(   )。

A. 消费者购买或使用某种产品的时机
B. 消费者所追求的利益、使用者情况
C. 消费者的购买能力
D. 消费者对品牌(或商店)的忠诚程度
E. 消费者待购阶段和消费者对产品的态度

【答案】ABDE

【解析】本题考查行为细分。所谓行为细分，就是企业按照消费者购买或使用某种产品的时机、消费者所追求的利益、使用者情况、消费者对某种产品使用率、消费者对品牌(或商店)的忠诚程度、消费者待购阶段和消费者对产品的态度等行为变量来细分消费者市场。

第四节　目标营销组合策略

目标营销组合策略主要包括产品策略、定价策略、渠道策略和促销策略。产品组合的策略包括扩大产品组合策略、缩减产品组合策略、产品线延伸策略。定价策略包括新产品定价策略和产品组合定

价策略。分销渠道是指某种货物或劳务从生产者向消费者转移时取得这种货物或劳务的所有权或帮助转移其所有权的所有企业或个人，主要包括商人中间商和代理中间商。此外，它还包括作为分销渠道的起点和终点的生产者和消费者。

 思维导图

本节涉及多个知识点和概念，如图3-8所示。

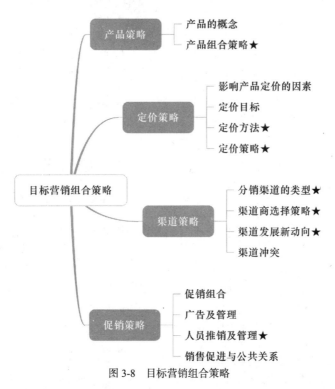

图 3-8　目标营销组合策略

知识点测试

【2014年单选题】某企业为了提高产品销量，给经销商制定了"2/10，n/30"的折扣条件，该企业的折扣定价策略属于(　)。

A. 数量折扣　　　B. 现金折扣
C. 符合折扣　　　D. 价格折扣

【答案】B

【解析】现金折扣，指对按约定日期付款的客户给予一定比例的折扣，典型的例子是"2/10，n/30"，即10天内付款的客户可享受2%的优惠，30天内付款的消费者全价付款。

【2014年单选题】某企业推出新产品时制定了一个较高的价格，目的是在短期内获得高额利润，该企业采用的新产品定价策略是(　)。

A. 渗透定价策略　　B. 撇脂定价策略
C. 温和定价策略　　D. 心理定价策略

【答案】B

【解析】撇脂定价策略，是指企业在向市场推出新产品时，将其价格定得远远高于成本，希望在短期内收回成本和获得最大的销售利润的一种定价方法。

【2014年多选题】下列定价策略中，属于心理定价策略的有(　)。

A. 整数定价策略　　　B. 声望定价策略
C. 习惯定价策略　　　D. 副产品定价策略
E. 产品树定价策略

【答案】ABC

【解析】心理定价策略包括尾数定价策略、整数定价策略、声望定价策略、招徕定价策略、习惯定价策略、分档定价策略。

【例题　单选题】依据成本导向定价法，经核算得知某产品的单位产品成本为1000元，企业希望该产品获得20%的预期利润，则该产品的单位产品价格为(　　)元。

A. 1200　　　　　　B. 2000
C. 1800　　　　　　D. 800

【答案】A

【解析】成本导向定价法是按产品的单位成本加上一定比例的利润来定价。公式为：单位产品价格=单位产品成本×(1+目标利润率)；该产品的单位产品价格=1000×(1+20%)=1200元。

【例题　单选题】某牛奶生产工厂在进行产品组合时，在原有的牛奶产品上增加了尊贵系列，针对高端消费人群，这种做法属于产品延伸策略中的(　　)。

A. 向上延伸　　　　　B. 向下延伸
C. 双向延伸　　　　　D. 扩大产品组合

【答案】A

【解析】产品线延伸策略的具体做法包括向上延伸、向下延伸和双向延伸策略。向上延伸，即在企业原有产品档次的基础上增加高档产品的生产；向下延伸，即在企业原有产品档次的基础上增加低档产品的生产；双向延伸，即在原有档次的基础上，既增加高档产品的生产又增加低档产品的生产。

【例题　单选题】某高端香水企业在进行产品组合时，增加了大众产品系列，专门针对普通消费者开发了日常使用的香水，这种策略是(　　)。

A. 向上延伸　　　　　B. 向下延伸
C. 双向延伸　　　　　D. 扩大产品组合

【答案】B

【解析】产品线延伸策略的具体做法包括向上延伸、向下延伸和双向延伸策略。向上延伸，即在企业原有产品档次的基础上增加高档产品的生产；向下延伸，即在企业原有产品档次的基础上增加低档产品的生产；双向延伸，即在原有档次的基础上，既增加高档产品的生产又增加低档产品的生产。

【例题　单选题】产品进入(　　)企业的营销策略重点是强化产品的市场地位，建立顾客对品牌

的忠诚度，以便扩大市场占有率和防止竞争者加入。

A. 产品介绍期　　　　B. 产品成长期
C. 产品成熟期　　　　D. 产品衰退期

【答案】B

【解析】本题考查产品成长期。成长期企业的营销策略重点是强化产品的市场地位，建立顾客对品牌的忠诚度，以便扩大市场占有率和防止竞争者加入。

【例题　单选题】下面(　　)不是企业的定价目标。

A. 维持企业生存
B. 长期利润最大化
C. 市场占有率最大化
D. 维护企业和产品形象

【答案】B

【解析】本题考查企业的定价目标。选项B描述错误，企业的定价目标应该是短期利润最大化。

第五节　品牌管理

品牌是用来识别一个(或一群)卖主的产品或服务的名称、术语、记号、象征或设计，或其组合。品牌战略就是企业着力塑造品牌，将品牌作为核心竞争力，用品牌带动企业发展的经营战略。品牌战略有不同的类型，主要包括单一品牌战略、主副品牌战略和多品牌战略。

 思维导图

本节涉及多个知识点和概念，如图3-9所示。

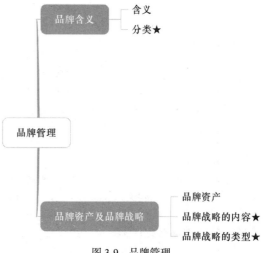

图3-9　品牌管理

知识点测试

【2014年单选题】大卫·艾克提出的品牌资产的"五星"概念模型中，消费者对于品牌的记忆程度称为(　　)。

A. 品牌认知度　　　　B. 品牌忠诚度
C. 品牌联想度　　　　D. 品牌知名度

【答案】D

【解析】品牌资产的"五星"概念模型，是由品牌知名度、品牌认知度、品牌联想度、品牌忠诚度和品牌其他资产五部分组成。品牌知名度是指消费者对一个品牌的记忆程度，可分为无知名度、提示知名度、未提示知名度和顶端知名度四个阶段。

【2014年单选题】某企业对其生产食用油、燃料油和润滑油三类产品分别冠以不同的品牌，该企业的品牌战略是(　　)。

A. 单一品牌战略　　　B. 伞形品牌战略
C. 主副品牌战略　　　D. 多品牌战略

【答案】D

【解析】多品牌战略，又称"独立品牌战略"，一个企业同时经营两个以上相互独立、彼此没有联系的品牌，也就是为每一种产品冠以一个品牌名称，或者给每一类产品冠以一个品牌名称。实行多品牌的基本出发点就是找到不同的需求并给消费者提供多样的品牌，最终目的是用不同的品牌去占有不同的细分市场。

【2011年单选题】解决品牌属性问题的是(　　)。

A. 品牌化决策　　　　B. 品牌模式选择
C. 品牌识别界定　　　D. 品牌管理规划

【答案】A

【解析】品牌化决策解决品牌属性问题。

考题预测及强化训练

一、单项选择题

1. "一招鲜，吃遍天"反映了营销观念中的(　　)。
   A. 生产观念　　　　　B. 产品观念
   C. 销售观念　　　　　D. 社会营销观念

2. 反映了市场营销的销售观念的是(　　)。
   A. 生产什么，就卖什么
   B. 酒香不怕巷子深
   C. 卖什么，让人买什么
   D. 生产你能出售的东西，而不是出售你能生产的东西

3. 认为要正确处理企业利益、消费者利益与社会利益之间的关系的营销观念是(　　)。
   A. 生产观念　　　　　B. 产品观念
   C. 社会营销观念　　　D. 市场营销观念

4. 对企业本身而言，市场营销的作用不包括(　　)。
   A. 开拓市场　　　　　B. 指导企业决策
   C. 满足消费者需要　　D. 承担风险

5. 进行刺激性市场营销的市场需求是(　　)。
   A. 负需求　　　　　　B. 无需求
   C. 潜在需求　　　　　D. 下降需求

6. 当市场需求是过度需求时，应进行(　　)。
   A. 多向性市场营销　　B. 同步性市场营销
   C. 逆向性市场营销　　D. 转变性市场营销

7. 某国内汽车制造厂对中国经济增长潜力抱着乐观态度，除继续生产中等档次的车种外，在2010年开始生产高端越野车，希望吸引国内市场的高端消费者。这种做法属于(　　)。
   A. 市场渗透　　　　　B. 市场细分
   C. 工业细分　　　　　D. 产品分散化

8. 集中性营销策略的优点是(　　)。
   A. 有利于生产和营销专业化
   B. 有效地分散风险
   C. 提高产品的竞争能力
   D. 有利于标准化和大规模生产

9. 产品的五层次中，(　　)是指顾客购买产品时所获得的附加利益与服务。
   A. 核心层　　　　　　B. 期望层
   C. 潜在层　　　　　　D. 延伸层

10. 企业对卖给不同地区的产品，制定不同价格或相同价格，这种策略是(　　)。
    A. 折扣定价策略　　　B. 地区定价策略
    C. 促销定价策略　　　D. 新产品定价策略

11. 以市场上同类产品的价格为定价依据，并根据同类产品价格变化来调整价格的定价方法称为(　　)。
    A. 成本导向定价法　　B. 需求导向定价法
    C. 竞争导向定价法　　D. 顾客导向定价法

12. 通过宣传报道等方式提高其知名度和声誉的促销手段是(　　)。
    A. 广告　　　　　　　B. 人员推广
    C. 营业推广　　　　　D. 公共关系

13. 通过电视、广播、报纸、杂志及各种信函、订单等，向消费者介绍产品的性能、特点、价格和征订方法，吸引消费者购买，这是(　　)。
    A. 会议促销法　　　　B. 广告促销法

C. 信誉销售法　　　　D. 服务推销法

14. 国际上所谓的"品牌带动论"对应名牌效应中的( )。
    A. 磁场效应　　　　B. 宣传效应
    C. 带动效应　　　　D. 稳定效应

15. 名牌集合了员工的精力、才力、智力等，增强了企业的凝聚力，这是名牌的( )效应。
    A. 宣传　　　　　　B. 衍生
    C. 内敛　　　　　　D. 稳定

16. 品牌战略的优势不包括( )。
    A. 可以增加销售量
    B. 可以使创新更加具有价值
    C. 可以使营销宣传更加有效
    D. 可以使企业明确竞争的焦点

17. 取名时，无论是造词还是选词，都应该是容易理解的，这是品牌名称的( )。
    A. 相关性　　　　　B. 易懂性
    C. 个性化　　　　　D. 易记性

18. 推出第二品牌属于打造品牌方法中的( )。
    A. 命名法　　　　　B. 自名法
    C. 同族法　　　　　D. 扩展法

19. 某企业旗下所有产品都使用一个品牌，这种策略属于( )。
    A. 主副品牌战略　　B. 多品牌战略
    C. 单一品牌战略　　D. 独立品牌战略

20. 某公司只生产电视、空调、电脑三种产品，且均使用"星星"这一品牌推广销售，这种品牌战略属于( )。
    A. 伞形品牌战略　　B. 产品线单一品牌战略
    C. 组合品牌战略　　D. 多品牌战略

21. 品牌最重要的特性是它的( )。
    A. 连贯性　　　　　B. 易懂性
    C. 单一性　　　　　D. 易记性

22. 品牌导入中的视觉识别是( )。
    A. CI　　　　　　　B. MI
    C. VI　　　　　　　D. BI

23. ( )是企业的生存之道。
    A. 质量　　　　　　B. 品牌
    C. 效率　　　　　　D. 规模

24. ( )是企业的效益之源。
    A. 质量　　　　　　B. 品牌
    C. 效率　　　　　　D. 规模

25. ( )是品牌诚信的基本要求。
    A. 童叟无欺　　　　B. 广告真诚
    C. 产品质量信用　　D. 货款两讫

26. 企业识别系统包括理念识别、视觉识别和( )。
    A. 品牌识别　　　　B. 形象识别
    C. 关键因素识别　　D. 行为识别

27. 企业识别系统中，( )是指行为规范文本化。
    A. CI　　　　　　　B. MI
    C. VI　　　　　　　D. BI

28. 品牌管理中的品牌经理制具有的优点不包括( )。
    A. 责任明确，分散风险
    B. 提高效率，节约成本
    C. 保证企业各部门间的协调运作
    D. 促进品牌延伸

29. 市场营销观念的核心是( )。
    A. 整体营销
    B. 透过销售获得利润
    C. 通过满足顾客需要获得利润
    D. 企业如何处理企业、顾客和社会三者之间的利益关系

30. 让品牌经理像管理不同的公司一样来管理不同的品牌，这种品牌管理机构配置模式是( )。
    A. 品牌主管制　　　B. 品牌经理制
    C. 品牌管理责任制　D. 品牌管理委员会

31. 在品牌光环的笼罩下，企业可以通过资本运营，聚合社会资源，进一步做大做强。这就是品牌的( )。
    A. 近因效应　　　　B. 磁场效应
    C. 晕轮效应　　　　D. 光环效应

32. 由于风险较小，成功率较高，常为多数企业所采用的市场定位策略是( )。
    A. 避强定位策略　　B. 迎头定位策略
    C. 重新定位策略　　D. 集中定位策略

33. 企业在确定目标市场时，会相应采取不同类型的营销策略。下列选项中，不属于企业可以选择的营销策略的是( )。
    A. 无差异性营销策略
    B. 差异性营销策略
    C. 集中性营销策略
    D. 渗透性营销策略

34. 成功有效的市场细分应遵循四条基本原则，其中不包括( )。
    A. 可衡量性　　　　B. 可进入性
    C. 可盈利性　　　　D. 及时性

35. 下列选项中属于商人中间商的营销中介的是( )。
    A. 经纪人　　　　　B. 批发商

C. 广告公司   D. 运输公司

36. 进行同步性市场营销的市场需求是(　　)。
  A. 充分需求   B. 有害需求
  C. 潜在需求   D. 不规则需求

37. 市场营销的首要任务是(　　)。
  A. 进行市场细分   B. 发现市场机会
  C. 制定营销战略   D. 选择目标市场

38. 市场营销的(　　)功能是实现商品交换的前提和必要条件。
  A. 物流   B. 融资
  C. 信息   D. 承担风险

39. 企业实现企业营销目标的关键在于正确确定目前市场的需要和欲望，并比竞争者更有效率和效能地满足消费者的需求。这一说法反映的是营销观念中的(　　)。
  A. 市场营销观念   B. 社会营销观念
  C. 产品观念   D. 销售观念

40. 反映了生产观念的是(　　)。
  A. 生产什么，就卖什么
  B. 酒香不怕巷子深
  C. 卖什么，让人买什么
  D. 生产你能出售的东西，而不是出售你能生产的东西

41. 企业对具有相同质量的不同产品类别使用单一品牌战略，这种战略是(　　)。
  A. 产品线单一品牌战略
  B. 跨产品线单一品牌战略
  C. 伞形单一品牌战略
  D. 倒金字塔形单一品牌战略

42. 品牌战略的类型不包括(　　)。
  A. 单一品牌战略   B. 主副品牌战略
  C. 多品牌战略   D. 整体品牌战略

43. 品牌战略的本质是(　　)，从而确保企业的长远发展。
  A. 提高企业的知名度
  B. 不断开发新产品
  C. 塑造出企业的核心专长
  D. 树立企业的良好形象

44. 名牌企业或产品在资源方面会获得社会的认可，社会的资本、人才、管理经验甚至政策都会倾向于名牌企业或产品，使企业聚合了人、财、物等资源，形成并很好地发挥名牌的(　　)。
  A. 聚合效应   B. 衍生效应
  C. 内敛效应   D. 带动效应

45. 下列关于名牌效应的说法错误的是(　　)。

A. 名牌的带动效应也可称作"龙头效应"，像龙头一样带动着企业的发展、地区经济的增长
B. 名牌的负面效应是名牌会引来众多的仿冒者，给企业造成很大的麻烦
C. 名牌的磁场效应聚合了员工的精力、才力、智力、体力甚至财力，使企业得到提升
D. 由于名牌是知名品牌或强势品牌，所以具有强大的名牌效应

46. 品牌可以帮助消费者迅速找到所需要的产品，从而减少消费者在搜寻过程中花费的时间和精力。这表明的是品牌的(　　)。
  A. 导购功能   B. 识别功能
  C. 形象塑造功能   D. 增值功能

47. 下列促销策略中，属于拉动策略的是(　　)。
  A. 示范推销法   B. 走访推销法
  C. 服务销售法   D. 广告促销法

48. (　　)是企业或组织在市场上、社会公众心目中的个性特征，体现他们的评价和认知，是赢得顾客忠诚的重要途径。
  A. 品牌   B. 服务
  C. 企业   D. 形象

49. 下列(　　)促销手段只在短期内有效，如果时间长了或过于频繁，容易引起消费者的怀疑和不信任感。
  A. 广告   B. 人员推广
  C. 营业推广   D. 公共关系

50. 随着市场经济的发展，形成了全新的市场营销渠道，其中不包括(　　)。
  A. 多渠道分销系统   B. 水平分销系统
  C. 网络分销系统   D. 垂直分销系统

51. 刚上市的计算机通常都会制定一个较高的价格，然后再逐渐下调。这种定价策略是(　　)。
  A. 促销定价   B. 适中定价
  C. 渗透定价   D. 撇脂定价

52. 定价策略中的尾数定价、整数定价、声望定价属于(　　)。
  A. 折扣定价策略   B. 地区定价策略
  C. 促销定价策略   D. 心理定价策略

53. 某产品的单位产品成本为1500元，企业希望该产品获得15%的预期利润，根据成本加成定价法，该产品的单位产品价格是(　　)元。
  A. 2250   B. 1725
  C. 1650   D. 1275

54. 下列不属于定价目标的是(　　)。
  A. 价格竞争目标   B. 价格稳定目标

C. 顾客满意度目标　　　　D. 市场占有率目标

55. 产品组合的(　　)是指企业拥有的不同产品线的数目。

　　A. 关联度　　　　　　　B. 长度

　　C. 广度　　　　　　　　D. 深度

56. 产品的五层次中，(　　)是指产品能给顾客带来的基本利益和效用。

　　A. 核心层　　　　　　　B. 期望层

　　C. 潜在层　　　　　　　D. 延伸层

57. 核心层产品的具体外观是(　　)。

　　A. 核心层　　　　　　　B. 形式层

　　C. 潜在层　　　　　　　D. 延伸层

58. 品牌创新不包括(　　)。

　　A. 技术创新　　　　　　B. 管理创新

　　C. 人员创新　　　　　　D. 文化创新

59. (　　)对于品牌至关重要，也是市场竞争中最基础的部分。

　　A. 法律保护　　　　　　B. 政策支持

　　C. 企业维护　　　　　　D. 公众认可

二、多项选择题

1. 市场营销的功能包括(　　)。

　　A. 交换功能和物流功能

　　B. 产品分类功能

　　C. 融资功能和信息功能

　　D. 承担风险功能

　　E. 开拓市场

2. 顾客市场包括(　　)。

　　A. 消费者市场　　　　　B. 生产者市场

　　C. 农贸市场　　　　　　D. 中间商市场

　　E. 政府市场

3. 下列关于市场营销宏观环境的表述错误的有(　　)。

　　A. 商品供给是众多经济因素的函数

　　B. 人口环境的发展变化直接影响企业的生产和营销活动

　　C. 科技的发展直接影响市场供求

　　D. 社会文化环境包括主体文化和亚文化

　　E. 当今国家政治法律环境中与企业营销管理关系最密切的三种趋势是经济立法增多、法律执行更严、公众利益团体的力量增强

4. 市场细分要依据一定的细分变量来进行，这些变量包括(　　)。

　　A. 数量变量　　　　　　B. 人口变量

　　C. 心理变量　　　　　　D. 行为变量

　　E. 地理变量

5. 企业选择目标市场时应考虑企业、产品和市场等多方面因素，主要是(　　)。

　　A. 企业实力　　　　　　B. 竞争者情况

　　C. 产品异构性　　　　　D. 市场供求趋势

　　E. 产品生命周期

6. 产品衰退期可以采取的策略有(　　)。

　　A. 替代策略　　　　　　B. 集中策略

　　C. 收缩策略　　　　　　D. 放弃策略

　　E. 维持策略

7. 下列市场营销因素中，属于4P的有(　　)。

　　A. 产品　　　　　　　　B. 价格

　　C. 促销　　　　　　　　D. 渠道

　　E. 消费者

8. 下面有关市场营销管理的描述中正确的是(　　)。

　　A. 市场营销管理是为了实现企业的营销目标，创造、建立和保持与目标市场之间的互利交换关系，而规划和实施的理念、产品和服务构思、定价、促销和分销的过程

　　B. 市场营销管理主要包括分析、计划、执行和控制

　　C. 市场营销管理的目标是满足各方面的需要

　　D. 市场营销管理的任务实质是需求管理

　　E. 市场营销管理的任务实质是资金管理

9. 联系渠道之间的流程有(　　)。

　　A. 实体流程　　　　　　B. 运输流程

　　C. 所有权流程　　　　　D. 促销流程

　　E. 信息流程

10. 在市场营销中，企业的促销手段有(　　)。

　　A. 上门促销　　　　　　B. 人员推销

　　C. 营业推广　　　　　　D. 公共关系

　　E. 广告

11. 品牌的特征包括(　　)。

　　A. 识别性　　　　　　　B. 稳定性

　　C. 风险性　　　　　　　D. 象征性

　　E. 工具性

12. 品牌按生命周期分类，可以分为(　　)。

　　A. 新品牌　　　　　　　B. 老品牌

　　C. 衰退品牌　　　　　　D. 成熟品牌

　　E. 上升品牌

13. 品牌按价格定位分类，可以分为(　　)。

　　A. 普通品牌　　　　　　B. 奢侈品牌

　　C. 低档品牌　　　　　　D. 高档品牌

　　E. 中档品牌

14. 品牌对于企业的作用有(　　)。

　　A. 存储功能　　　　　　B. 维权功能

C. 增值功能　　　　　D. 降低成本功能

E. 个性展现功能

15. 品牌战略的内容包括( )。

A. 品牌化决策　　　　B. 品牌模式选择

C. 品牌管理规划　　　D. 品牌延伸规划

E. 品牌利润研究

16. 品牌名称创意必须遵循的原则有( )。

A. 相关性　　　　　　B. 传播性

C. 适应性　　　　　　D. 合法性

E. 易记性

17. 多品牌战略的优点有( )。

A. 有助于减少企业开支

B. 具有较强的灵活性

C. 能提高市场占有率

D. 符合产业发展的规律

E. 有助于企业聚集优势资源

18. CI 的主要内容有( )。

A. MI 理念识别　　　　B. EI 智能识别

C. VI 视觉识别　　　　D. SI 系统识别

E. BI 行为识别

19. 品牌延伸的优点有( )。

A. 利用品牌优势，拓展业务领域

B. 借助品牌忠诚，减少新品成本

C. 借助品牌优势，扩大企业规模

D. 借助品牌忠诚，挽留顾客群体

E. 利用品牌延伸，增强竞争能力

20. 品牌管理机构配置模式是( )。

A. 品牌主管制　　　　B. 品牌经理制

C. 品牌管理责任制　　D. 品牌管理委员会

E. 品牌委员会

21. 经营目标市场主要有以下几种模式( )。

A. 市场集中化模式　　B. 产品专业化模式

C. 市场专业化模式　　D. 选择专业化模式

E. 市场单一化模式

22. 下列选项中，属于品牌战略内容的有( )。

A. 品牌化决策　　　　B. 品牌模式选择

C. 品牌延伸规划　　　D. 品牌远景设立

E. 品牌质量管理

23. 品牌按市场地位分类，可以分为( )。

A. 领导型品牌　　　　B. 挑战型品牌

C. 追随型品牌　　　　D. 补缺型品牌

E. 组织型品牌

24. 企业的渠道管理包括( )。

A. 选择渠道成员　　　B. 激励渠道成员

C. 评估渠道成员　　　D. 更新渠道成员

E. 调整渠道结构

25. 按分销过程中经历中间商环节的多少，营销渠道可以分为( )。

A. 宽渠道　　　　　　B. 窄渠道

C. 长渠道　　　　　　D. 短渠道

E. 直接渠道和间接渠道

26. 分销渠道包括( )。

A. 生产者　　　　　　B. 商人中间商

C. 代理中间商　　　　D. 供应商

E. 辅助商

27. 下列属于促销定价策略的是( )。

A. 降价　　　　　　　B. 现金回扣

C. 低息贷款　　　　　D. 现金折扣

E. 数量折扣

28. 需求导向定价法又可称为( )。

A. 随行就市定价法　　B. 顾客导向定价法

C. 成本导向定价法　　D. 价格导向定价法

E. 市场导向定价法

29. 产品成熟期可以采取的营销策略有( )。

A. 调整市场　　　　　B. 调整产品

C. 调整营销组合　　　D. 快速撇脂策略

E. 快速渗透策略

30. 产品引入期可以采取的营销策略有( )。

A. 集中策略　　　　　B. 维持策略

C. 缓慢撇脂策略　　　D. 快速撇脂策略

E. 快速渗透策略

31. 下列营销策略中，用于确定目标市场的营销策略的有( )。

A. 成本领先营销策略　B. 无差异性营销策略

C. 差异性营销策略　　D. 撇脂营销策略

E. 集中性营销策略

32. 成功有效的市场细分应遵循的原则有( )。

A. 可衡量性　　　　　B. 可进入性

C. 可盈利性　　　　　D. 稳定性

E. 可比较性

33. 下列属于市场细分中心理变量的有( )。

A. 购买时机　　　　　B. 使用频率

C. 购买动机　　　　　D. 价值取向

E. 生活态度

34. 对企业定价影响较大的因素主要有( )。

A. 产品用途　　　　　B. 市场竞争

C. 消费群体的消费能力　D. 成本

E. 市场需求

35. 下列属于市场营销的宏观环境的有( )。

A. 竞争者　　　　　　B. 人口环境

C. 营销中介　　　　　D. 科学技术环境

E. 政治法律环境

36. 下列关于市场营销任务的说法正确是有(　　)。
    A. 负需求，进行转变性市场营销
    B. 过度需求，进行开发性市场营销
    C. 不规则需求，进行同步性市场营销
    D. 充分需求，进行维持性市场营销
    E. 潜在需求，进行多向性市场营销

37. 下面对于传统营销观念中的推销观念描述正确的是(　　)。
    A. 推销观念产生于资本主义国家由"卖方市场"向"买方市场"过渡的阶段，其主要表现是"我推销什么，你就买什么"
    B. 推销观念认为"只要产品质量好，就一定有销路"
    C. 推销观念认为，消费者通常不会主动选择和购买某种商品，而只能通过推销的刺激作用，诱导其产生购买行为
    D. 推销观念认为企业只要努力推销某种产品，消费者就会更多地购买该产品
    E. 以上都不对

38. 企业的市场营销管理，主要包括(　　)环节。
    A. 发现和分析市场机会
    B. 分析和评价营销效果
    C. 选择目标市场
    D. 制定营销战略
    E. 实施与控制营销战略

39. 下列关于差异性营销策略优缺点的说法中，正确的是(　　)。
    A. 多方向拓展，容易形成拳头产品
    B. 可以有针对性地满足不同客户群体的需求，提高产品的竞争能力
    C. 有效地分散风险
    D. 缺点是成本和营销费用会加大，资源配置分散，不易形成拳头产品
    E. 缺点是不能满足消费者多方面的需求

40. 企业在进行产品组合优化时，可以采取以下(　　)策略。
    A. 扩大产品组合
    B. 缩减产品组合
    C. 延伸产品线
    D. 倍增产品线
    E. 分割产品线

三、案例分析题
    某玩具企业生产经营高、中、低三种档次的玩具，高档、中档玩具的价格分别为100元、60元。现在开发一种低档玩具，对低档玩具进行定价，经

测算，生产低档玩具的总投资为150万元，固定成本为35万元，单位可变成本为15元。预计销售量5万个。产品上市后，该企业拟通过尽可能多的批发商、零售商推销其产品，先将产品供应给批发商，再由批发商将产品供应给零售商并销售给最终顾客。
根据以上资料，回答下列问题：
1. 该企业采用的产品定价策略是(　　)。
    A. 备选产品定价策略
    B. 附属产品定价策略
    C. 产品线定价策略
    D. 副产品定价策略
2. 若采用成本加成定价法，加成率为30%，该企业低档玩具的单价是(　　)元。
    A. 26.4   B. 26.6
    C. 28.4   D. 28.6
3. 若采用目标利润定价法，目标收益率为30%，该企业低档玩具的单价是(　　)元。
    A. 31   B. 32
    C. 33   D. 35
4. 关于该企业拟采用的渠道策略的说法，正确的是(　　)。(多选题)
    A. 该企业采用的渠道属于二层渠道
    B. 该企业采用的渠道属于一层渠道
    C. 该企业选择渠道商的策略称为密集分销
    D. 该企业选择渠道商的策略称为选择分销

参考答案及解析

一、单项选择题
1.【答案】B
【解析】本题考查产品观念。产品观念认为只要物美价廉，顾客必然会找上门来，无须大力推销。
2.【答案】C
【解析】本题考查销售观念。销售观念认为消费者通常不会因自身的需求和愿望而主动购买商品，企业需要通过积极推销和进行大量促销活动，消费者才会采取购买行动。
3.【答案】C
【解析】本题考查社会营销观念。
4.【答案】D
【解析】本题考查市场营销的作用。市场营销对企业的作用有开拓市场、满足消费者需要、指导企业决策。
5.【答案】B
【解析】本题考查市场营销的任务。无需求，需

要进行刺激性市场营销。

6. 【答案】A
【解析】本题考查市场营销的任务。过度需求，需要进行多向性市场营销。

7. 【答案】B
【解析】本题考查市场细分的概念。

8. 【答案】A
【解析】本题考查目标市场。集中性营销策略的优点是服务对象比较集中，有利于生产和营销专业化，较易在特定市场上取得有利地位。

9. 【答案】D
【解析】本题考查延伸层的概念。

10. 【答案】B
【解析】本题考查地区定价策略。地区定价策略，即企业对卖给不同地区的产品，制定不同价格或相同价格，如原产地定价、统一交货定价、区域运送定价等。

11. 【答案】C
【解析】本题考查竞争导向定价法的概念。竞争导向定价法是指以市场上同类竞争产品的价格为定价依据，并根据竞争变化来调整价格的定价方法。

12. 【答案】D
【解析】公共关系是指企业通过宣传报道等方式提高其知名度和声誉的一种促销手段。

13. 【答案】B
【解析】本题考查广告促销法。

14. 【答案】C
【解析】本题考查名牌带动效应。名牌的带动效应是指名牌产品对企业发展的拉动，名牌企业对城市经济、地区经济，甚至国家经济的带动作用。名牌的带动效应也可称作"龙头效应"。

15. 【答案】C
【解析】本题考查名牌的内敛效应。

16. 【答案】A
【解析】本题考查品牌战略的优势。品牌战略可以使企业明确竞争的焦点、可以使创新更加具有价值、可以使营销宣传更加有效。

17. 【答案】B
【解析】本题考查品牌名称的易懂性。

18. 【答案】C
【解析】本题考查打造品牌的方法。同族法就是推出第二品牌。

19. 【答案】C
【解析】本题考查单一品牌战略的概念。

20. 【答案】A
【解析】本题考查单一品牌战略的类型。伞形品牌战略是企业对具有不同质量和能力的不同产品类别使用单一品牌战略。

21. 【答案】C
【解析】本题考查打造品牌方法的相关内容。品牌最重要的特性是它的单一性。

22. 【答案】C
【解析】本题考查品牌导入。VI视觉识别(品牌视觉系统)是品牌识别的视觉化。

23. 【答案】A
【解析】质量是企业的生存之道。

24. 【答案】B
【解析】品牌是企业的效益之源。

25. 【答案】C
【解析】产品质量信用是品牌诚信的基本要求。

26. 【答案】D
【解析】本题考查企业识别系统(CI)的主要内容——理念识别(MI)、视觉识别(VI)、行为识别(BI)。

27. 【答案】D
【解析】本题考查CI(企业识别系统)的内容。行为识别(BI)(行为规范系统)是指行为规范文本化。

28. 【答案】D
【解析】本题考查品牌管理。品牌经理制的优点是：责任明确，分散风险；提高效率，节约成本；保证企业各部门间的协调运作；以顾客需求改进产品的市场定位；以目标管理丰富客户价值。

29. 【答案】D
【解析】市场营销观念的核心是企业如何处理企业、顾客和社会三者之间的利益关系。

30. 【答案】B
【解析】本题考查品牌经理制的概念。

31. 【答案】B
【解析】本题考查磁场效应的含义。

32. 【答案】A
【解析】本题考查避强定位策略。避强定位策略的风险较小，成功率较高，常为多数企业所采用。

33. 【答案】D
【解析】企业在确定目标市场时，会相应采取不同类型的营销策略，包括：无差异性营销策略、差异性营销策略、集中性营销策略。

34.【答案】D

【解析】本题考查市场细分。成功有效的市场细分应遵循四条基本原则：可衡量性、可进入性、可盈利性和稳定性。

35.【答案】B

【解析】本题考查营销中介。商人中间商即从事商品购销活动，并对所经营的商品拥有所有权的中间商，如批发商、零售商等。

36.【答案】D

【解析】本题考查市场营销的任务。不规则需求，进行同步性市场营销。

37.【答案】B

【解析】本题考查市场营销的管理过程。发现市场机会是市场营销的首要任务。

38.【答案】A

【解析】本题考查市场营销的物流功能。

39.【答案】A

【解析】本题考查市场营销观念的概念。

40.【答案】A

【解析】本题考查生产观念。生产观念认为企业一切经营活动以生产为中心，围绕生产来安排一切业务。

41.【答案】B

【解析】本题考查跨产品线单一品牌战略的概念。跨产品线单一品牌战略是企业对具有相同质量和能力的不同产品类别使用单一品牌战略。

42.【答案】D

【解析】本题考查品牌战略的类型。品牌战略有不同的类型，主要包括单一品牌战略、主副品牌战略和多品牌战略。

43.【答案】C

【解析】本题考查品牌战略的本质——塑造出企业的核心专长。

44.【答案】A

【解析】本题考查聚合效应的内容。

45.【答案】C

【解析】本题考查名牌效应的相关内容。名牌的内敛效应聚合了员工的精力、才力、智力、体力甚至财力，使企业得到提升。

46.【答案】A

【解析】本题考查品牌的导购功能。

47.【答案】D

【解析】本题考查拉动促销策略——广告促销法。选项ABC属于推动促销策略。

48.【答案】D

【解析】形象是企业或组织在市场上、社会公众心目中的个性特征，体现他们的评价和认知，是赢得顾客忠诚的重要途径。

49.【答案】C

【解析】本题考查营业推广。营业推广只在短期内有效，如果时间长了或过于频繁，容易引起消费者的怀疑和不信任感。

50.【答案】C

【解析】本题考查全新的市场营销渠道：垂直分销系统、水平分销系统、多渠道分销系统。

51.【答案】D

【解析】本题考查新产品定价策略中的撇脂定价。

52.【答案】D

【解析】本题考查心理定价策略。心理定价策略，即企业利用顾客心理，有意识地将产品价格定得高些或低些，以扩大销售。其包括尾数定价、整数定价、声望定价(优质高价)、招徕定价(物美价廉)、习惯定价。

53.【答案】B

【解析】本题考查成本加成定价法。单位产品价格＝单位产品成本×(1＋目标利润)＝1500×(1＋15%)＝1725元。

54.【答案】C

【解析】本题考查定价目标。一般情况下，定价目标分为利润目标、销售额目标、市场占有率目标、价格竞争目标和价格稳定目标。

55.【答案】C

【解析】本题考查产品组合广度的概念。

56.【答案】A

【解析】本题考查核心层的概念。

57.【答案】B

【解析】本题考查形式层的概念。

58.【答案】C

【解析】本题考查品牌创新。品牌创新主要包括技术创新、管理创新、文化创新。

59.【答案】A

【解析】本题考查品牌的法律保护。

二、多项选择题

1.【答案】ABCD

【解析】本题考查市场营销的功能——交换功能、物流功能、产品分类功能、融资功能、信息功能、承担风险功能。选项E属于市场营销的作用。

2.【答案】ABDE

【解析】本题考查顾客的范围，顾客包括：消费者市场、生产者市场、中间商市场、政府市场。

3.【答案】AB

【解析】本题考查市场营销的宏观环境。社会购买力是众多经济因素的函数。自然环境的发展变化直接影响企业的生产和营销活动。

4.【答案】BCDE

【解析】本题考查市场细分的变量。进行市场细分所依据的变量有：地理变量、人口变量、心理变量、行为变量。

5.【答案】ABDE

【解析】本题考查目标市场。企业选择目标市场时应考虑企业、产品和市场等多方面因素，主要是企业实力、产品同构性、市场同质化、产品生命周期、市场供求趋势、竞争者情况等。

6.【答案】BCDE

【解析】本题考查产品衰退期的营销策略。产品衰退期的营销策略包括：维持策略、集中策略、收缩策略、放弃策略。

7.【答案】ABCD

【解析】本题考查市场营销中的4P——产品、价格、渠道、促销。

8.【答案】ABCD

【解析】题干中ABCD选项对于市场营销管理的描述都是正确的，选项E是错误的，市场营销管理的任务实质是需求管理而不是资金管理，答案选ABCD。

9.【答案】ACDE

【解析】渠道之间由不同种类的流程贯穿联系，主要有实体流程、所有权流程、付款流程、信息流程和促销流程。

10.【答案】BCDE

【解析】本题考查促销手段。在企业的市场营销过程中，常用的营销手段有人员推销、广告、营业推广和公共关系。

11.【答案】ACDE

【解析】本题考查品牌的特征——识别性、象征性、排他性、风险性、工具性和价值性。

12.【答案】ACDE

【解析】本题考查品牌的分类。按生命周期分类，有新品牌、上升品牌、成熟品牌和衰退品牌。

13.【答案】ABD

【解析】本题考查品牌的分类。按价格定位分类，有普通品牌、高档品牌和奢侈品牌。

14.【答案】ABCD

【解析】本题考查品牌对于企业的作用。品牌对于企业的作用有存储功能、维权功能、增值功能、形象塑造功能、降低成本功能。

15.【答案】ABCD

【解析】本题考查品牌战略的内容。

16.【答案】ACE

【解析】本题考查品牌打造。品牌名称创意必须遵循以下原则：易记性、易懂性、相关性、个性化、适应性。

17.【答案】BCD

【解析】本题考查多品牌战略。多品牌战略主要有以下五个优点：符合产业发展的规律、具有较强的灵活性、能充分适应市场的差异性、能提高市场占有率、可以分散风险，避免某种商品出现问题而殃及其他的商品。

18.【答案】ACE

【解析】本题考查CI的主要内容。CI一般分为三个方面，即企业的MI理念识别(企业思想系统)、VI视觉识别(品牌视觉系统)、BI行为识别(行为规范系统)。

19.【答案】ABCE

【解析】品牌延伸的优点有：(1)利用品牌优势，拓展业务领域；(2)借助品牌忠诚，减少新品成本；(3)借助品牌优势，扩大企业规模；(4)利用品牌延伸，增强竞争能力。

20.【答案】BD

【解析】本题考查品牌管理机构配置模式。

21.【答案】ABCD

【解析】本题考查经营目标市场的五种模式，ABCD选项都正确，选项E错误，应该是市场全面化模式，即企业全方位地进入各个细分市场，为所有顾客提供他们所需的性能不同的系列产品，是实力雄厚的大企业运用的模式。

22.【答案】ABCD

【解析】本题考查品牌战略的内容——品牌化决策、品牌模式选择、品牌识别界定、品牌延伸规划、品牌管理规划与品牌远景设立六个方面。

23.【答案】ABCD

【解析】品牌按市场地位分类，可以分为领导型品牌、挑战型品牌、追随型品牌、补缺型品牌。

24.【答案】ABCE

【解析】本题考查渠道管理。为了保持市场营销渠道的合理、有效，企业需要进行渠道管理，包括选择渠道成员、激励渠道成员、评估渠道成员和调整渠道结构。

25.【答案】CD

【解析】本题考查营销渠道。按分销过程中经历中间商环节的多少，营销渠道可以分为长渠道和短渠道。

26.【答案】ABC

【解析】本题考查分销渠道。分销渠道包括商人中间商(取得所有权)和代理中间商(帮助转移所有权)，也包括处于渠道起点和终点的生产者和最终消费者，但不包括供应商和辅助商。

27.【答案】ABC

【解析】本题考查促销定价策略。选项DE属于折扣定价策略。

28.【答案】BE

【解析】本题考查需求导向定价法。需求导向定价法是企业根据市场需求状况和消费者对产品感觉的差异来确定价格的方法，又称"市场导向定价法"或"顾客导向定价法"。

29.【答案】ABC

【解析】本题考查产品成熟期的营销策略。产品成熟期可以采取的策略有调整市场、调整产品、调整营销组合。选项DE属于产品引入期的营销策略。

30.【答案】CDE

【解析】本题考查产品引入期的营销策略。选项AB属于产品衰退期的营销策略。

31.【答案】BCE

【解析】本题考查确定目标市场的营销策略——无差异性营销策略、差异性营销策略、集中性营销策略。

32.【答案】ABCD

【解析】本题考查市场细分。成功有效的市场细分应遵循四条基本原则：可衡量性、可进入性、可盈利性和稳定性。

33.【答案】CDE

【解析】本题考查市场细分心理变量。选项AB属于市场细分中的行为变量。

34.【答案】BDE

【解析】对企业定价影响较大的因素主要有市场需求、成本、市场竞争，答案选BDE。

35.【答案】BDE

【解析】本题考查市场营销的宏观环境——人口环境、经济环境、自然环境、科学技术环境、政治法律环境和社会文化环境。选项AC属于市场营销的微观环境。

36.【答案】ACD

【解析】本题考查市场营销的任务。潜在需求，进行开发性市场营销。过度需求，进行多向性市场营销。

37.【答案】ACD

【解析】推销观念产生于资本主义国家由"卖方市场"向"买方市场"过渡的阶段，其主要表现是"我推销什么，你就买什么"。推销观念认为，消费者通常不会主动选择和购买某种商品，而只能通过推销的刺激作用，诱导其产生购买行为。因此，企业只要努力推销某种产品，消费者就会更多地购买该产品。而"只要产品质量好，就一定有销路"是传统营销观念中的产品观念的特点，因此排除选项B。正确答案选ACD。

38.【答案】ACDE

【解析】企业的市场营销管理，是企业根据其业务范围、经营目标和发展战略，识别、分析、评价外界环境所蕴含的市场机会，结合企业的资源状况，综合考虑各种影响因素，制定各种产品的市场营销战略和策略，并予以有效实施。这一过程包含以下四个环节：①发现和分析市场机会；②选择目标市场；③制定营销战略；④实施与控制营销战略。

39.【答案】BCD

【解析】差异性营销策略，即企业把整体市场划分为若干个需求与愿望大致相同的细分市场，然后根据企业的资源及营销实力选择几个细分市场作为目标市场，并为各目标市场制定特别的营销组合策略。这种策略的优点在于可以有针对性地满足不同客户群体的需求，提高产品的竞争能力，并有效地分散风险。缺点是成本和营销费用会加大，资源配置分散，不易形成拳头产品。

40.【答案】ABC

【解析】企业在进行产品组合优化时，可以采取以下策略：(1)扩大产品组合；(2)缩减产品组合；(3)延伸产品线。

三、案例分析题

1.【答案】C

【解析】题目中某玩具企业生产经营高、中、低三种档次的玩具，高档、中档玩具的价格分别为100元、60元，采用的是产品线定价策略，故选C。

2.【答案】D

【解析】根据成本加成定价法公式，产品价格=

产品单位成本×(1+加成率),计算如下:

(1) 产品单位成本,根据题目信息"对低档玩具进行定价。经测算,生产低档玩具的总投资为150万元,固定成本为35万元,单位可变成本为15元。预计销售量5万个",可知产品单位成本=350 000/50 000+15=22元;

(2) 加成率,题目已知为30%。将上述信息代入公式,产品价格=22×(1+30%)=28.6元,故选D。

3. 【答案】A

【解析】根据目标利润定价法公式,产品价格=单位成本+目标收益率×资本投资额/销售量,计算如下:

(1) 单位成本,根据上题解析可知为22元;

(2) 目标收益率,题目已知为30%;

(3) 资本投资额,文中资料已知为150万元,即1 500 000元;

(4) 销售量,题目已知为50 000个;

将上述信息代入公式,产品价格=22+30%×1 500 000/50 000=31元,故选A。

4. 【答案】AC

【解析】题目中产品上市后,该企业拟通过尽可能多的批发商、零售商推销其产品,先将产品供应给批发商,再由批发商将产品供应给零售商并销售给最终顾客,该企业采用的是密集分销和二层渠道。

第四章 生产管理与控制

本章知识框架涵盖了生产计划、生产作业计划、生产控制、生产作业控制、现代生产管理与控制的方法等内容。

从近三年的考试情况来看，本章考查的重点有生产计划的指标，生产计划的编制，生产作业计划的编制，生产控制的基本程序和方式，生产进度控制，在制品控制等，需要考生重点关注。考查形式仍以单项选择题、多项选择题为主，同时经常会出现案例分析题。一般单选题为 8 道，多选题为 3 道，案例分析题 5 道左右，平均分值是 24 分。

本章重要考点分析

本章涉及多个重要考点，其中生产计划的指标，生产计划的编制，生产作业计划的编制，生产控制的基本程序和方式，生产进度控制，在制品控制，以及现代生产管理与控制的方法是考查重点，在往年的考试中以单项选择题和多项选择题的形式多次考查，且以案例分析题形式出现的概率较大，需要重点掌握。本章的重要考点如图4-1所示。

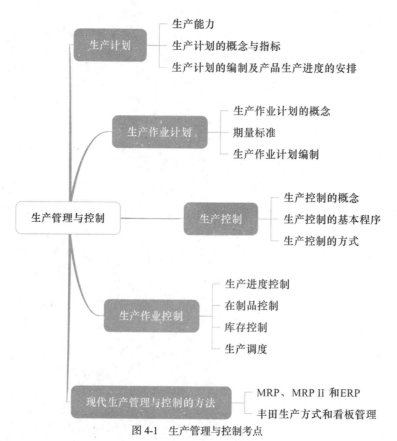

图 4-1 生产管理与控制考点

本章近三年题型及分值总结

由于本章知识点较难，因此近三年出现的题型以单项选择题、多项选择题和案例分析题的形式为主。本章的题型及分值情况如表4-1所示。

表4-1 生产管理与控制题型及分值

年 份	单项选择题	多项选择题	案例分析题
2014年	8题	3题	0题
2013年	8题	3题	0题
2012年	8题	3题	5题

第一节 生产计划

生产计划是关于企业生产运作系统总体方面的计划，是企业在计划期应达到的产品品种、质量、产量和产值等生产任务的计划和对产品生产进度的安排。它所反映的并非某几个生产岗位或某一条生产线的生产活动，也并非产品生产的细节问题以及一些具体的机器设备、人力和其他生产资源的使用安排问题，而是指导企业计划期生产活动的纲领性方案。

 思维导图

本节涉及多个知识点和概念，如图4-2所示。

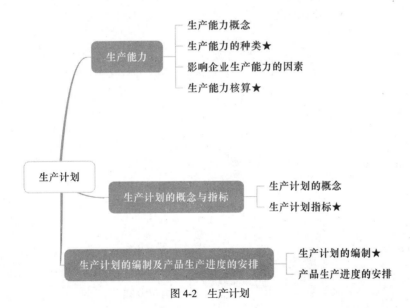

图 4-2 生产计划

 知识点测试

【2014年单选题】成品返修率属于生产计划指标中的( )指标。

A. 产品质量　　　B. 产品品种
C. 产品产量　　　D. 产品产值

【答案】A

【解析】制订生产计划指标是企业生产计划的重要内容。为了有效地和全面地指导企业的生产活动，生产计划应建立包括产品品种、产品质量、产品产量及产品产值四类指标为主要内容的生产指标体系。产品质量指标是衡量企业经济状况和技术发展水平的重要标志之一。产品质量受若干个质量控制参数控制。对质量参数的统一规定就形成了质量技术标准。在执行质量标准上有几种形式，即国际标准、国家标准、行业标准、企业标准、企业内部标准等。产品质量指标包括两大类：一类是反映产品本身内在质量的指标，主要是产品平均技术性能、产品质量分等等；另一类是反映产品生产过程中工作质量的指标，如质量损失率、废品率、成品返修率等。

【2011年单选题】下列属于产品质量指标的是(   )。

A.工业商品产值

B.符合产品质量要求的实物数量

C.成品返修率

D.生产产品的规格和种类

【答案】C

【解析】产品质量指标包括两大类：一类是反映产品本身内在质量的指标，主要是产品平均技术性能、产品质量；另一类是反映产品生产过程中工作质量的指标，如质量损失率、废品率、成品返修率等。

【例题 单选题】反映一定时期内工业生产总规模和总水平的指标是(   )。

A.工业销售值   B.工业增加值

C.工业商品产值   D.工业总产值

【答案】D

【解析】工业总产值是反映一定时期内工业生产总规模和总水平的指标。

第二节 生产作业计划

生产作业计划是生产计划工作的继续，是企业年度生产计划的具体执行计划。它根据年度生产计划规定的产品品种、数量及大致的交货期的要求，对每个生产单位在每个具体时期内(季度、周、日、时)的生产任务做出详细规定，使年度生产计划得到落实。它是协调企业日常生产活动的中心环节。

 思维导图

本节涉及多个知识点和概念，如图4-3所示。

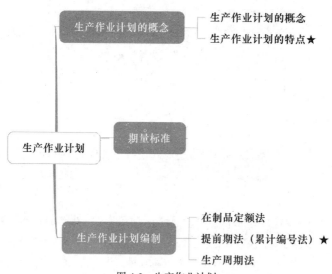

图4-3 生产作业计划

 知识点测试

【2014年单选题】生产间隔期是(   )类型企业编制生产作业计划的重要依据。

A.大批量流水线生产

B.成批轮番生产

C.单件生产

D.大量生产

【答案】B

【解析】成批轮番生产企业的标准有：批量、生产周期、生产间隔期、生产提前期等。批量是指相同产品或零件一次投入或出产的数量。生产周期是指一批产品或零件从投入到产出的时间间隔。生产间隔期是指相邻两批相同产品或零件投入的时间间隔或出产的时间间隔。生产提前期是指产品或零件在各工艺阶段投入或产出时间与成品出产时间相比所要提前的时间。

【2014年单选题】适合大批大量生产类型企业的生产作业计划编制方法是(　)。

A. 在制品定额法　　B. 累计编号法
C. 生产周期法　　　D. 准时生产法

【答案】A

【解析】在制品定额法也叫连锁计算法，适合大批大量生产类型企业的生产作业计划编制。大批大量生产条件下，车间分工及相互联系稳定，车间之间在生产上的联系主要表现在提供一种或少数几种半成品的数量上。只要前车间的半成品能保证后车间加工的需要和车间之间的库存、库存半成品变动的需要，就可以使生产协调和均衡地进行。在制品定额法就是根据大量大批生产的这一特点，用在制品定额作为调节生产任务数量的标准，以保证车间之间的衔接。这种方法是运用预先制定的在制品定额，按照工艺反顺序计算方法，调整车间的投入和出产数量，顺次确定各车间的生产任务。

【2011年单选题】下列不属于生产作业计划特点的是(　)。

A. 计划期短　　　B. 计划内容具体
C. 计划资金高　　D. 计划单位小

【答案】C

【解析】生产作业计划的特点包括计划期短、计划内容具体、计划单位小。

【2010年单选题】属于生产作业计划的是(　)。

A. 企业的1周生产计划
B. 企业年度生产发展规划
C. 企业重大技术改造规划
D. 企业环境保护规划

【答案】A

【解析】选项B是年度生产计划，选项CD是中长期生产计划。

【2012年单选题】节拍作为生产企业的一种期量标准，适用于(　)生产类型的企业。

A. 单件
B. 小批量流水线
C. 成批轮番
D. 大批量流水线

【答案】D

【解析】大批大量生产企业的期量标准有：节拍或节奏、流水线的标准工作指示图表、在制品定额等。节拍是指大批量流水线上前后两个相邻加工对象投入或出产的时间间隔。节奏是大批量流水线上前后两批相邻加工对象投入或出产的时间间隔。在制品定额是指在一定技术组织条件下，各生产环节为了保证数量上的衔接所必需的、最低限度的在制品储备量。

【例题　多选题】下列选项中属于编制生产作业计划的要求的是(　)。

A. 要使生产计划规定的该时期的生产任务在品种、质量、产量和期限方面得到全面落实
B. 要使各车间、工段、班组和工作地之间的具体生产任务相互配合、紧密衔接
C. 要使生产单位的生产任务超出其生产能力
D. 要使各项生产前的准备工作有切实保证
E. 要有利于缩短生产周期，节约流动资金，降低生产成本，建立正常的生产和工作秩序，实现均衡生产

【答案】ABDE

【解析】编制生产作业计划的要求有：要使生产计划规定的该时期的生产任务在品种、质量、产量和期限方面得到全面落实；要使各车间、工段、班组和工作地之间的具体生产任务相互配合、紧密衔接；要使生产单位的生产任务与生产能力相适应，并能充分利用企业现有生产能力；要使各项生产前的准备工作有切实保证；要有利于缩短生产周期，节约流动资金，降低生产成本，建立正常的生产和工作秩序，实现均衡生产。

第三节　生产控制

生产控制是指为保证生产计划目标的实现，按照生产计划的要求，对企业的生产活动全过程的检查、监督、分析偏差和合理调节的系列活动。

广义上生产控制的概念是指从生产准备开始到进行生产，直至成品出产入库为止的全过程的全面控制，包括计划安排、生产进度控制及调度、库存控制、质量控制、成本控制等内容。

狭义上生产控制的概念主要指的是对生产活动中生产进度的控制，又称生产作业控制。

思维导图

本节涉及多个知识点和概念，如图4-4所示。

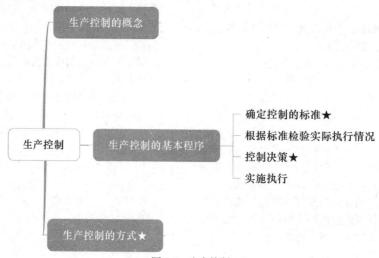

图 4-4 生产控制

 知识点测试

【2014年多选题】下列控制活动中，属于广义生产控制内容的有(   )。

A. 生产进度控制　　B. 客户关系控制

C. 库存控制　　　　D. 质量控制

E. 成本控制

【答案】ACDE

【解析】生产控制是指为保证生产计划目标的实现，按照生产计划的要求，对企业的生产活动全过程的检查、监督、分析偏差和合理调节的系列活动。生产控制有广义和狭义之分。广义的生产控制是指从生产准备开始到进行生产，直至成品出产入库为止的全过程的全面控制。它包括计划安排、生产进度控制及调度、库存控制、质量控制、成本控制等内容。

【2012年多选题】根据生产管理的自身特点，生产控制方式有(   )。

A. 螺旋控制　　　　B. 360度控制

C. 事前控制　　　　D. 事中控制

E. 事后控制

【答案】CDE

【解析】本题考核生产控制的方式。根据生产管理的自身特点，生产控制方式有事后控制、事中控制、事前控制。

【例题　单选题】生产控制的基本程序应该是(   )。

A. 确定控制的标准—根据标准检验实际执行情况—控制决策—实施执行

B. 确定控制的标准—控制决策—根据标准检验实际执行情况—实施执行

C. 确定控制的标准—实施执行—根据标准检验实际执行情况—控制决策

D. 确定控制的标准—控制决策—根据标准检验实际执行情况—实施执行

【答案】A

【解析】生产控制的基本程序应该是确定控制的标准，根据标准检验实际执行情况，控制决策，实施执行。

【例题　多选题】定额法即为生产过程中某些消耗规定标准，主要包括(   )。

A. 劳动消耗定额　　B. 材料消耗定额

C. 生产时间定额　　D. 人力资源定额

E. 占用场地定额

【答案】AB

【解析】定额法即为生产过程中某些消耗规定标准，主要包括劳动消耗定额和材料消耗定额。

第四节　生产作业控制

生产进度控制是生产控制的基本方面，其任务是按照已经制订出的作业计划，检查各种零部件的投入和产出时间、数量以及产品和生产过程配套性，保证生产过程平衡进行并准时产出。进度管理的目标是准时生产，即只在需要的时间，按需要的品种生产需要的数量，既要保证交货期，又要保持和调整生产进度。

生产进度控制的目的在于依据生产作业计划，检查零部件的投入和出产数量、出产时间和配套性，保证产品能准时装配出厂。

 思维导图

本节涉及多个知识点和概念，如图4-5所示。

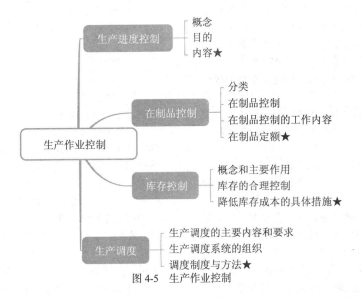

图 4-5　生产作业控制

知识点测试

【2010年单选题】生产进度控制的目标是（　　）。

A. 缩短生产周期，加速资金周转

B. 控制库存资金占用，加速资金周转

C. 保证产品能准时装配出厂

D. 掌握库存量动态，避免超储或缺货

【答案】C

【解析】生产进度控制的目的在于依据生产作业计划，检查零部件的投入和出产数量、出产时间和配套性，保证产品能准时装配出厂。

【例题　单选题】下列选项中哪个选项不是库存控制的作用（　　）。

A. 在保证企业生产、经营需求的前提下，使库存量经常保持在合理的水平上

B. 掌握库存量动态，适时、适量提出订货，避免超储或缺货

C. 减少库存空间占用，降低库存总费用，控制库存资金占用，加速资金周转

D. 减少运输保管费用

【答案】D

【解析】库存控制的主要作用有：在保证企业生产、经营需求的前提下，使库存量经常保持在合

理的水平上；掌握库存量动态，适时、适量提出订货，避免超储或缺货；减少库存空间占用，降低库存总费用，控制库存资金占用，加速资金周转。选项D是在制品定额的作用，因此正确答案选D。

【2011年多选题】库存管理成本中仓储成本主要包括（　　）。

A. 存储成本

B. 搬运和盘点成本

C. 订货成本

D. 库存不够带来的缺货损失

E. 保险和税收

【答案】ABE

【解析】仓储成本是指维持库存物料本身所需花费，包括存储成本、搬运和盘点成本、保险和税收以及库存物料由于变质、陈旧、损坏、丢失等造成损失及购置库存物料所占用资金的利息等。

【2012年单选题】按照ABC分类法进行库存控制，A类物资具有的特征是（　　）。

A. 库存物资品种累计占全部品种5%～10%，资金累计占全部资金总额70%左右

B. 库存物资品种累计占全部品种70%，资金累计占全部资金总额10%以下

C. 库存物资品种累计占全部品种20%，资金累计占全部资金总额20%左右

D. 库存物资品种累计占全部品种50%，资金累计占全部资金总额50%左右

【答案】A

【解析】ABC分类法用于库存管理，是库存物资按品种多少和资金占用额大小进行分类。将库存物资品种累计占全部品种5%～10%，而资金累计占全部资金总额70%左右的物资定为A类物资，对于这类物资应严格控制储备定额，制定尽量低的保险储备量。

【2010年单选题】(   )是组织执行生产进度计划的工作，对生产计划进行监督、检查和控制，发现偏差及时调整的过程。

A. 生产进度控制　　　B. 在制品控制

C. 生产调度　　　　　D. 库存控制

【答案】C

【解析】生产进度控制是按照已经制订出的作业计划，检查各种零部件的投入和产出时间、数量以及产品和生产过程配套性，保证生产过程平衡进行并准时产出，A选项不选。在制品控制是企业生产控制的基础工作，是对生产运作过程中各工序原材料、半成品等在制品所处位置、数量、车间之间的物料转运等进行的控制，B选项不选。库存控制是指用于保证生产顺利进行或满足顾客需求的物料储备，D选项不选。因此正确答案为C。

【2012年多选题】大中型企业的生产调度系统组织包括(   )。

A. 办事处调度　　　B. 厂级调度

C. 车间调度　　　　D. 工段调度

E. 工序调度

【答案】BCD

【解析】一般大中型企业设厂级、车间和工段调度。即厂部以主管生产的厂长为首，设总调度室(或生产科内设调度组)执行调度业务；车间在车间主任领导下设调度组(或调度员)；工段(班组)设调度员，也可由工段长(班组长)兼任；在机修、工具、供应、运输、劳动等部门也要建立专业性质的调度组织。

【例题　单选题】生产进度控制中，(   )是指在生产中对每道工序上的加工进度控制。

A. 投入进度控制　　　B. 工序进度控制

C. 出产进度控制　　　D. 整体进度控制

【答案】B

【解析】本题考查工序进度控制，工序进度控制是指在生产中对每道工序上的加工进度控制。

【例题　多选题】库存不合理会产生诸多问题，下列(   )是库存量过大所产生的问题。

A. 增加仓库面积和库存保管费用，提高了产品成本

B. 占用大量的流动资金，造成资金呆滞

C. 造成产成品和原材料的有形损耗和无形损耗

D. 造成服务水平的下降，影响销售利润和企业信誉

E. 造成企业资源的大量闲置，影响其合理配置和优化

【答案】ABCE

【解析】本题考查库存不合理产生的问题，库存量过大所产生的问题有：增加仓库面积和库存保管费用，提高了产品成本；占用大量的流动资金，造成资金呆滞，既加重了货款利息等负担，又会影响资金的时间价值和机会收益；造成产成品和原材料的有形损耗和无形损耗；造成企业资源的大量闲置，影响其合理配置和优化；掩盖了企业生产、经营全过程的各种矛盾和问题，不利于企业提高管理水平。选项D是库存过小产生的问题。

【例题　单选题】库存不合理时会产生很多问题，当(   )时，会使订货间隔期缩短，订货次数增加，使订货(生产)成本提高。

A. 库存量过大　　　B. 库存量过小

C. 库存地点过远　　D. 库存地点过近

【答案】B

【解析】本题考查库存量过小的问题。当库存量过小时，会使订货间隔期缩短，订货次数增加，使订货(生产)成本提高。

【例题　单选题】库存管理成本中，(   )是指每次订购物料所需联系、谈判、运输、检验等费用。

A. 订货成本　　　　　B. 机会成本

C. 仓储成本　　　　　D. 库存成本

【答案】A

【解析】本题考查订货成本。每次订购物料所需联系、谈判、运输、检验等费用指的是订货成本。

【例题　多选题】机会成本包括(   )。

A. 由于库存不够带来的缺货损失

B. 物料本身占用一定资金，如不购买物料而改作他用会带来更多利润所造成的损失

C. 产成品和原材料的有形损耗和无形损耗

D. 企业资源的大量闲置，影响其合理配置和优化

E. 服务水平的下降，影响销售利润和企业信誉

【答案】AB

【解析】机会成本包括两个内容：其一是由于

库存不够带来的缺货损失；其二是物料本身占用一定资金，如不购买物料而改作他用会带来更多利润所造成的损失。

【例题　多选题】降低库存的措施主要有( )。

A. 降低周转库存　　　　B. 降低在途库存

C. 降低调节库存　　　　D. 降低安全库存

E. 降低货物库存

【答案】ABCD

【解析】本题考查降低库存的措施，主要有降低周转库存、降低在途库存、降低调节库存和降低安全库存。

【例题　单选题】降低库存的措施中，减少库存批量指的是( )。

A. 降低周转库存　　　　B. 降低在途库存

C. 降低调节库存　　　　D. 降低安全库存

【答案】A

【解析】本题考查降低库存的措施，降低周转库存的基本做法是减少库存批量。

【例题　单选题】降低库存的措施中，缩短生产、配送周期指的是( )。

A. 降低周转库存　　　　B. 降低在途库存

C. 降低调节库存　　　　D. 降低安全库存

【答案】B

【解析】本题考查降低库存的措施，降低在途库存的基本做法是缩短生产、配送周期。

【例题　单选题】降低库存的措施中，使订货时间、订货量接近需求时间和需求量指的是( )。

A. 降低周转库存　　　　B. 降低在途库存

C. 降低调节库存　　　　D. 降低安全库存

【答案】D

【解析】本题考查降低库存的措施，降低安全库存的基本做法是使订货时间、订货量接近需求时间和需求量。

【例题　多选题】库存控制基本方法有( )。

A. 定量控制法(订货点法)

B. 定期控制法(订货间隔期法)

C. ABC分类法(帕累托法)

D. 机会成本法

E. 工序进度控制

【答案】ABC

【解析】库存控制的基本方法包括定量控制法(订货点法)、定期控制法(订货间隔期法)、ABC分类法(帕累托法)。

【例题　单选题】库存控制基本方法中，ABC分类法(帕累托法)的( )类物资品种累计占全部品种20%左右，资金累计占全部资金总额20%左右，可以按月或按周检查。

A. A　　　B. B　　　C. C　　　D. D

【答案】B

【解析】本题考查ABC分类法。B类物资品质累积占全部品种20%左右，资金累计占全部资金总额20%左右，按月或按周检查。

【例题　单选题】库存控制基本方法中，ABC分类法(帕累托法)的( )类物资品种累计占全部品种5%～10%，资金累计占全部资金总额70%左右，必须严格管理、严格控制。

A. A　　　B. B　　　C. C　　　D. D

【答案】A

【解析】本题考查ABC分类法。A类物资，品种累计占全部品种5%～10%，资金累计占全部资金总额70%左右，必须严格管理、严格控制。

【例题　单选题】库存控制基本方法中，ABC分类法(帕累托法)的( )类物资品种累计占全部品种70%，资金累计占全部资金总额10%以下，一般控制，按季检查。

A. A　　　B. B　　　C. C　　　D. D

【答案】C

【解析】本题考查ABC分类法。C类物资，品种累计占全部品种70%，资金累计占全部资金总额10%以下。一般控制，按季检查。

【例题　单选题】库存控制基本方法中，( )是每隔一个固定的间隔周期去订货，每次订货量不固定。订货量由当时库存情况确定，以达到目标库存量为限度。

A. 定量控制法(订货点法)

B. 定期控制法(订货间隔期法)

C. ABC分类法(帕累托法)

D. 整体控制法

【答案】B

【解析】本题考查库存控制基本方法。定期控制法(订货间隔期法)是每隔一个固定的间隔周期去订货，每次订货量不固定。订货量由当时库存情况确定，以达到目标库存量为限度。

【例题　多选题】中小型企业一般只设( )二级调度。

A. 厂部　　　　　　　　B. 车间

C. 工段　　　　　　　　D. 部级

E. 组级

【答案】AB

【解析】本题考查生产调度。中小型企业一般只设厂部、车间二级调度。

【例题　多选题】调度制度与方法主要包括（　　）。

A. 调度工作制度

B. 工长值班制度

C. 调度会议制度

D. 健全现场调度制度

E. 坚持班前班后小组会制度

【答案】ACDE

【解析】调度制度与方法主要包括以下内容：调度工作制度，实行值班制度，调度会议制度，健全现场调度制度，坚持班前班后小组会制度，B选

项中不应该是工长值班制度，因此不选，正确答案为ACDE。

第五节　现代生产管理与控制的方法

现代生产管理与控制的方法的相关内容主要包括MRP、MRPⅡ、ERP、丰田生产方式、看板管理的原理。

 思维导图

本节涉及多个知识点和概念，如图4-6所示。

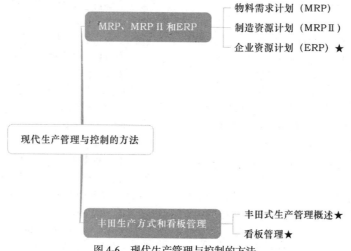

图4-6　现代生产管理与控制的方法

知识点测试

【2014年单选题】在物料需求计划(MRP)系统中，主生产计划是指（　　）。

A. 在制品净生产计划

B. 生产调度计划

C. 产品出产计划

D. 车间的生产作业计划

【答案】C

【解析】物料需求计划(MRP)的主要依据是主生产计划、物料清单和库存处理信息三大部分，它们是物料需求计划(MRP)的主要输入信息。主生产计划又称产品出产计划，它是物料需求计划(MRP)的最主要输入，表明企业向社会提供的最终产品数量，它由顾客订单和市场预测所决定。物料清单又称产品结构文件，它反映了产品的组成结构层次及每一层次下组成部分本身的需求量。

【2014年单选题】丰田生产方式的核心是（　　）。

A. 自动化生产　　　B. 准时化生产

C. 标准化生产　　　D. 柔性化生产

【答案】B

【解析】准时化生产方式是20世纪50年代初，由日本丰田公司研究和开始实施的生产管理方式，也是一种与整个制造过程相关的哲理思想。它的基本思想是："只在需要的时刻，生产需要的数量的所需产品。"这种生产方式的核心是追求一种无库存的生产系统，或使库存达到最小的生产系统。

【2014年多选题】企业资源计划(ERP)生产控制模块的主要内容有(　　)。

A. 供应链管理系统

B. 主生产计划

C. 物料需求计划

D. 能力需求计划

E. 生产现场控制

【答案】BCDE

【解析】生产控制模块是ERP的核心模块，它将分散的生产流程有机结合，加快生产速度，减少生产过程材料、半成品积压和浪费。这一模块的主要内容包括主生产计划、物料需求计划、能力需求计划、生产现场控制、制造标准等。

【2010年单选题】主生产计划又被称作(　　)。

A. 物料需求计划　　B. 制造资源计划

C. 产品出产计划　　D. 企业资源计划

【答案】C

【解析】主生产计划又称产品出产计划，它是物料需求计划(MRP)的最主要输入信息，表明企业向社会提供的最终产品数量，它由顾客订单和市场预测所决定。

【2012年单选题】在物料需求计划(MRP)的输入信息中，反映产品组成结构层次及每一层次下组成部分需求量的信息是(　　)。

A. 在制品净生产计划

B. 库存处理信息

C. 物料清单

D. 主生产计划

【答案】C

【解析】本题考查物料需求计划的结构。物料清单又称产品结构文件，它反映产品组成结构层次及每一层次下组成部分本身的需求量。

【2010年单选题】丰田式生产管理最基本的理念是(　　)。

A. 准时化和自动化

B. 从顾客出发、杜绝浪费

C. 彻底降低成本

D. 市场需要什么型号的产品，就生产什么型号的产品

【答案】B

【解析】丰田生产方式最基本的理念就是从顾客的需求出发，杜绝浪费任何一点材料、人力、时间、空间、能量和运输等资源。

【2012年单选题】贯穿丰田生产方式的两大支柱是准时化和(　　)。

A. 自动化　　　　B. 标准化

C. 看板管理　　　D. 全面质量管理

【答案】A

【解析】本题考查丰田生产管理的具体思想和手段。准时化和自动化是贯穿丰田生产方式的两大支柱。

【2012年多选题】看板管理是丰田式生产系统营运的工具，其主要功能有(　　)。

A. 传递生产的工作指令

B. 防止过量生产

C. 传递运送的工作指令

D. 防止过量的运送

E. 自动检测质量

【答案】ABCD

【解析】看板管理的功能主要包括：①生产以及运送工作指令；②防止过量生产和过量运送；③进行"目视管理"的工具；④改善的工具。

【例题　单选题】MRP的主要依据中，(　　)是记载产品及所有组成部分的存在状况数据。

A. 库存处理信息(库存状态文件)

B. 物料清单(产品结构文件)

C. 主生产计划(产品出产计划)

D. 连续生产计划

【答案】A

【解析】本题考查库存处理信息。MRP的依据中，库存处理信息(库存状态文件)是记载产品及所有组成部分的存在状况数据。

【例题　单选题】ERP中的财务管理模块，是信息的归纳者，它主要包括(　　)。

A. 会计核算　　　　B. 物流管理

C. 生产管理　　　　D. 人力资源管理

E. 财务管理

【答案】AE

【解析】本题考查ERP中的财务管理模块，主要包括会计核算和财务管理两部分。

【例题　单选题】ERP中的物流管理模块是实现生产运转的重要条件和保证，主要包括(　　)。

A. 分销管理　　　　B. 库存控制

C. 采购管理　　　　D. 会计核算

E. 财务管理

【答案】ABC

【解析】本题考查ERP中的物流管理模块，物流管理是实现生产运转的重要条件和保证，主要包括分销管理、库存控制、采购管理等。

考题预测及强化训练

1. 综合反映生产系统内部各种资源能力，直接关系能否满足市场需要的是（　　）。
   A. 技术能力　　　　　B. 管理能力
   C. 财务能力　　　　　D. 生产能力

2. 在编制企业年度、季度计划时，以（　　）为依据。
   A. 设计生产能力　　　B. 查定生产能力
   C. 计划生产能力　　　D. 混合生产能力

3. 某工厂车间生产单一的某产品，车间共有车床50台，三班制，每班工作5小时，全年制度工作日为300天，设备计划修理时间占制度工作时间的20%，单件产品时间定额为1.5小时，那么该设备组的年生产能力是（　　）件。
   A. 120 000　　　　　B. 60 000
   C. 80 000　　　　　 D. 40 000

4. 某生产企业的流水线有效工作时间为每日10小时，流水线每生产一件产品需12分钟，该企业流水线每日的生产能力是（　　）件。
   A. 25　　　　　　　 B. 120
   C. 100　　　　　　　D. 50

5. 按产品品种系列平衡法来确定的生产计划指标是（　　）。
   A. 产品品种指标　　　B. 产品质量指标
   C. 产品产量指标　　　D. 产品产值指标

6. 以货币表现的工业企业在报告期内生产的工业产品总量，指的是（　　）。
   A. 工业总产值　　　　B. 工业商品产值
   C. 工业增加值　　　　D. 工业原材料值

7. 单件小批生产企业安排生产进度的出发点是（　　）。
   A. 企业各设备的生产能力
   B. 尽量提高企业生产活动的经济效益
   C. 计划内生产的产品种类
   D. 计划年度内各季、各月的产量

8. 根据大量大批生产的特点，用在制品定额作为调节生产任务数量的标准，以保证车间之间的衔接的方法指的是（　　）。
   A. 在制品定额法　　　B. 提前期法
   C. 生产周期法　　　　D. 累计编号法

9. 生产能力反映的是（　　）的实物量。
   A. 一年内　　　　　　B. 一个月内
   C. 一个季度内　　　　D. 特定时期内

10. 某企业在生产过程中，发现生产效率降低，查明原因是工序问题，随后进行工序优化，从而保证生产目标的实现。该企业的这些活动属于（　　）。
    A. 生产计划制定　　　B. 生产控制
    C. 生产调度　　　　　D. 生产能力核算

11. 确定控制标准的方法中，参照本企业的历史水平制订标准，或参照同行业的先进水平制订标准的方法指的是（　　）。
    A. 类比法　　　　　　B. 分解法
    C. 定额法　　　　　　D. 标准化法

12. 生产进度控制的第一环节是（　　）。
    A. 投入进度控制　　　B. 工序进度控制
    C. 出产进度控制　　　D. 销售进度控制

13. 降低在途库存的主要策略是（　　）。
    A. 缩短生产、配送周期
    B. 减少库存批量
    C. 尽量使生产和需求相吻合
    D. 使订货时间、订货量接近需求时间和需求量

14. 生产调度工作的基本要求是（　　）。
    A. 快速和准确　　　　B. 简单和有效
    C. 迅速和统一　　　　D. 主动和准确

15. 圆珠笔作为一个实体可由市场决定其生产量，这种需求量属于（　　）。
    A. 相关需求　　　　　B. 无关需求
    C. 独立需求　　　　　D. 线性需求

16. "没有看板不能生产不能送"这一原则体现了看板管理的（　　）功能。
    A. 生产以及运送的工作指令
    B. 进行"目视管理"的工具
    C. 防止过量生产和过量运送
    D. 改善的工具

17. 新企业在进行基本建设时，所依据的企业生产能力是（　　）。
    A. 查定生产能力　　　B. 计划生产能力
    C. 设计生产能力　　　D. 现实生产能力

18. 已知设备组有机器10台，每台机器一个工作日的有效工作时间是12小时，每台机器每小时生产50件产品，该企业只生产一种产品，该设备组一个工作日的生产能力是（　　）。
    A. 500　　　　　　　B. 1200
    C. 6000　　　　　　 D. 7000

19. 某车间单一生产某产品，单位面积有效工作时间为每日8小时，车间生产面积2000平方米，每件产品占用生产面积3平方米，每生产一件产品占用时间为1.5小时，则该车间的生产能力是

( )件。
A. 3556　　　　　　　B. 5333
C. 8000　　　　　　　D. 32 000

20. 某企业的齿轮生产流水线有效工作时间为每日8小时，流水线节拍为5分钟，该流水线的每日生产能力是( )件。
A. 100　　　　　　　B. 96
C. 90　　　　　　　D. 85

21. 下列关于生产计划的表述错误的是( )。
A. 生产计划是关于企业生产运作系统总体方面的计划
B. 生产计划是企业在计划期应达到的产品品种、质量、产量和产值等生产任务的计划和对产品生产进度的安排
C. 生产计划反映的是某几个生产岗位或某一条生产线的生产活动
D. 生产计划是指导企业计划期生产活动的纲领性方案

22. 按产品品种系列平衡法确定产品品种指标时，不属于体现市场引力指标的要素是( )。
A. 销售利润率　　　　B. 市场容量
C. 产品销售能力　　　D. 产品资金利润率

23. 确定控制标准的方法中，把企业层的指标按部门、按产品层层分解为一个个小指标，作为每个生产单元的控制目标的方法指的是( )。
A. 类比法　　　　　　B. 分解法
C. 定额法　　　　　　D. 标准化法

24. 某企业今年计划生产一种产品，该产品单价为300元，单位产品的变动费用为100元，其固定成本为550万元，根据以上资料确定该企业今年产销量不赔的最低量是( )件。
A. 2 750　　　　　　B. 13 750
C. 27 500　　　　　　D. 55 000

25. 将产量较大的产品，用"细水长流"的方式大致均匀地分配到各季、月生产，这种做法通常是( )的生产安排。
A. 大量小批生产企业　B. 成批生产企业
C. 单件小批生产企业　D. 大量大批生产企业

26. 编制生产作业计划的重要依据是( )。
A. 期量标准　　　　　B. 生产指标
C. 产量指标　　　　　D. 产品指标

27. 适用单件小批生产类型企业的生产作业计划编制的是( )。
A. 生产周期法　　　　B. 累计编号法
C. 提前期法　　　　　D. 在制品定额法

28. 通过获取作业现场信息，实时地进行作业核算，并把结果与作业计划有关指标进行对比分析，及时提出控制措施。这种生产控制方式是( )。
A. 事前控制　　　　　B. 事中控制
C. 事后控制　　　　　D. 全员控制

29. 下列生产控制方式中，具有反馈控制特点的是( )。
A. 事前控制方式　　　B. 事中控制方式
C. 事后控制方式　　　D. 串行控制方式

30. 生产进度管理的目标是( )。
A. 减少浪费　　　　　B. 零在制品
C. 降低成本　　　　　D. 准时生产

31. 根据企业的经营目标、利润计划、销售计划的要求和其他的主客观条件，确定企业计划年度内的产品品种、质量、产量、产值等生产指标的是( )。
A. 中长期生产计划　　B. 年度生产计划
C. 生产作业计划　　　D. 以上都不是

32. 关于库存控制方法的说法，正确的是( )。
A. 定量控制法要求企业随机向供货商发出固定批量的订货请求
B. 定量控制法要求企业在库存量达到某一预定数值(订货点)时，即向供货商发出不固定批量的订货请求
C. 定期控制法要求企业每隔一个固定的间隔周期向供货商发出不固定批量的订货请求
D. 定期控制法要求企业每隔一个固定的间隔周期向供货商发出固定批量的订货请求

33. 库存控制落实到库存管理上就是降低( )。
A. 仓储成本　　　　　B. 库存成本
C. 订货成本　　　　　D. 机会成本

34. 生产调度以( )为依据。
A. 生产作业计划
B. 生产进度计划
C. 生产控制计划
D. 生产管理计划

35. 根据库存控制的ABC分析法，A类物资是库存物资品种累计占全部品种5%~10%，而资金累计占全部资金总额( )左右的物资。
A. 50%　　　　　　　B. 60%
C. 70%　　　　　　　D. 80%

36. 物料需求计划简称( )。
A. MRP　　　　　　　B. MRPⅡ
C. ERP　　　　　　　D. JIT

37. 企业在计划期内根据现有的生产组织条件和技术水平等因素所能够实现的生产能力指的是（　　）。
     A. 计划生产能力　　　　B. 查定生产能力
     C. 设计生产能力　　　　D. 以上都不对

38. 在物料需求计划(MRP)中，反映产品的组成结构层次及每一层次下组成部分本身的需求量的是（　　）。
     A. 主生产计划　　　　B. 生产调度计划表
     C. 物料清单　　　　　D. 甘特图

39. 用于库存和生产控制的最普遍、最主要的报告是（　　）。
     A. 主报告　　　　　B. 一次报告
     C. 辅助报告　　　　D. 二次报告

40. 库存管理中每次订购物料所需联系、谈判、运输、检验等费用指的是（　　）。
     A. 订货成本　　　　B. 机会成本
     C. 仓储成本　　　　D. 以上都不对

41. 实施制造资源计划大致可分为三个阶段，其中不包括（　　）。
     A. 前期工程　　　　B. 决策工作
     C. 实施　　　　　　D. 反馈

42. 不仅应用于生产企业，也可应用于非生产企业、公益事业单位的方法是（　　）。
     A. MRP　　　　　　B. MRP Ⅱ
     C. ERP　　　　　　D. DRP

43. 企业资源计划(ERP)的核心模块是（　　）。
     A. 物流管理模块　　　B. 生产控制模块
     C. 财务管理模块　　　D. 人力资源管理模块

44. 丰田公司强大生命力的源泉，也是丰田准时化生产方式的坚固基石是（　　）。
     A. 多技能作业员　　　B. 现场改善
     C. 全面质量管理　　　D. 准是化和自动化

45. JIT生产方式最显著的特点是（　　）。
     A. 看板方式　　　　B. 全员参与
     C. 技能多样化　　　D. 准时制

46. 准时生产方式(JIT)的目标是（　　）。
     A. 生产同步化
     B. 生产柔性化
     C. 彻底消除无效劳动和浪费
     D. 生产均衡化

47. ABC分析法用于库存管理，是库存物资按（　　）进行分类。
     A. 品种和数量
     B. 品种和质量

     C. 数量和资金占用额
     D. 品种和资金占用额

48. 根据库存控制的ABC分析法，C类物资是库存物资品种累计占全部品种70%，而资金累计占全部资金总额（　　）以下的物资。
     A. 10%　　　　　　B. 20%
     C. 30%　　　　　　D. 50%

49. （　　）是指企业在报告期内规定生产产品的名称、型号、规格和种类。
     A. 产品质量指标　　　B. 产品产量指标
     C. 产品品种指标　　　D. 产品产值指标

50. 生产控制的核心在于（　　）。
     A. 在制品管理　　　　B. 期量标准
     C. 进度管理　　　　　D. 产量管理

51. 库存持有成本的固定成本与（　　）无关。
     A. 设施折旧　　　　B. 固定员工工资
     C. 设备折旧　　　　D. 库存数量的多少

52. 某车间生产某单一产品，车间共有车床10台，全年制度工作日设为250天，单班制，日工作时间为8小时，设备修理必要停工率为10%，单台设备每小时产量定额为100件，则该设备组的年生产能力为（　　）件。
     A. 15 000　　　　　B. 18 000
     C. 180 000　　　　　D. 1 800 000

53. 某企业生产半导体收音机，年销售量100万台，固定总成本为800万元，单位变动成本为25元，根据盈亏平衡的原则，盈亏临界点价格为（　　）元。
     A. 29　　　　　　　B. 30
     C. 33　　　　　　　D. 41

54. 某车间生产单一产品，车间共有车床5台，全年制度工作日设为250天，两班制，每班工作7.5小时，设备计划修理时间占有效工作时间的10%，单件产品台时定额为5，则该车间的年生产能力为（　　）件。
     A. 16 875　　　　　B. 33 750
     C. 53 250　　　　　D. 84 375

55. 狭义的生产能力是指企业在一定时期内和生产组织技术条件下，（　　）所能生产某种产品的最大数量或所能加工处理某种原材料的最大数量。
     A. 全部所有者权益
     B. 全部流动资金
     C. 全部资产
     D. 全部生产性固定资产

56. 已知设备组有机器10台，每台机器一个工作日的有效工作时间是8小时，每台机器每小时生产20件产品，该企业只生产一种产品，则该设备组一个工作日的生产能力是( )件。
    A. 160　　　　　　　　B. 200
    C. 1600　　　　　　　D. 2000

57. 在现代生产运作方式中，"彻底消除无效劳动和浪费"是( )的目标。
    A. 准时生产方式(JIT)
    B. 计算机集成制造系统(CIMS)
    C. 柔性制造系统(FMS)
    D. 敏捷制造(AM)

58. 生产计划编制的第一步是( )。
    A. 综合平衡　　　　　B. 调查研究
    C. 统筹安排　　　　　D. 收集资料

59. 在工作中担负很多的工序数目的生产类型属于( )。
    A. 成批生产　　　　　B. 大量大批生产
    C. 单件小批生产　　　D. 连续生产

60. 协调企业日常生产活动的中心环节是( )。
    A. 生产计划　　　　　B. 生产控制
    C. 生产进度计划　　　D. 生产作业计划

二、多项选择题

1. 下列关于生产能力的表述正确的是( )。
   A. 生产能力是生产系统内部各种资源能力的综合反映，直接关系着能否满足市场需要
   B. 狭义的生产能力是指技术能力和管理能力的综合
   C. 生产能力必须和一定的技术组织条件相联系
   D. 企业的生产能力是按照直接参加生产的固定资产来计算的
   E. 生产能力反映的是一年内的实物量

2. 为了有效地和全面地指导企业计划期的生产活动，生产计划应建立包括( )为主要内容的生产指标体系。
   A. 产品品牌　　　　　B. 产品品种
   C. 产品质量　　　　　D. 产品产量
   E. 产品产值

3. 产品产值指标包括( )。
   A. 工业总产值　　　　B. 工业商品产值
   C. 固定资产折旧　　　D. 工业增加值
   E. 销售额

4. 单件小批生产企业的期量标准有( )。
   A. 生产周期　　　　　B. 生产提前期
   C. 生产间隔期　　　　D. 节拍
   E. 批量

5. 提前期法的优点有( )。
   A. 各个车间可以平衡地编制作业计划
   B. 各个车间可以按先后顺序编制作业计划
   C. 生产任务可以自动修改
   D. 可以用来检查零部件生产的成套性
   E. 不需要预计当月任务完成情况

6. 制定生产控制标准的方法一般有( )。
   A. 类比法　　　　　　B. 分解法
   C. 定额法　　　　　　D. 标准化法
   E. 提前期法

7. 生产进度控制的基本内容主要包括( )。
   A. 投入进度控制　　　B. 工序进度控制
   C. 物流进度控制　　　D. 出产进度控制
   E. 供应链进度控制

8. 库存管理成本主要包括( )。
   A. 仓储成本　　　　　B. 订货成本
   C. 出货成本　　　　　D. 销售成本
   E. 机会成本

9. 下列关于生产调度工作要求的说法正确的是( )。
   A. 必须以生产进度计划为依据
   B. 必须高度集中和统一
   C. 要以预防为主
   D. 要从实际出发，贯彻群众路线
   E. 基本要求是高产出和高效益

10. 物料需求计划主要输入的信息有( )。
    A. 产品出产计划　　　B. 物料清单
    C. 产品结构文件　　　D. 库存状态文件
    E. 辅助报告

11. 贯穿丰田生产方式的两大支柱是( )。
    A. 多面化　　　　　　B. 准时化
    C. 自动化　　　　　　D. 标准化
    E. 专业化

12. 看板的功能有( )。
    A. 生产以及运送的工作指令
    B. 进行"目视管理"的工具
    C. 防止过量生产和过量运送
    D. 评估的工具
    E. 改善的工具

13. 生产能力按其技术组织条件的不同可分为( )。
    A. 设备生产能力　　　B. 查定生产能力
    C. 修订生产能力　　　D. 设计生产能力
    E. 计划生产能力

14. 优化的生产计划必须具备的特征有( )。
    A. 有利于充分利用生产能力，扩大市场占有率
    B. 有利于充分利用盈利机会，实现生产成本最低化

C. 有利于充分利用销售机会，满足市场需求

D. 有利于充分利用销售机会，树立企业威信

E. 有利于充分利用生产资源，最大限度地减少生产资源的闲置和浪费

15. 产品生产进度的安排取决于(　　)。

A. 产品的生产技术特点

B. 企业的生产总水平

C. 企业的生产类型

D. 企业的生产规模

E. 企业的经济状况

16. 成批轮番生产企业的期量标准有(　　)。

A. 生产周期　　　　B. 生产提前期

C. 生产间隔期　　　D. 在制品定额

E. 批量

17. 安排车间生产任务的方法包括(　　)。

A. 在制品定额法　　B. 滚动法

C. 累计编号法　　　D. 生产周期法

E. ABC分类法

18. 关于累计编号法的说法，正确的有(　　)。

A. 本车间投入提前期等于本车间出产提前期减本车间生产周期

B. 累计编号法又称在制品定额法

C. 累计编号法又称提前期法

D. 同一时间上，越是处于生产完工阶段的产品，其编号越小

E. 同一时间上，越是处于生产开始阶段的产品，其编号越小

19. 生产控制包括三个阶段，即(　　)。

A. 调查取证　　　　B. 定量设计

C. 实施执行　　　　D. 控制决策

E. 测量比较

20. 在实际情况中，生产控制的基本程序包括(　　)。

A. 收集资料　　　　B. 确定控制的标准

C. 测量比较　　　　D. 控制决策

E. 实施执行

21. 编制生产准备计划的内容包括(　　)。

A. 原材料和外协件的供应

B. 设备维修

C. 工具准备

D. 技术文件准备

E. 把全年分季的产品生产计划分解为厂级和车间级的产品与零部件月度计划

22. 下面有关产品品种指标的描述中正确的是(　　)。

A. 产品品种指标是指企业在报告期内规定生产产品的名称、型号、规格和种类

B. 产品品种指标反映出企业对社会需求的满足能力

C. 产品品种指标反映出企业的专业化水平和管理水平

D. 产品品种指标按产品品种系列平衡法来确定

E. 反映了企业生产的发展水平，是制定和检查产量完成情况，分析各种产品之间比例关系和进行产品平衡分配，计算实物量生产指数的依据

23. 事后控制的优点有(　　)。

A. 方法简便　　　　B. 费用低

C. 控制工作量小　　D. 本期损失可以挽回

E. "实时"控制

24. 广义上生产作业控制通常包括(　　)。

A. 在制品控制　　　B. 库存控制

C. 生产计划控制　　D. 生产进度控制

E. 生产调度

25. 在制品管理的工作内容包括(　　)。

A. 合理确定在制品管理任务和组织分工

B. 合理存放和妥善保管在制品

C. 建立、健全在制品的收、发与领用制度

D. 在制品的库存管理

E. 认真确定在制品定额，加强在制品控制，做好统计与核查工作

26. 通常根据所处的不同工艺阶段，在制品包括(　　)。

A. 毛坯　　　　　　B. 半成品

C. 入库后成品　　　D. 入库前成品

E. 车间在制品

27. 降低库存的措施包括(　　)。

A. 降低周转库存　　B. 降低在途库存

C. 降低调节库存　　D. 降低安全库存

E. 降低生产库存

28. 库存管理成本包括(　　)。

A. 仓储成本　　　　B. 安全成本

C. 周转成本　　　　D. 机会成本

E. 订货成本

29. 下面有关产品产值指标的描述中正确的是(　　)。

A. 工业总产值指以货币表现的工业企业在报告期内生产的工业产品总量

B. 工业商品产值是工业企业在一定时期内生产的预定发到企业外的工业产品的总价值，是企业可以获得的货币收入

C. 工业商品产值反映一定时期内工业生产总规模和总水平的指标

D. 工业增加值与工业总产值的区别在于它们确定最终成果的范围不同

E. 工业商品产值是计算企业生产发展速度和主要比例关系、一些经济指标的依据

30. 生产控制是指为保证生产计划目标的实现，按照生产计划的要求，对企业的生产活动全过程的(　　)活动。
    A. 检查　　　　　　　B. 监督
    C. 分析偏差　　　　　D. 合理调节
    E. 以上都不对

31. MRP主要依据的是(　　)。
    A. 主生产计划　　　　B. 物料清单
    C. 库存处理信息　　　D. 销售计划
    E. 客户订单

32. 目前较多的生产企业中使用的ERP主要包括(　　)。
    A. 生产控制功能模块　B. 物流管理模块
    C. 财务管理模块　　　D. 人力资源管理模块
    E. 分销管理模块

33. 企业资源计划(ERP)试验运行及实用化阶段主要工作是(　　)。
    A. 了解和基本掌握ERP的原理、思想、思路，为进一步具体决策打下基础
    B. 将基础数据录入，进行软件原型测试
    C. 模拟运行及逐步过渡到实用化
    D. 完善ERP工作准则、工作规程
    E. 进行验收、分步切换运行

34. 丰田生产方式是一个包容了多种制造技术和管理技术的综合技术体系，其具体的思想和手段主要包括(　　)。
    A. 准时化　　　　　　B. 自动化
    C. 差异化　　　　　　D. 标准化
    E. 看板管理

35. 丰田公司实现自动化的技术手段有(　　)。
    A. 异常情况的自动化检测
    B. 异常情况的自动化修复
    C. 异常情况下的自动化停机
    D. 异常情况的自动化操作
    E. 异常情况下的自动化报警

36. 看板的使用规则有(　　)。
    A. 只生产后道工序领取的工件数量
    B. 利用减少看板数量来提高管理水平
    C. 不合格品不交后工序
    D. 后工序来取件
    E. 连续化生产

37. 大批大量生产企业的期量标准有(　　)。
    A. 节拍　　　　　　　B. 节奏
    C. 在制品定额　　　　D. 生产间隔期
    E. 生产提前期

38. 编制生产计划的主要步骤有(　　)。
    A. 调查研究
    B. 统筹安排，初步提出生产计划指标
    C. 编制企业各个层次的作业计划
    D. 综合平衡，编制计划草案
    E. 生产计划大纲定稿与报批

39. 流水线之间的在制品主要有(　　)。
    A. 工艺在制品　　　　B. 运输在制品
    C. 周转在制品　　　　D. 保险在制品
    E. 加工在制品

三、案例分析题

某企业A大批量、单一生产某种产品，该企业为了编制年度生产计划和季度生产计划，进行生产能力核算，该企业全年制度工作日为250天，两班制，每班工作8小时。其中已知：某铣工车间共有铣床10台，设备计划修理时间占有效工作时间的10%，单件产品时间定额为0.5小时；某钳工车间生产面积200平方米，每件产品占用生产面积5平方米，单件产品时间定额为2小时。

1. 该企业所核算生产能力的类型是(　　)。
    A. 计划生产能力
    B. 查定生产能力
    C. 设计生产能力
    D. 混合生产能力

2. 影响该企业生产能力的因素是(　　)。(多选题)
    A. 固定资产的使用寿命
    B. 固定资产的生产效率
    C. 固定资产的工作时间
    D. 固定资产的数量

3. 该铣工车间的年生产能力是(　　)件。
    A. 70 000　　　　　　B. 72 000
    C. 80 000　　　　　　D. 87 500

4. 该钳工车间的年生产能力为(　　)件。
    A. 70 000　　　　　　B. 72 000
    C. 80 000　　　　　　D. 87 500

5. 下列措施中，能够提高铣工车间生产能力的是(　　)。(多选题)
    A. 适当延长铣工车间每班的工作时间
    B. 增加铣工车间铣工的数量
    C. 通过挖潜，增加铣工车间生产面积
    D. 调配部分铣工至其他车间

参考答案及解析

一、单项选择题

1. 【答案】D
【解析】生产能力是生产系统内部各种资源能力的综合反映，直接关系能否满足市场需要。

2. 【答案】C
【解析】本题考查生产能力的种类之———计划生产能力。

3. 【答案】A
【解析】$M=(F \cdot S)/t=[300 \times 5 \times 3 \times (1-20\%) \times 50]/1.5=120\,000$件。

4. 【答案】D
【解析】本题考查流水线生产能力的计算。$M=F/r=(10 \times 60)/12=50$件。

5. 【答案】A
【解析】产品品种指标的确定首先要考虑市场需求和企业实力，按产品品种系列平衡法来确定。

6. 【答案】A
【解析】本题考查工业总产值的概念。工业总产值是指以货币表现的工业企业在报告期内生产的工业产品总量。

7. 【答案】B
【解析】本题考查单件小批生产企业安排生产进度的出发点——尽量提高企业生产活动的经济效益。

8. 【答案】A
【解析】提前期法与累计编号法是同一个概念，主要是指首先解决车间之间在生产时间上的联系，然后再把这种时间上的联系转化为数量上的联系，即将预先制定的提前期转化为提前量，确定各车间计划期应达到的投入和出产的累计数，减去计划期前已投入和产出的累计数，求得车间计划期应完成的投入和出产数，因此排除BD两项。生产周期法规定车间的生产任务，就是根据订货合同规定的交货期限，为每一批订货编制出产品生产周期进度表，然后根据各种产品的生产周期进度表，确定各车间在计划月份应该投入和出产的订货项目，以及各项订货在车间投入和出产的时间，因此排除C选项。题干描述的是在制品定额法的特点，因此正确答案选A。

9. 【答案】A
【解析】生产能力反映的是一年内的实物量，答案选A。

10. 【答案】B
【解析】本题考查生产控制的概念。

11. 【答案】A
【解析】类比法即参照本企业的历史水平制订标准，也可参照同行业的先进水平制订标准，因此正确答案选A。

12. 【答案】A
【解析】本题考查生产进度控制的内容。投入进度是进度控制的第一环节。

13. 【答案】A
【解析】本题考查降低在途库存的策略。降低在途库存的主要策略是缩短生产、配送周期。

14. 【答案】A
【解析】本题考查生产调度的基本要求——快速和准确。

15. 【答案】C
【解析】圆珠笔作为一个实体可由市场决定其生产量，这种需求量属于独立需求。

16. 【答案】C
【解析】本题考查看板管理的防止过量生产和过量运送功能。

17. 【答案】C
【解析】本题考查设计生产能力。设计生产能力是指企业在搞基本建设时，在设计任务书和技术文件中所写明的生产能力。

18. 【答案】C
【解析】$M=F \cdot S \cdot P=12 \times 10 \times 50=6000$件。

19. 【答案】A
【解析】$M=(F \cdot A)/(a \cdot t)=(8 \times 2000)/(3 \times 1.5)=3556$件。

20. 【答案】B
【解析】$M=F/r=(8 \times 60)/5=96$件。

21. 【答案】C
【解析】生产计划所反映的并非某几个生产岗位或某一条生产线的生产活动，也并非产品生产的细节问题以及一些具体的机器设备、人力和其他生产资源的使用安排问题，而是指导企业计划期生产活动的纲领性方案。

22. 【答案】C
【解析】选项C属于企业实力指标。

23. 【答案】B
【解析】分解法指的是把企业层的指标按部门、按产品层层分解为一个个小指标，作为每个生产单元的控制目标。因此正确答案选B。

24. 【答案】C
【解析】$Q=F/(P-v)=5\,500\,000/(300-100)=27\,500$件。

25. 【答案】B

【解析】本题考查产品生产进度的安排。题干表述的方法是成批生产企业常用的方法。

26.【答案】A

【解析】期量标准是编制生产作业计划的重要依据。

27.【答案】A

【解析】生产周期法适用单件小批生产类型企业的生产作业计划编制。

28.【答案】B

【解析】事中控制是通过对作业现场获取信息，实时地进行作业核算，并把结果与作业计划有关指标进行对比分析。

29.【答案】C

【解析】本题考查生产控制的事后控制方式。事后控制属于反馈控制。

30.【答案】D

【解析】生产进度管理的目标是准时生产。

31.【答案】B

【解析】本题考查生产计划的概念，年度生产计划是根据企业的经营目标、利润计划、销售计划的要求和其他的主客观条件，确定企业计划年度内的产品品种、质量、产量、产值等生产指标。因此正确答案选B。

32.【答案】C

【解析】本题考查库存控制的基本方法。定量控制法，又称订货点法，它是连续不断地监视库存余量的变化，当库存量达到某一预定数值(订货点)时，即向供货商发出固定批量的订货请求，经过一定时间(固定提前期)后货物到达，补充库存。定期控制法，又称订货间隔期法，它是每隔一个固定的间隔周期去订货，每次订货量不固定。

33.【答案】B

【解析】库存控制落实到库存管理上就是降低库存成本。

34.【答案】B

【解析】生产调度以生产进度计划为依据。

35.【答案】C

【解析】根据库存控制的ABC分类法，A类物资是库存物资品种累计占全部品种5%～10%，而资金累计占全部资金总额70%左右的物资。

36.【答案】A

【解析】物料需求计划简称MRP。

37.【答案】A

【解析】设计生产能力是指企业在搞基本建设时，在设计任务书和技术文件中所写明的生产能力，因此C项不选；查定生产能力是指企业没有设计生产能力资料或设计生产能力资料可靠性低的情况下，根据企业现有的生产组织条件和技术水平等因素，而重新审查核定的生产能力，因此B项不选；计划生产能力也称现实能力，是企业在计划期内根据现有的生产组织条件和技术水平等因素所能够实现的生产能力。

38.【答案】C

【解析】本题考查物料需求计划中的物料清单。物料清单又称产品结构文件，它反映了产品的组成结构层次及每一层次下组成部分本身的需求量。

39.【答案】A

【解析】用于库存和生产控制的最普遍、最主要的报告是主报告。

40.【答案】A

【解析】订货成本指的是库存管理中每次订购物料所需联系、谈判、运输、检验等费用。

41.【答案】D

【解析】实施制造资源计划大致可分为三个阶段，即前期工程、决策工作、实施。

42.【答案】C

【解析】ERP不仅应用于生产企业，也可应用于非生产企业、公益事业单位。

43.【答案】B

【解析】本题考查企业资源计划的核心模块——生产控制模块。

44.【答案】B

【解析】公司全体人员参加的现场改善活动，是丰田公司强大生命力的源泉，也是丰田准时化生产方式的坚固基石。

45.【答案】A

【解析】看板方式是JIT生产方式最显著的特点。

46.【答案】C

【解析】准时化生产方式的核心是追求一种无库存的生产系统，或使库存达到最小的生产系统。通过JIT思想的应用，使企业管理者将精力集中于生产过程本身，通过生产过程整体优化、改进技术、理顺物流、杜绝超量生产、消除无效劳动和浪费，有效地利用资源，降低成本，改善质量，达到用最少的投入实现最大产出的目的。

47.【答案】D

【解析】ABC分类法用于库存管理，是库存物资按品种多少和资金占用额进行分类。

48.【答案】A

【解析】ABC分类法用于库存管理，是库存物资按品种多少和资金占用额大小进行分类。将库存物资品种累计占全部品种70%，而资金累计占全部资金总额10%以下的物资定为C类物资。对于这类物资储备定额实施一般控制，制定比较高的保险储备量。

49.【答案】C

【解析】产品品种指标是指企业在报告期内规定生产产品的名称、型号、规格和种类。它不仅反映出企业对社会需求的满足能力，还反映了企业的专业化水平、企业管理水平。

50.【答案】C

【解析】生产控制的核心在于进度管理，生产进度控制的基本内容主要包括：投入进度控制、工序进度控制和出产进度控制。

51.【答案】D

【解析】库存持有成本包括固定成本和变动成本。固定成本与库存数量多少无关，变动成本与库存数量的多少有关。固定成本包括仓库折旧、仓库职工的固定月工资等；变动成本包括资金占用成本；存储空间成本；库存服务成本和库存风险成本。

52.【答案】D

【解析】单一品种生产条件下，设备组的生产能力按下列公式计算：设备组的生产能力=设备组的设备台数×单位设备的有效工作时间×单位设备单位时间产量定额。式中：单位设备有效工作时间=全年制度工作时间×每日工作小时数×(1-设备修理必要停工率)。将题目中的数字带入公式中，可得：设备组的生产能力=10×250×8×(1-10%)×100=1 800 000件。

53.【答案】C

【解析】计算临界点价格的公式为：临界点价格=(固定成本总额+单位变动成本×销量)/销量=(800+25×100)/100=33元/台。

54.【答案】D

【解析】单一品种生产条件下，设备组的生产能力按下列公式计算：设备组的生产能力=设备组的设备台数×单位设备的有效工作时间×单位设备单位时间产量定额。

式中：单位设备有效工作时间=全年制度工作时间×每日工作小时数×(1-设备修理必要停工率)。将数字代入，设备组的生产能力=5×250×7.5×2×(1-

10%)×5=84 375件。

55.【答案】D

【解析】企业的生产能力有广义和狭义之分，一般所讲的生产能力是指狭义的生产能力，即企业在一定时期内，在一定的生产组织技术条件下，全部生产性固定资产所能生产某种产品的最大数量或所能加工处理某种原材料的最大数量。

56.【答案】C

【解析】$M = F \cdot S \cdot P = 8 \times 10 \times 20 = 1600$件。

57.【答案】A

【解析】准时生产方式的简称是JIT，它的目标是彻底消除无效劳动和浪费。

58.【答案】B

【解析】编制生产计划的主要步骤，大致可以归纳如下：①调查研究，它是生产计划编制的第一步；②统筹安排，初步提出生产计划指标；③综合平衡，编制计划草案；④生产计划大纲定稿与报批。

59.【答案】C

【解析】单件小批生产在工作地担负的工序数目的特点是很多；成批生产在工作地担负的工序数目的特点是较多；大量大批生产在工作地担负的工序数目的特点是很少，一般为1～2道工序。

60.【答案】D

【解析】生产作业计划是生产计划工作的继续，是企业年度生产计划的具体执行计划。它根据年度生产计划规定的产品品种、数量及大致的交货期的要求对每个生产单位，在每个具体时期内(季度、周、日、时)的生产任务做出详细规定，使年度生产计划得到落实。它是协调企业日常生产活动的中心环节。

二、多项选择题

1.【答案】ACDE

【解析】本题考查生产能力的相关内容。广义的生产能力是指技术能力和管理能力的综合。

2.【答案】BCDE

【解析】为了有效地和全面地指导企业计划期的生产活动，生产计划应建立包括产品品种、产品质量、产品产量及产品产值四类指标为主要内容的生产指标体系。

3.【答案】ABD

【解析】本题考查产品产值指标——工业总产值、工业商品产值、工业增加值。

4.【答案】AB

【解析】单件小批生产企业的期量标准有：生产周期、生产提前期等。

5.【答案】ACDE

【解析】本题考查提前期法的优点，共四点，即选项ACDE。

6.【答案】ABCD

【解析】制定生产控制标准的方法包括类比法、分解法、定额法、标准化法。

7.【答案】ABD

【解析】本题考查生产进度控制的基本内容——投入进度控制、工序进度控制、出产进度控制。

8.【答案】ABE

【解析】本题考查库存控制的知识内容。库存管理成本包括仓储成本、订货成本、机会成本。

9.【答案】ABCD

【解析】本题考查生产调度工作的要求。生产调度工作的基本要求是快速和准确，因此排除选项E。

10.【答案】ABCD

【解析】本题考查物料需求计划的主要输入信息。选项E属于物料需求计划的输出信息。

11.【答案】BC

【解析】准时化和自动化是贯穿丰田生产方式的两大支柱。

12.【答案】ABCE

【解析】本题考查看板的功能。

13.【答案】BDE

【解析】生产能力按其技术组织条件的不同可分为设计生产能力、查定生产能力、计划生产能力三种。

14.【答案】BCE

【解析】优化的生产计划必须具备三个特征，即选项BCE。

15.【答案】AC

【解析】产品生产进度的安排取决于企业的生产类型和产品的生产技术特点。

16.【答案】ABCE

【解析】本题考查成批轮番生产企业的期量标准。选项D属于大批大量生产企业的期量标准。

17.【答案】ACD

【解析】安排车间生产任务的方法随车间的生产类型和生产组织形式的不同而不同，主要有在制品定额法、累计编号法、生产周期法。

18.【答案】CD

【解析】本题考查累计编号法的内容。累计编号法又称提前期法，是指同一时间上，越是处于生产完工阶段的产品，其编号越小。

19.【答案】CDE

【解析】本题考查生产控制的基本程序。生产控制包括三个阶段，即测量比较、控制决策、实施执行。

20.【答案】BCDE

【解析】在实际情况中，生产控制的基本程序包括确定控制的标准、测量比较、控制决策、实施执行。

21.【答案】ABCD

【解析】编制生产准备计划的内容包括原材料和外协件的供应、设备维修、工具准备、技术文件准备、劳动力调配等内容。因此正确答案选ABCD。

22.【答案】ABCD

【解析】选项ABCD是对产品品种指标的正确描述，选项E是对产品产量指标的描述，排除不选，正确答案选ABCD。

23.【答案】ABC

【解析】事后控制方式的优点是方法简便、控制工作量小、费用低。其缺点是在"事后"，本期的损失无法挽回。

24.【答案】ABDE

【解析】广义上生产作业控制通常包括生产进度控制、在制品控制、库存控制、生产调度等。

25.【答案】ABCE

【解析】在制品管理的工作内容共有四部分，即选项ABCE。

26.【答案】ABDE

【解析】通常根据所处的不同工艺阶段，把在制品分为毛坯、半成品、入库前成品和车间在制品。

27.【答案】ABCD

【解析】降低库存的措施主要有降低周转库存、降低在途库存、降低调节库存、降低安全库存。

28.【答案】ADE

【解析】库存管理成本包括仓储成本、订货成本、机会成本。

29.【答案】ABD

【解析】选项ABD均是对产品产值指标的正确描述。工业总产值反映一定时期内工业生产总规模和总水平的指标，是计算企业生产发展速度和主要比例关系、一些经济指标的依据，因此选项CE描述错误，正确答案选ABD。

30. 【答案】ABCD

【解析】生产控制是指为保证生产计划目标的实现，按照生产计划的要求，对企业的生产活动全过程的检查、监督、分析偏差和合理调节活动。因此正确答案选ABCD。

31. 【答案】ABC

【解析】本题考查MRP的主要依据——主生产计划、物料清单、库存处理信息。

32. 【答案】ABCD

【解析】在目前较多的生产企业中使用的ERP主要包括生产控制功能模块、物流管理模块、财务管理模块和人力资源管理模块四个部分。

33. 【答案】CDE

【解析】企业资源计划(ERP)试验运行及实用化阶段的主要工作有：(1)模拟运行及逐步过渡到实用化；(2)完善ERP工作准则、工作规程；(3)进行验收、分步切换运行，这是ERP转入实用化的关键阶段。选项A属于前期工作阶段的工作，选项B属于实施准备阶段的工作。

34. 【答案】ABDE

【解析】本题考查丰田生产方式具体的思想和手段——准时化、自动化、标准化、多技能作业员、看板管理、全员参加的现场改善活动、全面质量管理。

35. 【答案】ACE

【解析】本题考查丰田公司实现自动化的技术手段，即选项ACE。

36. 【答案】ABCD

【解析】看板的使用规则之一是均衡化生产，所以选项E不选。

37. 【答案】ABC

【解析】大批大量生产企业的期量标准有：节拍或节奏、流水线的标准工作指示图表、在制品定额等。

38. 【答案】ABDE

【解析】编制生产计划的主要步骤有：调查研究；统筹安排，初步提出生产计划指标；综合平衡，编制计划草案；生产计划大纲定稿与报批，选项C是生产作业计划的内容，排除不选，正确答案是ABDE。

39. 【答案】BCD

【解析】流水线之间的在制品分为运输在制品、周转在制品和保险在制品。

三、案例分析题

1. 【答案】A

【解析】年度生产计划和季度生产计划属于计划生产能力。

2. 【答案】CD

【解析】影响生产能力的因素：固定资产的数量、效率和工作时间。

3. 【答案】B

【解析】根据设备组生产能力公式：$M=F \cdot S/t=8 \times 2 \times 250 \times 10 \times (1-10\%)/0.5=72\ 000$件。

4. 【答案】B

【解析】根据作业场地生产能力公式：$M=F \cdot A/a \cdot t=8 \times 2 \times 250 \times 10 \times (1-10\%) \times 200/(5 \times 2)=72\ 000$件。

5. 【答案】AB

【解析】铣工车间与设备组的数量和工作时间有关。

第五章 物 流 管 理

　　本章的知识框架主要涵盖了企业物流管理概述、企业采购与供应物流管理、企业生产物流管理、企业仓储与库存管理、企业销售物流管理等内容。

　　从近三年的考试情况来看，企业物流管理的内容、分类和作业目标，企业供应物流管理，企业生产物流的类型与方式，企业仓储管理的主要业务与控制，企业销售物流管理是考查的重点。考查形式以单项选择题、多项选择题为主，同时经常会出现案例分析题。单选题一般 6～7 道，多选题 2 道，平均分值是 13 分。

本章重要考点分析

　　本章涉及多个重要考点，其中企业物流管理的内容、分类和作业目标，企业供应物流管理，企业生产物流的类型与方式，企业仓储管理的主要业务与控制，企业销售物流管理是考查重点，在往年的考试中以单项选择题和多项选择题的形式多次出现，需要重点掌握。本章重要考点如图5-1所示。

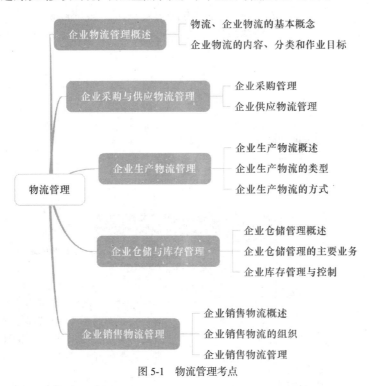

图 5-1　物流管理考点

本章近三年题型及分值总结

本章的知识点在近三年的考试中多以单项选择题和多项选择题的形式出现，题型及分值情况如表5-1所示。

表 5-1　物流管理题型及分值

年　份	单项选择题	多项选择题	案例分析题
2014年	6题	2题	0题
2013年	7题	2题	0题
2012年	7题	2题	0题

第一节　企业物流管理概述

企业物流主要是指制造业物流，即企业在生产运作过程中，物品从供应、生产、销售以及废弃物的回收及再利用所发生的运输、仓储、装卸搬运、包装、流通加工、配送、物流信息处理等多项基本活动。

思维导图

本节涉及多个知识点和概念，如图5-2所示。

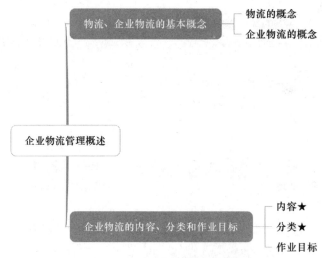

图 5-2　企业物流管理概述

知识点测试

【2014年单选题】产品从物流据点到用户之间的运输活动属于(　　)。

A. 配送　　　　　　　B. 分流
C. 分配　　　　　　　D. 分销

【答案】A

【解析】运输可以划分为两段：一段是生产厂到流通据点之间的运输，批量比较大，品种比较单一，运距比较长；另一段是流通据点到用户之间的运输，一般称为"配送"，就是根据用户的要求，将各类商品按不同类别、不同方向和不同用户进行分类、拣选、组配、装箱，按用户要求的品种、数量配齐后送给用户，其实质在于"配齐"和"送达"。

【2010年单选题】物流的本质是(　　)。

A. 结构　　　　　　　B. 运输
C. 网络　　　　　　　D. 服务

【答案】D

【解析】物流是一个物品的实体流动过程，在流通过程中创造价值、满足顾客及社会性需求。也就是说，物流的本质是服务。

【2011年单选题】根据企业性质的不同，企业物流可分为两类，即(　　)。

A. 生产企业物流和流通企业物流
B. 生产企业物流和批发企业物流
C. 企业自营物流和子公司物流
D. 企业自营物流和第三方物流

【答案】A

【解析】根据企业性质的不同，企业物流可分为生产企业物流和流通企业物流。

【例题　单选题】企业自备车队、仓库、场地、人员，以自给自足的方式经营企业的物流业务指的是(　　)。

A. 企业自营物流　　B. 专业子公司物流
C. 第三方物流　　　D. 流通企业物流

【答案】A

【解析】本题考查企业物流的分类，对物流活动进行主体分类，其中企业自营物流指企业自备车队、仓库、场地、人员，以自给自足的方式经营企业的物流业务。

【例题　单选题】从企业传统物流运作功能中剥离出来，成为一个独立运作的专业化实体子公司，以专业化的工具、人员、管理流程和服务手段为母公司提供专业化的物流服务指的是(　　)。

A. 企业自营物流　　B. 专业子公司物流
C. 第三方物流　　　D. 流通企业物流

【答案】B

【解析】本题考查企业物流的分类。按照物流活动的主体分类，可分为企业自营物流、专业子公司物流和第三方物流。其中专业子公司物流指从企业传统物流运作功能中剥离出来，成为一个独立运作的专业化实体子公司，以专业化的工具、人员、管理流程和服务手段为母公司提供专业化的物流服务。

【例题　单选题】企业为更好地提高物流运作效率以及降低物流成本而将物流业务外包给第三方物流公司指的是(　　)。

A. 企业自营物流　　B. 专业子公司物流
C. 第三方物流　　　D. 流通企业物流

【答案】C

【解析】本题考查企业物流的分类。第三方物流是指企业为更好地提高物流运作效率以及降低物流成本而将物流业务外包给第三方物流公司。

第二节　企业采购与供应物流管理

企业采购管理是指为保障企业物资供应而对企业采购活动进行计划、组织、协调和控制的管理活动。

企业供应物流是企业物流活动的起始阶段。作为企业生产之前的准备工作和辅助作业活动，它是指企业生产所需的一切物料(原材料、燃料、备品备件、辅助材料等)在供应企业与生产企业之间流动的一系列物流及其管理活动。

思维导图

本节涉及多个知识点和概念，如图5-3所示。

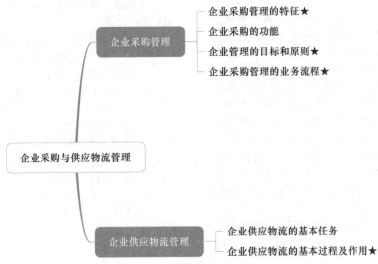

图 5-3　企业采购与供应物流管理

知识点测试

【2014年单选题】在企业采购管理流程中，处于第一环节的是( )。

A.选择供应商 　　B.进行采购谈判
C.办理付款申请 　　D.提出采购申请

【答案】D

【解析】企业采购管理流程：(1)提出采购申请；(2)选择供应商；(3)进行采购谈判；(4)签发采购订单；(5)跟踪订单；(6)物料验收；(7)付款及评价。

【2011年多选题】企业采购管理的原则主要包括( )。

A.适当的数量 　　B.适当的地点
C.适当的价格 　　D.适当的库存量
E.适当的品质

【答案】ABCE

【解析】采购管理的主要原则包括适当的时间、适当的地点、适当的价格、适当的数量和适当的品质。

【例题 多选题】企业采购管理是信息流、商流和物流相结合的过程，主要实现( )。

A.对资源市场所需资源信息进行收集、传递和加工处理
B.将资源的所有权或使用权从供应商转移到用户
C.将资源的物质实体从供应商转移到用户
D.通过采购获取了资源，保证了企业正常生产的顺利进行
E.降低采购成本

【答案】ABC

【解析】企业采购管理是信息流、商流和物流相结合的过程。企业采购管理的基本作用是将资源从供应商转移到用户的过程。一是要实现对资源市场所需资源信息进行收集、传递和加工处理，这个过程就是信息流过程，主要是获得有用的资源信息。二是要实现将资源的所有权或使用权从供应商转移到用户，这个过程是一个商流过程，主要通过商品交易、等价的交换和租赁等多种方式来实现。三是要实现将资源的物质实体从供应商转移到用户，这是一个物流过程，主要通过一些物流手段如运输、储存、包装、装卸、流通等来实现，使商品实实在在地到达用户手中。

【例题 单选题】企业采购管理要实现对资源市场所需资源信息进行收集、传递和加工处理，这

个过程是( )。

A.信息流过程 　　B.商流过程
C.物流过程 　　D.资源流动

【答案】A

【解析】本题考查信息流过程。企业采购管理是信息流、商流和物流相结合的过程，要实现对资源市场所需资源信息进行收集、传递和加工处理，这个过程就是信息流过程，主要是获得有用的资源信息。

【例题 单选题】企业采购管理要实现将资源的所有权或使用权从供应商转移到用户，这个过程是( )。

A.信息流过程 　　B.商流过程
C.物流过程 　　D.资源流动

【答案】B

【解析】本题考查商流过程。企业采购管理要实现将资源的所有权或使用权从供应商转移到用户，这个过程是商流过程，主要通过商品交易、等价的交换和租赁等多种方式来实现。

【例题 单选题】企业采购管理要实现将资源的物质实体从供应商转移到用户，这是一个( )。

A.信息流过程 　　B.商流过程
C.物流过程 　　D.资源流动

【答案】C

【解析】本题考查物流过程。企业采购管理要实现将资源的物质实体从供应商转移到用户，这是一个物流过程，主要通过一些物流手段如运输、储存、包装、装卸、流通等来实现，使商品实实在在地到达用户手中。

【例题 单选题】企业采购管理的业务流程正确的是( )。

A.提出采购申请—选择供应商—进行采购谈判—签发采购订单—跟踪订单—物料验收—付款及评价
B.选择供应商—进行采购谈判—签发采购订单—跟踪订单—提出采购申请—物料验收—付款及评价
C.提出采购申请—选择供应商—进行采购谈判—物料验收—签发采购订单—跟踪订单—付款及评价
D.签发采购订单—跟踪订单—物料验收—付款及评价—提出采购申请—选择供应商—进行采购谈判

【答案】A

【解析】本题考查企业采购管理的业务流程。正确的流程为提出采购申请，选择供应商，进行采购谈判，签发采购订单，跟踪订单，物料验收，付款及评价。

【例题　单选题】企业供应物流的基本过程中，(　　)是完成所有供应活动的前提条件。

A. 取得资源　　　　B. 组织到厂物流

C. 组织厂内物流　　D. 分配资源

【答案】A

【解析】本题考查企业供应物流的基本过程。取得资源是完成所有供应活动的前提条件。

第三节　企业生产物流管理

企业生产物流是指伴随企业内部生产过程的物流活动。即在企业现有的生产布局条件下，根据企业生产系统的要求，实现原材料、零部件等物料在供应库、生产现场、成品库之间流转的物流活动。而生产过程中进行生产物流的管理主要是为了实现生产物流运作的效率性和经济性。

 思维导图

本节涉及多个知识点和概念，如图5-4所示。

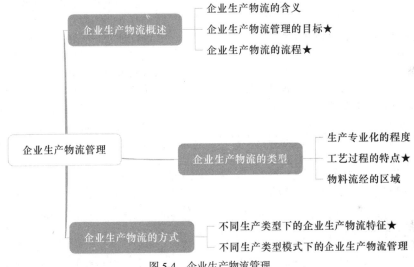

图 5-4　企业生产物流管理

知识点测试

【2014年单选题】产品品种的多样化和数量的规模化，要求全程物流的支持，需要建立一个有效的供应链网络。具有该生产物流特征的生产类型是(　　)。

A. 单一品种小批量型生产

B. 多品种小批量型生产

C. 单一品种大批量型生产

D. 多品种大批量型生产

【答案】D

【解析】产品品种的多样化和数量的规模化，要求全程物流的支持，需要建立一个有效的供应链网络。描述的是多品种大批量型生产物流的特征。

【2011年多选题】企业生产物流管理的目标包括(　　)。

A. 效率性目标　　　　B. 经济性目标

C. 可控性目标　　　　D. 合理性目标

E. 适应性目标

【答案】ABE

【解析】企业生产物流管理的目标包括效率性目标、经济性目标、适应性目标。

【2011年单选题】以下(　　)不属于不同生产模式下企业生产物流管理。

A. 作坊式手工生产模式

B. 大批量生产模式

C. 多品种大批量生产模式

D. 多品种小批量生产模式

【答案】C

【解析】不同生产模式下生产物流管理主要包

括作坊式手工生产、大批量生产模式、多品种小批量生产模式。

【例题　单选题】企业生产物流管理的目标中，减少生产物料装运的频率和缩短搬运的距离，降低企业生产物流运作的成本和费用指的是(　　)。

A. 效率性目标　　　　B. 经济性目标

C. 适应性目标　　　　D. 合理性目标

【答案】B

【解析】本题考查企业生产物流管理的目标。其中经济性目标是指减少生产物料装运的频率和缩短搬运的距离，降低企业生产物流运作的成本和费用。

【例题　单选题】企业生产物流管理的目标中，有效控制物料损失，防止人员或设备的意外事故指的是(　　)。

A. 效率性目标　　　　B. 经济性目标

C. 适应性目标　　　　D. 合理性目标

【答案】C

【解析】本题考查企业生产物流管理的目标。其中适应性目标是指有效控制物料损失，防止人员或设备的意外事故。

【例题　单选题】企业生产物流的最后一个环节是(　　)。

A. 原材料的储存　　　B. 原材料的采购

C. 生产转换过程　　　D. 产成品的储存

【答案】D

【解析】本题考查企业生产物流的环节。最后一个环节是产成品的储存。

【例题　多选题】按照生产专业化的程度可以把企业生产物流划分为(　　)。

A. 大量生产　　　　　B. 单件生产

C. 成批生产　　　　　D. 集中生产

E. 离散型生产

【答案】ABC

【解析】本题考查企业生产物流分类。按照生产专业化的程度可以把企业生产物流划分为大量生产、单件生产、成批生产。

【例题　多选题】按照物料在生产工艺过程中的流动特点，企业生产物流可以分为(　　)。

A. 连续型　　　　　　B. 离散型

C. 大量生产　　　　　D. 单件生产

E. 成批生产

【答案】AB

【解析】本题考查企业生产物流分类。按照物料在生产工艺过程中的流动特点，企业生产物流可

以分为连续型和离散型。

【例题　单选题】将企业生产物流分为工厂间物流和工序间物流所参考的分类依据是(　　)。

A. 按照生产地点

B. 按照生产专业化的程度

C. 按照工艺过程的特点

D. 按照物料流经的区域

【答案】D

【解析】本题考查企业生产物流分类。按照物料流经的区域可以将企业生产物流分为工厂间物流和工序间物流。

【例题　多选题】项目型生产物流的特征有(　　)。

A. 物料采购量大，供应商多变，外部物流较难控制

B. 物流在加工场地的方向不确定、加工路线变化极大，工序之间的物流联系不规律

C. 生产重复程度低

D. 物料需求与具体产品存在一一对应的相关需求

E. 生产品种繁多，物料需求种类变化大，不易与供应商建立长期稳定的协作关系

【答案】ABD

【解析】本题考查项目型生产物流的特征。项目型生产物流的特征主要体现在以下几个方面：物料采购量大，供应商多变，外部物流较难控制；物流在加工场地的方向不确定、加工路线变化极大，工序之间的物流联系不规律；物料需求与具体产品存在一一对应的相关需求。

【例题　多选题】单件小批量型生产物流的特征有(　　)。

A. 生产重复程度低

B. 生产重复程度低导致产品设计及工艺设计重复程度低

C. 物料采购量大，供应商多变，外部物流较难控制

D. 由于生产品种繁多，物料需求种类变化大，不易与供应商建立长期稳定的协作关系

E. 物料需求与具体产品存在一一对应的相关需求

【答案】ABD

【解析】本题考查单件小批量型生产物流的特征。单件小批量型生产物流的特征主要体现在以下几个方面：生产重复程度低，生产重复程度低导致产品设计及工艺设计重复程度低；由于生产品种繁多，物料需求种类变化大，不易与供应商建立长期

稳定的协作关系。

【例题　单选题】在生产物流中，由于生产品种繁多，物料需求种类变化大，不易与供应商建立长期稳定的协作关系导致质量与交货期不易保证，采购物流较难控制，指的是(　　)。

A. 单件小批量型生产物流

B. 项目型生产物流

C. 批量生产物流

D. 连续型生产物流

【答案】A

【解析】本题考查单件小批量型生产物流的特征。单件小批量型生产物流的特征主要体现在以下几个方面：生产重复程度低，生产重复程度低导致产品设计及工艺设计重复程度低；由于生产品种繁

多，物料需求种类变化大，不易与供应商建立长期稳定的协作关系。

第四节　企业仓储与库存管理

企业仓储管理的主要内容是对仓库和仓库中储存的物资进行管理，这种对仓库和仓库中储存产品的管理工作，是随着储存产品的品种多样化和仓库设计结构、技术设备的科学化而不断变化发展的。

 **思维导图**

本节涉及多个知识点和概念，如图5-5所示。

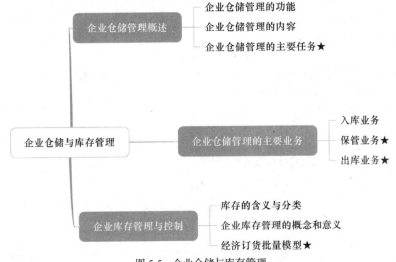

图 5-5　企业仓储与库存管理

知识点测试

【2014年单选题】农产品仓储使消费者可以在任何季节都能以相对稳定的价格购买到农产品。这主要体现了仓储管理的(　　)功能。

A. 供需调节　　　　B. 价格调节

C. 货物运输能力调节　　D. 配送与流通加工

【答案】B

【解析】根据《中华人民共和国国家标准》，仓储管理是指对仓储设施布局和设计以及仓储作业所进行的计划、组织、协调与控制。注意题干侧重的是"价格差距不大"的情况，属于稳定价格的功能。

【2014年多选题】企业仓储管理的主要任务有(　　)。

A. 有效利用仓储设备

B. 保证及时准确的物资供应

C. 合理储备材料

D. 提高库存质量

E. 确保仓储物资的安全

【答案】ACE

【解析】仓储管理的主要任务有：(1)仓储设施规划和利用；(2)保管仓储物资；(3)合理储备材料；(4)降低物料成本；(5)重视员工培训；(6)确保仓储物资的安全。

【例题　单选题】下面库存不是按生产过程中

的不同阶段分类的是( )。

A. 商品库存 B. 原材料库存

C. 零部件库存 D. 半成品库存

【答案】A

【解析】按生产过程中的不同阶段分类可以分为原材料库存、零部件库存、半成品库存和成品库存。

【例题 多选题】企业仓储管理的手段主要有( )。

A. 仓库的选址与建筑问题

B. 仓库的机械作业的选择与配置

C. 仓库的业务管理问题

D. 仓库的库存管理问题

E. 仓库的管理人员配置问题

【答案】ABCD

【解析】本题考查企业仓储管理的主要手段，包括仓库的选址与建筑问题，仓库的机械作业的选择与配置，仓库的业务管理问题，仓库的库存管理问题。

【例题 单选题】出库业务的步骤是：( )。

A. 审核仓单—核对登账—配货备货—复核查对—点付交接—填单销账

B. 审核仓单—复核查对—点付交接—填单销账—核对登账—配货备货

C. 审核仓单—核对登账—点付交接—填单销账—配货备货—复核查对

D. 审核仓单—配货备货—复核查对—核对登账—点付交接—填单销账

【答案】A

【解析】出库业务一般包括审核仓单、核对登账、配货备货、复核查对、点付交接、填单销账几个环节。

第五节 企业销售物流管理

企业销售物流是指企业在销售过程中，将产品的所有权转移给用户的物流活动，是产品从生产地到用户的空间转移。企业销售物流以实现企业销售利润为目的，是包装、运输、仓储等环节的统一。

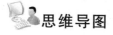 思维导图

本节涉及多个知识点和概念，如图5-6所示。

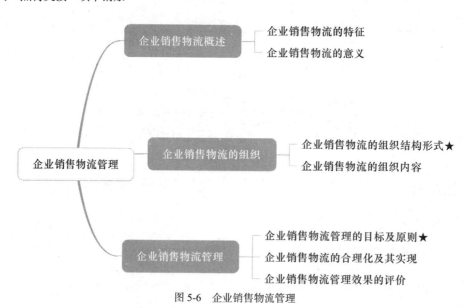

图 5-6 企业销售物流管理

知识点测试

【2011年多选题】以下属于企业销售物流特征的有( )。

A. 一体化 B. 服务性强

C. 高效性 D. 规范化

E. 社会化

【答案】AB

【解析】企业销售物流的特征包括：一体化；服务性强。

【2010年单选题】既是生产物流的终点,又是社会物流的起点的是( )。

A.产品包装　　　　　B.成品储存
C.销售渠道　　　　　D.产品发送

【答案】A

【解析】产品包装可视为生产物流系统的终点,也是销售物流系统的起点。

【2012年单选题】成品储存的作业内容除仓储作业和物品养护外,还应包括( )。

A.包装加固　　　　　B.库存控制
C.产品检验　　　　　D.合理分类

【答案】B

【解析】本题考查销售物流中的成品储存。成品储存包括仓储作业、物品养护和库存控制。

考题预测及强化训练

一、单项选择题

1. 下列物流的功能中,( )是物流的中心环节之一,是物流最重要的一个功能。

A.运输　　　　　　　B.配送
C.物流信息　　　　　D.流通加工

2. 将企业物流分为企业自营物流、专业子公司物流和第三方物流是按照( )进行的分类。

A.物流活动的主体　　B.企业性质的不同
C.产品类型不同　　　D.以上均不是

3. ( )是指在同一地域范围内进行的、以改变物的存放状态和空间位置为主要内容和目的的活动。

A.仓储　　　　　　　B.包装
C.装卸搬运　　　　　D.配送

4. 在物流活动中起着神经系统作用的是( )。

A.运输　　　　　　　B.仓储
C.包装　　　　　　　D.物流信息

5. 下列物品中,属于包装用辅助材料的是( )。

A.纸和纸板品　　　　B.木制容器
C.金属容器　　　　　D.黏合剂

6. 集储存、流通加工、分货、拣货、运输等为一体的综合性物流过程指的是( )。

A.批发企业的物流
B.仓储企业的物流
C.配送中心的物流
D.“第三方物流”企业的物流

7. 在产品生命周期中,要最大限度地降低物流风险显得更重要的阶段是( )。

A.研制阶段　　　　　B.成长阶段
C.成熟阶段　　　　　D.衰退阶段

8. 下列关于产品生命周期的说法中,正确的是( )。

A.在成长阶段需要高水准的物流活动和灵活性
B.在成熟阶段重点会转移到服务与成本的合理化上
C.在衰退阶段物流活动具有高度的灵活性
D.在研制阶段需要对物流活动进行定位

9. 下列不属于企业采购功能的是( )。

A.促进产品开发功能　B.生产供应控制功能
C.产品质量控制功能　D.调节供给需求功能

10. ( )是产品的生命。

A.采购　　　　　　　B.质量
C.运输　　　　　　　D.效率

11. 下列关于企业采购管理原则的表述错误的是( )。

A.采购量越大,价格越便宜,因此采购越多越好
B.从采购的立场看,通常是要求“最适”的品质,而不是“最好”的品质
C.企业采购管理要遵循适时原则
D.从降低产销成本的目的来看,适当的价格应是最好的选择

12. 企业采购最基本的目标是( )。

A.降低存货投资和存货损失
B.确保生产经营的物资需要
C.有效降低采购成本
D.改善企业内部和外部的工作关系

13. 企业采购管理业务流程的第一步是( )。

A.签发采购订单　　　B.选择供应商
C.提出采购申请　　　D.物料验收

14. 企业物流系统中独立性相对较强的子系统是( )。

A.采购物流　　　　　B.供应物流
C.生产物流　　　　　D.销售物流

15. 企业供应物流一般由三个阶段组成,不包括( )。

A.取得资源　　　　　B.跟踪订单
C.组织厂内物流　　　D.组织到厂物流

16. 到厂物流的主要工作是( )。

A.采购　　　　　　　B.供应
C.运输　　　　　　　D.销售

17. 企业生产物流的起点是( )。

A.企业加工制造的成品入库
B.企业生产所需原材料入库
C.生产物料经过企业的供应物流进入生产环节
D.生产物料随着生产工艺流程进行流动

18. 通过企业生产物流管理减少生产物料装运的频

率和缩短搬运的距离，降低企业生产物流运作
的成本和费用，这反映的是企业生产物流管理
的（　　）目标。

A. 效率性　　　　　　B. 经济性

C. 适应性　　　　　　D. 协调性

19. 物料均匀、连续地按一定工艺顺序运动，在运
动中不断改变形态和性能，最后形成产品，
这是（　　）。

A. 大量生产物流　　　B. 成批生产物流

C. 连续型生产物流　　D. 离散型生产物流

20. 为保证生产的（　　），必须对物料进行提前
储存。

A. 稳定性　　　　　　B. 规模化

C. 批量化　　　　　　D. 连续性

21. 下列不属于项目型生产物流特征的是（　　）。

A. 外部物流较容易控制

B. 生产过程原材料、在制品占用的物流量大

C. 物流在加工场地的方向不确定、加工路线变
化极大

D. 物料需求与具体产品存在一一对应的相关需求

22. 关于精益生产模式下推进企业生产物流管理模
式特点的说法，正确的是（　　）。

A. 以最终用户的需求为生产起点，拉动生产系
统各环节对生产物料的需求

B. 在生产的组织上，计算机与看板结合，由看
板传递后道工序对前道工序的需求信息

C. 将生产中的一切库存视为"浪费"，认为库
存掩盖了生产系统中的缺陷

D. 在生产物流计划编制和控制上，围绕物料转
化组织制造资源

23. 把秋季集中产出的大米储存起来，起到稳定大
米价格的功效，这是仓储的（　　）。

A. 供需调节功能

B. 价格调节功能

C. 调节货物运输能力的功能

D. 配送和流通加工的功能

24. 在货物入库的业务程序中，编制仓储计划，安排
仓容，确定堆放位置等工作属于（　　）环节。

A. 收货准备　　　　　B. 货物接运

C. 货物验收　　　　　D. 货物入库

25. 大多数仓库普遍采用的货物储存的方法是（　　）。

A. 按商品种类和性质进行分区分类

B. 按不同货主的商品经营分工进行分区分类

C. 按商品流转方式进行分区分类

D. 按商品发往地区进行分区分类

26. 下列属于成组工具的是（　　）。

A. 箱　　　　　　　　B. 托盘

C. 桶　　　　　　　　D. 袋

27. 小百货、小五金、绸缎、医药品适用的堆码方
式是（　　）。

A. 散堆　　　　　　　B. 货架

C. 成组　　　　　　　D. 垛堆

28. 为了防止由于不确定因素而准备的缓冲库存
称为（　　）。

A. 经常库存

B. 生产加工和运输过程的库存

C. 季节性库存

D. 安全库存

29. 大米在出产的季节大量收购所建立的库存
是（　　）。

A. 原材料库存　　　　B. 制造业库存

C. 季节性库存　　　　D. 商品库存

30. 下列关于经济订货批量模型假设条件的说法
中，错误的是（　　）。

A. 只涉及一种产品

B. 年需求量已知，在整个周期内是间断的

C. 各批量单独运送接收

D. 货物脱销、市场反应速度等其他成本忽略不计

31. 企业物流主要是指（　　）物流。

A. 制造业　　　　　　B. 加工业

C. 流通业　　　　　　D. 服务业

32. 中华人民共和国国家标准《物流术语》于（　　）
开始实施。

A. 2001年7月1日　　B. 2001年8月1日

C. 2002年7月1日　　D. 2002年8月1日

33. 在物流系统中起缓冲、调节和平衡作用的物流
功能是（　　）。

A. 运输　　　　　　　B. 仓储

C. 装卸搬运　　　　　D. 流通加工

34. 根据（　　）的不同，企业物流可分为生产企业物
流和流通企业物流。

A. 企业性质　　　　　B. 物流活动主体

C. 运输方式　　　　　D. 空间范围

35. 物流信息系统可以划分为三个层次，其中不
包括（　　）。

A. 管理层　　　　　　B. 控制层

C. 决策层　　　　　　D. 作业层

36. 仓储企业是以储存业务为主要盈利手段的企
业，其主要的物流功能是（　　）。

A. 服务　　　　　　　B. 运输

C. 接运　　　　　　D. 储存保管

37. 产品生命周期由四个阶段组成，其中要有高度的产品可得性和物流的灵活性的是(　　)阶段。
   A. 研制　　　　　　B. 成长
   C. 成熟　　　　　　D. 衰退

38. 下列关于产品生命周期不同阶段物流目标的表述错误的是(　　)。
   A. 新产品研制阶段的物流是在充分提供物流服务与回避过度支出物流费用之间进行平衡
   B. 成长阶段物流活动的重点是不惜代价提供所需服务
   C. 成熟阶段的竞争状况增加了物流活动的复杂性和作业要求的灵活性
   D. 衰退阶段企业需要对物流活动进行定位，使风险处于最低限度

39. 在产品生命周期中，具有激烈竞争特点，物流活动变得具有高度选择性的阶段是(　　)。
   A. 研制阶段　　　　B. 成长阶段
   C. 成熟阶段　　　　D. 衰退阶段

40. 下列不属于企业采购管理特征的是(　　)。
   A. 从资源市场获取资源的过程
   B. 信息流、商流和物流相结合的过程
   C. 一种经济活动
   D. 促进产品开发

41. (　　)是实现企业经济利益最大化的基本利润源泉。
   A. 科学采购　　　　B. 减少库存
   C. 降低运费　　　　D. 提高价格

42. 企业采购管理的总目标可用一句话表述为：以最低的(　　)提供满足企业需要的物料和服务。
   A. 生产成本　　　　B. 总成本
   C. 价格　　　　　　D. 代价

43. 下列不属于企业采购管理目标的是(　　)。
   A. 确保生产经营的物资需要
   B. 降低存货投资和存货损失
   C. 保证并提高采购物品的质量
   D. 整合运输与配送

44. 最能反映一个单位管理水平高低的工作是(　　)。
   A. 制订采购计划　　B. 总结和评价
   C. 选择供应商　　　D. 进行采购谈判

45. 下列关于企业供应物流管理的表述错误的是(　　)。
   A. 企业供应物流是指企业生产所需的一切物料在供应企业与生产企业之间流动的一系列物流及其管理活动

B. 企业供应物流的基本任务是保证适时、适量、适价，以及齐备成套、经济合理地供应企业生产经营所需的各种物资
   C. 通过采购、交换等方式获得企业所需的物料，是实现供应物流正常运转的前提条件
   D. 企业供应物流的过程模式不同，导致基本流程不同

46. 企业物流活动的起始阶段是(　　)。
   A. 企业仓储管理　　B. 企业供应物流
   C. 企业生产物流　　D. 企业销售物流

47. 下列不属于企业供应物流的基本流程的是(　　)。
   A. 取得资源　　　　B. 跟踪订单
   C. 组织到厂物流　　D. 组织厂内物流

48. 生产物流运作的第一个目标就是要保证产品生产的连续性，体现生产物流的(　　)。
   A. 经济性　　　　　B. 效率性
   C. 系统性　　　　　D. 适应性

49. 企业生产物流的第一个环节是(　　)。
   A. 原材料的储存　　B. 原材料的采购
   C. 生产转换过程　　D. 产成品的储存

50. 将企业生产物流划分为大量生产、单件生产和成批生产三种类型的依据是(　　)。
   A. 生产专业化的程度
   B. 工艺过程的特点
   C. 生产方式
   D. 物料流经的区域

51. 服装定制生产属于(　　)。
   A. 单件小批量型生产
   B. 多品种小批量型生产
   C. 项目型生产
   D. 单一品种大批量型生产

52. 下列关于不同生产模式下的企业生产物流管理的表述错误的是(　　)。
   A. 作坊式手工生产模式下，个人的经验智慧和技术水平决定了企业生产物流管理的水平
   B. 大批量生产模式下，企业生产物流的管理建立在科学管理的基础之上
   C. 多品种小批量主产模式下，企业生产物流管理的模式有推动式和拉动式
   D. 在拉动式模式下，物流和信息流是完全分离的

53. 当生产和消费不可能完全同步时，比如粮食等产品，生产节奏有间隔而消费则是连续的，这时应发挥企业仓储管理的(　　)功能。
   A. 供需调节
   B. 价格调节

C. 调节货物运输能力

D. 配送和流通加工

54. 仓储业务的开始是( )。

　　A. 账务处理　　　　　B. 货物的验收

　　C. 货物保管业务　　　D. 货物入库业务

55. ( )是入库业务的最后一个环节，也是关键的一项内容。

　　A. 办理入库手续　　　B. 货物的入库

　　C. 货物的验收　　　　D. 货物的接运

56. 仓储业务的最后一个环节是( )。

　　A. 货物堆码　　　　　B. 货物检查

　　C. 货物盘点　　　　　D. 货物出库

57. 将库存分类为商品库存、制造业库存和其他库存的依据是( )。

　　A. 库存的经济用途

　　B. 库存处于生产过程中的不同阶段

　　C. 库存的周转周期

　　D. 库存存放的地点

58. 已经运到企业，并已验收入库的各种原材料、半成品或商品是( )。

　　A. 库存存货　　　　　B. 在途库存

　　C. 委托加工库存　　　D. 委托代销库存

59. 某一包装企业每年需消耗纸箱500 000个，每个纸箱的价格为20元，每个纸箱的保管费率为1%，单次订货成本为500元，订货提前期为10天，该企业每年的工作日为300天，则其两次订货之间的时间间隔为( )天。

　　A. 15　　　　　　　　B. 20

　　C. 30　　　　　　　　D. 60

60. 存在数量折扣的情况下，客户的目标是追求( )的订货量。

　　A. 运费最少　　　　　B. 总成本最小

　　C. 数量最多　　　　　D. 订货次数最少

二、多项选择题

1. 下列属于企业采购功能的是( )。

　　A. 生产成本控制功能

　　B. 生产供应控制功能

　　C. 调解市场规律功能

　　D. 调节供给需求功能

　　E. 促进产品开发功能

2. 下列目标中，属于企业采购管理基本目标的有( )。

　　A. 确保生产经营的物资需要

　　B. 增加存货投资和降低存货损失

　　C. 保证并提高采购物品的质量

D. 发现和发展有竞争力的供应商

E. 有效降低采购成本

3. 下列属于企业采购管理业务流程的是( )。

　　A. 跟踪订单　　　　　B. 选择供应商

　　C. 签发采购订单　　　D. 付款及评价

　　E. 售后服务

4. 下列关于企业生产物流的表述正确的是( )。

　　A. 企业生产物流是指伴随企业内部生产过程的物流活动

　　B. 企业生产物流管理的经济性目标是指有效控制物料损失，防止人员或设备的意外事故

　　C. 按照物料在生产工艺过程中的流动特点，企业生产物流可以分为连续型、离散型两种类型

　　D. 生产物流有三个主要环节，即原材料的储存、生产转换过程和产成品的储存

　　E. 企业在生产过程中进行生产物流的管理主要是为了实现生产物流运作的效率性和经济性

5. ( )决定着物流费用和成本的支出水平。

　　A. 搬运　　　　　　　B. 物料数量

　　C. 物料的流动方向　　D. 装卸

　　E. 物流质量

6. 按照物流流经的区域，可以把企业生产物流分为( )。

　　A. 工厂间物流　　　　B. 第三方物流

　　C. 企业自营物流　　　D. 工序间物流

　　E. 厂内物流

7. 单一品种大批量型生产物流的特征是( )。

　　A. 容易控制物料

　　B. 能准确制定物料的消耗定额

　　C. 容易控制采购物流

　　D. 提高劳动生产率

　　E. 降低生产成本

8. 精益生产模式下的企业生产物流管理的模式有( )。

　　A. 积极式　　　　　　B. 推进式

　　C. 消极式　　　　　　D. 拉动式

　　E. 直接式

9. 下列属于推进式下企业生产物流管理的特点的是( )。

　　A. 在管理手段上，大量运用计算机系统

　　B. 在生产物流的组织上，以物料为中心

　　C. 强调物流平衡，追求零库存

　　D. 在生产物流计划编制和控制上，围绕物料转化组织制造资源

　　E. 以最终用户的需求为生产起点

10. 下面选项中对于物流的描述正确的是(　　)。
　　A. 物流是指物品从供应地向接收地的实体流动过程
　　B. 物流是根据实际需要，将运输、储存、装卸、搬运、包装、流通加工、配送、信息处理等基本功能实施有机结合
　　C. 物流是在流通过程中创造价值、满足顾客及社会性需求
　　D. 物流的本质是流通
　　E. 以上都不对

11. 仓库分区分类的方法有(　　)。
　　A. 按照商品的形状和体积进行分区分类
　　B. 按商品种类和性质进行分区分类
　　C. 按商品的重量进行分区分类
　　D. 按不同货主的商品经营分工进行分区分类
　　E. 按照商品流转方式或发往地区进行分区分类

12. 货物常用的堆码方式有(　　)。
　　A. 散堆　　　　　　B. 集装箱
　　C. 货架　　　　　　D. 成组
　　E. 垛堆

13. 下列货物中，适宜采用散堆存放方式的是(　　)。
　　A. 散粮　　　　　　B. 矿砂
　　C. 海盐　　　　　　D. 医药品
　　E. 小百货

14. 出库业务的程序包括(　　)。
　　A. 审核仓单　　　　B. 收货付款
　　C. 配货备货　　　　D. 点付交接
　　E. 核对登账

15. 下面对于物流中装卸搬运的描述正确的是(　　)。
　　A. 装卸搬运是指在同一地域范围内进行的、以改变物的存放状态和空间位置为主要内容和目的的活动
　　B. 装卸搬运是伴随输送和保管而产生的必要的物流活动，但是和运输产生空间效用、保管产生时间效用不同，
　　C. 装卸、搬运发生次数频繁，作业内容复杂，为劳动密集型作业，它所消耗的费用在物流费用中也占有相当大的比重
　　D. 装卸搬运本身也产生价值
　　E. 以上都正确

16. 在经济订货批量模型中，我们做出的假定有(　　)。
　　A. 只涉及一种产品
　　B. 年需求量已知，而且在整个周期内是连续的

C. 一年之中的需求发生平滑，需求比例是一个合理的常数
D. 各批量单独运送接收
E. 货物脱销、市场反应速度等其他成本是已知的

17. 企业销售物流包括(　　)。
　　A. 订货处理　　　　B. 产成品库存
　　C. 发货运输　　　　D. 销售配送
　　E. 复核查对

18. 下列属于企业销售物流组织内容的有(　　)。
　　A. 产品包装　　　　B. 流通加工
　　C. 成品储存　　　　D. 产品发送
　　E. 信息处理

19. 对企业销售物流管理效果的评价可以从(　　)进行。
　　A. 库存　　　　　　B. 效率
　　C. 运输费用　　　　D. 成本
　　E. 综合绩效

20. 在设计企业销售物流综合绩效考评体系的过程中，不能违背的原则有(　　)。
　　A. 整体性原则　　　B. 系统性原则
　　C. 可比性原则　　　D. 经济性原则
　　E. 定量与定性相结合的原则

21. 流通加工的内容一般包括(　　)。
　　A. 袋装　　　　　　B. 拴牌子
　　C. 贴标签　　　　　D. 组装
　　E. 改装

22. 流通企业物流是指从事商品流通的企业和专门从事实物流通的企业的物流。具体包括的内容有(　　)。
　　A. 批发企业的物流　B. 零售企业的物流
　　C. 配送中心的物流　D. 工业生产企业物流
　　E. 农业生产企业物流

23. 根据物流活动的主体，物流可分为(　　)。
　　A. 批发企业物流　　B. 企业自营物流
　　C. 专业子公司物流　D. 第三方物流
　　E. 仓储企业物流

24. 物料的总成本包括(　　)。
　　A. 采购费　　　　　B. 运费
　　C. 库存保管费　　　D. 折旧费
　　E. 缺货损失

25. 企业采购管理的原则包括(　　)。
　　A. 适当的地点　　　B. 适当的品质
　　C. 适当的时间　　　D. 适当的价格
　　E. 适当的人员

26. 下列关于企业采购管理业务流程的表述正确

的有( )。

A. 合理的采购申请应建立在准确把握企业物料需求的基础上

B. 供应商的选择是采购职能中一项重要的内容

C. 许多公司里收货部门在验收货物这一环节上直接或间接地向采购部门负责

D. 向供应商结算采购物料的货款是会计部门的职责，无须由采购部门参与核算

E. 采购订单发给供应商以后，采购方要对订单进行跟踪催货

27. 企业生产物流管理的目标有( )。

A. 效率性目标　　　B. 经济性目标
C. 适应性目标　　　D. 组织性目标
E. 准时性目标

28. 项目型生产物流过程的特点有( )。

A. 物料凝固　　　B. 物料投入小
C. 物料投入大　　　D. 一次性生产
E. 生产的适应性强

29. 多品种大批量型生产把大批量与定制两个方面有机结合起来，实现了( )的有机结合。

A. 低成本　　　B. 客户的个性化
C. 高效率　　　D. 专业化生产
E. 大批量生产

30. 从生产方式的发展来看，依次出现了( )阶段。

A. 推进式模式　　　B. 作坊式生产
C. 大规模生产　　　D. 拉动式模式
E. 多品种小批量生产

31. 企业仓储管理的功能包括( )。

A. 供需调节功能
B. 价格调节功能
C. 调节货物运输能力
D. 配送和流通加工功能
E. 降低成本功能

32. 企业仓储管理的具体内容包括( )。

A. 仓库的选址与建筑问题
B. 仓库的机械作业的选择与配置问题
C. 仓库的业务管理问题
D. 仓库的库存管理问题
E. 仓库的人员配备问题

33. 企业仓储管理的主要任务有( )。

A. 加速资金周转　　　B. 合理储备材料
C. 降低物料成本　　　D. 保管仓储物资
E. 重视员工培训

34. 货物保管的主要原则有( )。

A. 质量第一原则　　　B. 科学合理原则
C. 效率原则　　　D. 及时原则
E. 预防为主原则

35. 货物的检查的内容主要包括( )。

A. 数量检查　　　B. 质量检查
C. 鼠害检查　　　D. 安全检查
E. 防盗检查

36. 库存可以按其经济用途分为( )。

A. 经常库存　　　B. 商品库存
C. 制造业库存　　　D. 其他库存
E. 安全库存

37. 销售物流的组织结构形式有( )。

A. 职能式组织结构形式
B. 产品式组织结构形式
C. 市场式组织结构形式
D. 卖场式组织结构形式
E. 地区式组织结构形式

38. 包装的功能有( )。

A. 防护功能　　　B. 仓储功能
C. 运输功能　　　D. 升值功能
E. 销售功能

39. 下列属于企业销售物流管理目标的有( )。

A. 在适当的交货期，准确地向顾客发送商品
B. 合理设置仓库和配送中心，保持合理的商品库存
C. 根据客户所需的服务特性来划分客户群
D. 维持合理的物流费用
E. 使订单到发货的情报流动畅通无阻

40. 销售物流总体绩效的考评的主要指标有( )。

A. 库存指标　　　B. 成本指标
C. 效率评价指标　　　D. 风险评价指标
E. 客户满意度评价指标

参考答案及解析

一、单项选择题

1.【答案】A
【解析】本题考查物流中的运输环节。运输是物流的中心环节之一，是物流最重要的功能。

2.【答案】A
【解析】按照物流活动的主体分类可以将企业物流分为企业自营物流、专业子公司物流和第三方物流，答案选A。

3.【答案】C
【解析】本题考查装卸搬运的含义。

4.【答案】D
　　【解析】本题考查物流中的物流信息环节。
5.【答案】D
　　【解析】本题考查包装用辅助材料——黏合剂、黏合带、捆扎材料。
6.【答案】C
　　【解析】本题考查配送中心物流的含义。
7.【答案】D
　　【解析】本题考查产品生命周期的衰退阶段。
8.【答案】B
　　【解析】本题考查产品生命周期。
9.【答案】D
　　【解析】本题考查企业采购的功能——生产成本控制功能、生产供应控制功能、产品质量控制功能、促进产品开发功能。
10.【答案】B
　　【解析】质量是产品的生命。
11.【答案】A
　　【解析】本题考查企业采购管理的原则。一般情况下，采购量越大，价格越便宜，但采购并不是越多越好。
12.【答案】B
　　【解析】本题考查企业采购最基本的目标——确保生产经营的物资需要。
13.【答案】C
　　【解析】本题考查企业采购管理的业务流程。企业采购管理的业务流程：提出采购申请、选择供应商、进行采购谈判、签发采购订单、跟踪订单、物料验收、付款及评价。
14.【答案】B
　　【解析】本题考查企业供应物流。
15.【答案】B
　　【解析】本题考查企业供应物流的基本流程。企业供应物流的基本流程由取得资源、组织到厂物流和组织厂内物流组成。
16.【答案】C
　　【解析】到厂物流的主要工作是运输。
17.【答案】B
　　【解析】本题考查企业生产物流的流程。
18.【答案】B
　　【解析】本题考查企业生产物流管理的经济性目标。
19.【答案】C
　　【解析】本题考查连续型生产物流。
20.【答案】D

　　【解析】本题考查企业生产物流的流程。
21.【答案】A
　　【解析】本题考查项目型生产物流的特征。项目型生产物流的特征之一是物料采购量大，供应商多变，外部物流较难控制。
22.【答案】D
　　【解析】本题考查精益生产模式下推进式生产物流管理模式的特点。选项ABC属于拉动式生产物流管理的特点。
23.【答案】B
　　【解析】本题考查企业仓储管理的功能。
24.【答案】A
　　【解析】本题考查货物入库的收货准备环节的具体工作。货物入库前的准备工作主要包括：编制仓储计划，做好入库准备；安排仓容，确定堆放位置；合理组织人力、装卸机具；准备验收设备，保证货物验收；备货相关需要的其他用品。
25.【答案】A
　　【解析】按商品种类和性质进行分区分类，这是大多数仓库普遍采用的货物储存的方法。
26.【答案】B
　　【解析】本题考查成组工具。常见的成组工具有托盘、网绳等。
27.【答案】B
　　【解析】本题考查堆码方式之一：货架。
28.【答案】D
　　【解析】本题考查安全库存的概念。
29.【答案】C
　　【解析】本题考查季节性库存。
30.【答案】B
　　【解析】本题考查经济订货批量模型的假设条件。在经济订货批量模型中，假设年需求量已知，而且在整个周期内是连续的。
31.【答案】A
　　【解析】本题考查企业物流，企业物流主要是指制造业务流。
32.【答案】B
　　【解析】本题考查《物流术语》的实施时间——2001年8月1日。
33.【答案】B
　　【解析】本题考查物流中的仓储环节。仓储(保管)在物流系统中起着缓冲、调节和平衡的作用。
34.【答案】A
　　【解析】本题考查企业物流的类型。

35.【答案】C
【解析】本题考查物流信息系统的三个层次，即管理层、控制层和作业层。

36.【答案】D
【解析】仓储企业是以储存业务为主要盈利手段的企业。仓储企业的物流是以接运、入库、保管保养、发运或运输为流动过程的物流活动，其中储存保管是其主要的物流功能。

37.【答案】A
【解析】本题考查产品生命周期的研制阶段。

38.【答案】B
【解析】本题考查产品生命周期不同阶段的物流目标。成长阶段物流活动的重点从不惜代价提供所需服务转变为平衡的服务和成本绩效。

39.【答案】C
【解析】本题考查产品生命周期的成熟阶段。

40.【答案】D
【解析】本题考查企业采购管理的特征，共三点，即选项ABC。

41.【答案】A
【解析】本题考查企业采购管理。

42.【答案】B
【解析】企业采购管理的总目标可用一句话表述为：以最低的总成本提供满足企业需要的物料和服务。

43.【答案】D
【解析】本题考查企业采购管理的目标。企业采购管理的目标有：确保生产经营的物资需要；降低存货投资和存货损失；保证并提高采购物品的质量；发现和发展有竞争力的供应商；改善企业内部与外部的工作关系；有效降低采购成本。

44.【答案】B
【解析】最能反映一个单位管理水平高低的工作是总结和评价。

45.【答案】D
【解析】本题考查企业供应物流的管理。企业供应物流的过程尽管在模式上不同，但基本流程是相同的，一般由取得资源、组织到厂物流、组织厂内物流三个阶段组成。

46.【答案】B
【解析】本题考查企业供应物流。企业供应物流是企业物流活动的起始阶段。

47.【答案】B
【解析】本题考查企业供应物流的基本流程。

企业供应物流的基本流程由取得资源、组织到厂物流和组织厂内物流组成。

48.【答案】B
【解析】本题考查企业生产物流管理的目标。生产物流运作的第一个目标就是要保证产品生产的连续性，体现生产物流的效率性。

49.【答案】A
【解析】本题考查企业生产物流的主要环节。企业生产物流的主要环节，即原材料的储存、生产转换过程和产成品的储存。

50.【答案】A
【解析】本题考查企业生产物流的类型。按照生产专业化的程度，可以将企业生产物流划分为大量生产、单件生产和成批生产三种类型。

51.【答案】A
【解析】本题考查单件小批量型生产。

52.【答案】D
【解析】本题考查不同生产模式下的企业生产物流的管理。在推进式模式下，物流和信息流是完全分离的。

53.【答案】A
【解析】本题考查企业仓储管理的供需调节功能。

54.【答案】D
【解析】货物入库业务是仓储业务的开始。

55.【答案】A
【解析】本题考查入库业务。

56.【答案】D
【解析】本题考查出库业务。

57.【答案】A
【解析】本题考查库存的分类。库存可以按其经济用途分为商品库存、制造业库存和其他库存。

58.【答案】A
【解析】本题考查按存放地点分类的库存。

59.【答案】C
【解析】本题考查两次订货之间的时间间隔。

60.【答案】B
【解析】本题考查数量折扣下的经济订货量。

二、多项选择题

1.【答案】ABE
【解析】本题考查企业采购的功能。

2.【答案】ACDE
【解析】本题考查企业采购管理的基本目标。选项B的正确表述是降低存货投资和存货损失。

3.【答案】ABCD
【解析】本题考查企业采购管理的业务流程。企业采购管理的业务流程：提出采购申请、选择供应商、进行采购谈判、签发采购订单、跟踪订单、物料验收、付款及评价。

4.【答案】ACDE

【解析】本题考查企业生产物流的相关内容。企业生产物流管理的适应性目标是指有效控制物料损失，防止人员或设备的意外事故，B选项错误。

5.【答案】AD

【解析】装卸、搬运不仅发生次数频繁，而且作业内容复杂，又是劳动密集型的作业，它所消耗的费用在物流费用中占有相当大的比重。

6.【答案】AD

【解析】本题考查物流流经的区域。

7.【答案】ABCD

【解析】本题考查单一品种大批量型生产物流的特征。

8.【答案】BD

【解析】本题考查企业生产物流管理的模式。精益生产模式下的企业生产物流管理有两种模式：推进式和拉动式。

9.【答案】ABD

【解析】本题考查推进式下企业生产物流管理的特点。

10.【答案】ABC

【解析】物流是指物品从供应地向接收地的实体流动过程。根据实际需要，将运输、储存、装卸、搬运、包装、流通加工、配送、信息处理等基本功能实施有机结合。物流是一个物品的实体流动过程，在流通过程中创造价值、满足顾客及社会性需求，也就是说物流的本质是服务。因此选项D错误，答案选ABC。

11.【答案】BDE

【解析】本题考查仓库分区分类的方法。

12.【答案】ACDE

【解析】本题考查货物的堆码方式。

13.【答案】ABC

【解析】本题考查散堆存放方式。选项DE适宜采用货架方式存放。

14.【答案】ACDE

【解析】本题考查出库业务的程序。

15.【答案】ABC

【解析】装卸搬运是指在同一地域范围内进行的、以改变物的存放状态和空间位置为主要内容和目的的活动。装卸搬运是伴随输送和保管

而产生的必要的物流活动，但是和运输产生空间效用、保管产生时间效用不同，它本身不产生任何价值。装卸、搬运发生次数频繁，作业内容复杂，为劳动密集型作业，它所消耗的费用在物流费用中也占有相当大的比重。因此选项D错误，正确答案选ABC。

16.【答案】ABCD

【解析】本题考查经济订货批量模型的假定。

17.【答案】ABCD

【解析】本题考查企业销售物流的特征。

18.【答案】ACDE

【解析】本题考查企业销售物流的组织内容。企业销售物流的组织内容主要包括产品包装、成品储存、销售渠道选择、产品发送、信息处理等。

19.【答案】BDE

【解析】本题考查对企业销售物流管理效果的评价。

20.【答案】ACDE

【解析】本题考查建立销售物流综合绩效考评体系的原则。建立销售物流综合绩效考评体系的原则有：整体性原则、可比性原则、经济性原则、定量与定性相结合的原则。

21.【答案】ABC

【解析】本题考查流通加工的内容。

22.【答案】ABC

【解析】本题考查流通企业物流的内容。选项DE属于生产企业物流。

23.【答案】BCD

【解析】本题考查企业物流的类型。

24.【答案】ACE

【解析】本题考查物料总成本的相关内容。物料总成本包括采购费、库存保管费、缺货损失等。

25.【答案】ABCD

【解析】本题考查企业采购管理的基本原则——在合适的时间，以合适的价格从合适的地点采购合适的数量和合适的品质的物料与服务。

26.【答案】ABCE

【解析】本题考查企业采购管理的业务流程。尽管付款是会计部门的职责，但向供应商结算采购物料的货款时必须由采购部门参与核算。

27.【答案】ABC

【解析】本题考查企业生产物流管理的目标。企业生产物流管理的目标有效率性、经济性、

适应性目标。

28.【答案】ACDE

【解析】本题考查项目型生产物流过程的特点——物料凝固、物料投入大、一次性生产、生产的适应性强。

29.【答案】BE

【解析】本题考查多品种大批量型生产过程的特点。

30.【答案】BCE

【解析】本题考查不同生产模式下的企业生产物流管理。

31.【答案】ABCD

【解析】本题考查企业仓储管理的功能——供需调节功能、价格调节功能、调节货物运输能力功能、配送和流通加工功能。

32.【答案】ABCD

【解析】本题考查企业仓储管理的内容，共四项，即选项ABCD。企业仓储管理的主要内容是对仓库和仓库中储存的物资进行管理，所以选项E不选。

33.【答案】BCDE

【解析】本题考查企业仓储管理的主要任务。企业仓储管理的主要任务有：仓储设施规划和利用；保管储备材料；合理储备材料；降低物料成本；重视员工培训，提高员工业务水平；确保仓储物资的安全。

34.【答案】ABCE

【解析】本题考查货物保管的主要原则——质量第一原则、科学合理原则、效率原则、预防为主原则。

35.【答案】ABD

【解析】本题考查货物的检查。

36.【答案】BCD

【解析】本题考查库存的类型。库存可以按其经济用途分为商品库存、制造业库存和其他库存。

37.【答案】ABCE

【解析】本题考查企业销售物流的组织结构形式。

38.【答案】ABCE

【解析】包装具有防护功能、仓储功能、运输功能、销售功能和使用功能，是组织销售不可缺少的一个环节。

39.【答案】ABDE

【解析】本题考查企业销售物流管理的目标。选项C是企业销售物流管理的原则。

40.【答案】BCDE

【解析】本题考查企业销售物流总体绩效考评的指标。

第六章 技术创新管理

　　本章的主要内容为技术创新的含义、类型与过程，技术创新组织与管理，技术转移与技术交易，技术创新与知识产权管理等专业知识。

　　从近三年的考试情况来看，本章主要考查技术创新的分类、过程与模式，技术创新战略、技术创新决策的评估方法，企业技术创新的内外部组织模式，技术贸易与知识产权管理等。考查形式以单项选择题、多项选择题为主，单选题一般为7～8道，多选题3道，平均分值是14分。

本章重要考点分析

　　本章涉及多个重要考点，其中技术创新的分类、过程与模式，技术创新战略、技术创新决策的评估方法，企业技术创新的内外部组织模式，技术贸易与知识产权管理等是考查的重点，在往年的考试中以单项选择题和多项选择题的形式多次出现，需要重点掌握，如图6-1所示。

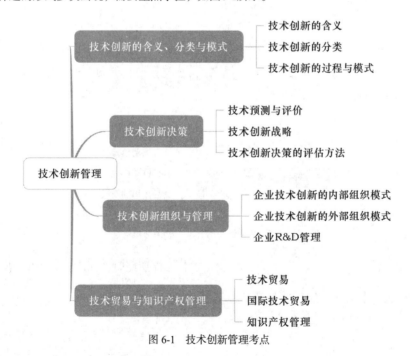

图6-1 技术创新管理考点

本章近三年题型及分值总结

　　由于本章知识点多为概念、定义、性质，因此近三年出现的题型以单项选择题和多项选择题为主。本章的题型及分值如表6-1所示。

表 6-1　技术创新管理题型及分值

年　份	单项选择题	多项选择题	案例分析题
2014年	7题	3题	2题
2013年	8题	3题	4题
2012年	8题	3题	0题

第一节　技术创新的含义、分类与模式

技术创新是指企业家抓住市场潜在盈利机会，以获取经济利益为目的，重组生产条件和要素，不断研制推出新产品、新工艺、新技术，以获得市场认同的一个综合性过程。

思维导图

本节涉及多个知识点和概念，如图6-2所示。

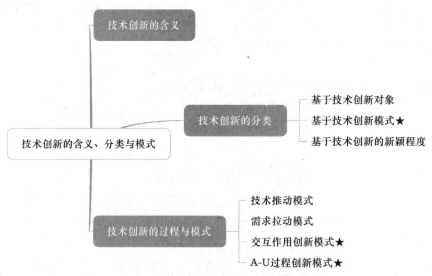

图 6-2　技术创新的含义、分类与模式

知识点测试

【2014年单选题】当产品处于生命周期的( )阶段时，产品销量剧增，物流活动以成本绩效为重点。

A. 研制　　　　　　　B. 成长

C. 成熟　　　　　　　D. 分销

【答案】B

【解析】在产品生命周期的成长阶段，销售量剧增，物流活动的重点从不惜代价提供所需服务转变为平衡的服务和成本绩效。

【2014年单选题】某公司拓展手机的功能，作为新型手机推向市场，这种创新属于( )。

A. 原始创新　　　　　B. 集成创新

C. 根本性创新　　　　D. 产品创新

【答案】D

【解析】产品创新至今还没有一个严格而统一的定义。经济合作与发展组织的界定是：为了给产品用户提供新的或更好的服务而发生的产品技术变化。根据美国西北大学科特勒博士的观点，现代产品实际上包括核心、形式、附加三个层次，它们构成了产品整体。因此，产品创新是建立在产品整体概念基础上以市场为导向的系统工程，是功能创新、形式创新、服务创新多维交织的组合创新。

【2014年单选题】2006年我国颁布的《国家中长期科学和技术规划纲要》明确提出，国家创新体系的主导是(　　)。

A. 政府　　　　　　B. 企业
C. 市场　　　　　　D. 社会

【答案】C

【解析】2006年我国颁布的《国家中长期科学和技术规划纲要》明确提出，国家创新体系的主导是市场。我国国家创新体系的组织安排应包括六个系统和四个基础平台。六个系统是：以政府为主导的管理调控体系；以企业为主体，产学研互动的技术创新体系；以科研机构和大学为主体的科学创新体系；以各种中介机构为纽带的科技服务体系；军民结合的科技创新体系；具有地域特色的区域创新体系。四个基础是：科技信息、公共数据、技术交互与军民共享的平台基础，适应创新发展的人才基础，有利于创新的政策法规基础，激发创新活力的文化基础。

【2011年多选题】按照创新模式的不同，可以将技术创新分为(　　)。

A. 原始创新　　　　B. 产品创新
C. 集成创新　　　　D. 工艺创新
E. 引进消化吸收再创新

【答案】ACE

【解析】按照创新模式的不同，可以将技术创新分为原始创新、集成创新、引进消化吸收再创新。

【2012年单选题】集中在基础科学和前沿技术领域的创新主要是(　　)。

A. 原始创新
B. 集成创新
C. 技术引进
D. 引进、消化吸收再创新

【答案】A

【解析】原始创新活动主要集中在基础科学和前沿技术领域。原始创新是为未来发展奠定坚实基础的创新，其本质属性是原创性和第一性。

【2010年单选题】技术推动型创新模式的特征是(　　)。

A. 创新周期更长
B. 研究开发投入越多，所产生的创新越多
C. 创新难度更大
D. 经济效益更好

【答案】B

【解析】投入越多的技术研发等于可以获得更

大的市场占有率，B选项正确。

【2011年单选题】(　　)是指由公共机构和私有机构组成的网络系统，强调系统中各行为主体的制度安排及相互作用。

A. 技术推动的创新　B. 一体化创新过程模型
C. 需求拉动的创新　D. 国家创新

【答案】D

【解析】这里考查的是国家创新的概念。

【例题　多选题】技术创新的一体化主要体现在(　　)。

A. 在企业外部，即产、学、研形成一体化，实现优势互补，保证技术开发的顺利进行
B. 在企业内部，即技术开发部门与生产现场及质量管理和销售部门形成一体化
C. 国际性、地区性机构的作用及国家间的技术创新合作趋势正逐渐加强
D. 技术开发机构的多国籍化
E. 跨国公司技术开发或技术创新的崛起

【答案】AB

【解析】一体化主要体现在：一是在企业外部，即产、学、研形成一体化，实现优势互补，保证技术开发的顺利进行；二是在企业内部，即技术开发部门与生产现场及质量管理和销售部门形成一体化。

【例题　多选题】基于技术创新的新颖程度可以把技术创新分为(　　)。

A. 渐进性创新　　　B. 根本性创新
C. 原始创新　　　　D. 集成创新
E. 技术引进

【答案】AB

【解析】基于技术创新的新颖程度可以把技术创新分为渐进性创新和根本性创新。

第二节　技术创新决策

技术创新是一个国家、地区或者组织在正确分析自身内部条件和外部环境的基础上，所确立的技术创新的总体目标与做出的重点部署，目的是获得竞争优势。技术创新具有全局性、长期性、层次性、风险性的特点。

思维导图

本节涉及多个知识点和概念，如图6-3所示。

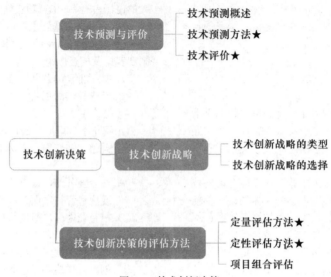

图 6-3　技术创新决策

📖 知识点测试

【2014年多选题】下列技术评价指标中，可用于评价技术的社会效益的有(　　)。

A. 就业效果　　　　B. 环境效果

C. 技术扩散效果　　D. 技术的先进性

E. 技术的投资收益

【答案】ABC

【解析】企业应当承担一定的社会义务；政府和公民也对企业承担社会责任产生一定的压力；同时，企业对社会的贡献也是获得政府和社会支持的重要条件。因此，企业对技术产生的社会效益也应予以重视。技术的社会效益可以从就业、环境、基础设施利用、技术扩散等方面来评价。

【例题　单选题】技术预测是指对技术发展趋势、技术发明和技术应用的预计和推测。对于一项比较完善的技术预测来说，要回答的问题不包括(　　)。

A. 预测时间　　　　B. 预测范围

C. 预测成本　　　　D. 估计发生概率

【答案】C

【解析】技术预测是指对技术发展趋势、技术发明和技术应用的预计和推测。对于一项比较完善的技术预测来说，要回答四个方面的问题：预测时间、预测范围、预测性能、估计发生概率。

【例题　多选题】影响技术预测的主要因素有(　　)。

A. 技术开发投资　　B. 数据的可得性

C. 数据的精度　　　D. 人员的到位情况

E. 拟开发技术的变量个数

【答案】ABCE

【解析】本题考查影响技术预测的主要因素，主要包括：

(1) 技术开发投资；

(2) 数据的可得性；

(3) 数据的精度；

(4) 技术开发能否成功的不确定性；

(5) 拟开发技术的变量个数；

(6) 影响技术开发的变量个数。

【例题　多选题】技术评价的原则主要有(　　)。

A. 系统性原则　　　B. 需要性原则

C. 预测性原则　　　D. 可行性原则

E. 固定性原则

【答案】ABCD

【解析】技术评价的原则主要有系统性原则、需要性原则、预测性原则、可行性原则、动态性原则。

【例题　多选题】技术评价的方法主要有(　　)。

A. 定量分析方法　　B. 定性分析方法

C. 半定量方法　　　D. 半定性方法

E. 随机评价方法

【答案】ABC

【解析】技术评价的方法中没有半定性方法，排除D，选项E错误，也排除，答案选ABC。

【例题　单选题】技术评价中财务效益评价不包括(　　)。

A. 净现值　　　　　B. 资金占用

C. 销售收入　　　　D. 企业信誉

【答案】D

【解析】技术评价中财务效益评价包括：资金占用、销售收入、投资收益率、净现值等，企业信誉属于战略效益评价的内容，因此答案选D。

【例题　单选题】技术评价的方法中，主要用于弱结构性问题的方法有(　　)。

A. 定性分析方法　　B. 定量分析方法

C. 半定量方法　　　D. 半定性方法

【答案】C

【解析】技术评价的方法中，半定量方法主要用于弱结构性问题。

【例题　多选题】(　　)是技术创新战略中两种最基本的战略模式。

A. 定性分析方法　　B. 定量分析方法

C. 半定量方法　　　D. 市场领先

E. 市场跟随

【答案】DE

【解析】本题考查技术创新战略中两种最基本的战略模式，市场领先与市场跟随是技术创新战略中两种最基本的战略模式，在战略选择中具有代表性，也具有重要的地位。

【例题　多选题】某些领域我国研究机构和企业已在技术上处于领先地位，我国企业采取领先战略时应该注意(　　)。

A. 技术领先

B. 后续及持续开发能力是否能支持领先地位的保持

C. 配套技术能否支持

D. 资金、营销、生产能力与组织能力能否支持

E. 研发人员素质领先

【答案】ABCD

【解析】与发达国家相比，我国产业和企业处于劣势地位，因此在大多数情况下都选择跟随战略。但某些领域我国研究机构和企业已在技术上处于领先地位，特别是可以利用本土特色的优势，也有可能采取领先战略。我国企业采取领先战略除了在技术上的领先地位以外，还应注意以下问题：第一，后续及持续开发能力是否能支持领先地位的保持；第二，配套技术能否支持；第三，资金、营

销、生产能力与组织能力能否支持。

【例题　单选题】在技术创新决策的评估方法中，(　　)是通过判断项目净现值的正负来决定投资项目的取舍。

A. 折现现金流　　　B. 风险分析法

C. 轮廓图法　　　　D. 检查清单法

【答案】A

【解析】本题考查技术创新决策的评估方法，在投资项目评估中最常用的一种方法就是利用折现现金流计算投资项目的净现值，通过判断项目净现值的正负来决定投资项目的取舍。

【例题　多选题】技术创新决策的定性评估方法有(　　)。

A. 轮廓图法

B. 检查清单法

C. 评分法

D. 动态排序列表法

E. 折现现金流法

【答案】ABCD

【解析】技术创新决策的定性评估方法有轮廓图法、检查清单法、评分法、动态排序列表法。选项E是定量评估方法。

【例题　多选题】技术创新决策的定性评估方法中，评分法又称为多属性分析，是对多个定性指标进行比较、判断、评价和排序的方法，主要内容有(　　)。

A. 确定影响项目成败的关键因素或评价标准

B. 根据评价标准的相对重要性，确定每个关键因素或标准的权重，权重总和为1

C. 综合专家意见对项目的各个因素进行评分

D. 计算项目所有因素的加权评分结果

E. 判断项目净现值的正负

【答案】ABCD

【解析】技术创新决策的定性评估方法中，评分法主要内容有：(1)确定影响项目成败的关键因素或评价标准；(2)根据评价标准的相对重要性，确定每个关键因素或标准的权重，权重总和为1；(3)综合专家意见对项目的各个因素进行评分，并计算项目所有因素的加权评分结果。

【例题　多选题】技术创新决策的定性评估方法中，评分法的缺点在于(　　)。

A. 权重的确定比较容易和灵活

B. 结果算出的综合指标的实际意义不明确

C. 不能提供和比较不同结果出现的可能性

D.不同的因素或评判标准之间可能具有较强的相关性，互相不独立，因而导致对同一方面因素的重复考虑

E.权重确定或评分过程中的主观性较大

【答案】BCDE

【解析】本题考查评分法的缺点。评分法的缺点有：(1)结果算出的综合指标的实际意义不明确；(2)不能提供和比较不同结果出现的可能性；(3)不同的因素或评判标准之间可能具有较强的相关性，互相不独立，因而导致对同一方面因素的重复考虑；(4)权重确定或评分过程中的主观性较大。

第三节　技术创新组织与管理

技术创新组织与管理主要包括企业技术创新的内部组织模式、企业技术创新的外部组织模式、企业R&D管理等内容。

思维导图

本节涉及多个知识点和概念，如图6-4所示。

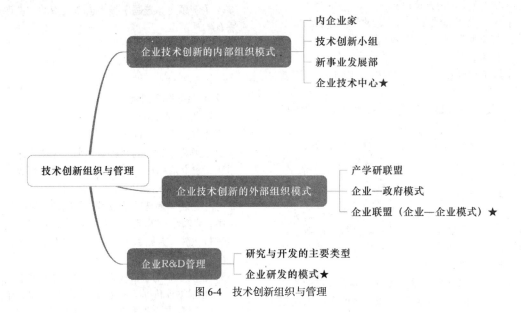

图6-4　技术创新组织与管理

知识点测试

【2014年单选题】某企业为开发新产品，从市场部、生产部、研发中心等部门调集人员，组成产品开发部，这种组织属于(　　)。

A.内企业率　　　　B.技术创新小组

C.新事业发展部　　D.企业技术中心

【答案】B

【解析】技术创新小组产生于第二次世界大战期间。目前技术创新小组日益成为企业技术创新活动不可或缺的有机组成部分，在企业技术创新活动中扮演着十分重要的角色，甚至起着核心作用。所谓技术创新小组，是指为完成某一创新项目临时从各部门抽调若干专业人员而成立的一种创新组织。

【2014年单选题】由盟主负责协调和冲突仲裁的企业联盟模式是(　　)。

A.平行模式　　　　B.扁平模式

C.联邦模式　　　　D.星形模式

【答案】D

【解析】一般而言，企业联盟的组织运行模式有星形模式、平行模式和联邦模式三种类型。星形模式是由盟主负责协调和冲突仲裁。

【2011年多选题】在企业内部的技术创新组织模式中，下列(　　)属于技术创新小组所具有的特点。

A.拥有很大的决策权，只接受企业最高主管的领导

B.开放性组织，小组成员随着技术项目的需要增加或减少

C.针对复杂的技术创新项目中的技术难题或较简单小型的技术项目而成立

D. 可由企业研究开发、生产、营销和财务等部门的人员组成

E. 开展将科技成果转化为生产技术和商品的中间试验

【答案】BCD

【解析】本题考查的是技术创新小组的特点。

【2012年单选题】企业联盟有若干组织运行模式，适用于快速开发高新技术产品的模式是( )。

A. 星形模式　　B. 链形模式

C. 平行模式　　D. 联邦模式

【答案】D

【解析】本题考核企业联盟的组织运行模式。一般而言，企业联盟的组织运行模式有星形模式、平行模式和联邦模式三种类型。联邦模式可用于高新技术的快速联合开发；垂直供应链型的企业适宜采用星形模式；平行模式则适用于某一市场机会的产品联合开发及长远战略合作。

【2012年多选题】企业联盟作为企业外部技术创新组织的一种模式，其特点有( )。

A. 组织的刚性　　B. 结构的扁平性

C. 组织的柔性　　D. 联盟的永久性

E. 连接的虚拟性

【答案】BCE

【解析】企业联盟的主要特点有：(1)目标产品性(以产品创新为目标)；(2)优势性(集中各个企业在新产品开发中的部分优势)；(3)动态性(临时性)；(4)连接的虚拟性(建立在某种共同协定基础上的由潜在合作伙伴组成的无边界性的技术创新集合体)；(5)组织的柔性(要求灵活性与多样性的统一，要求具有创新和弹性机制)；(6)结构的扁平性。

【例题　多选题】内企业家与企业家不同的地方体现在( )。

A. 内企业家的活动局限在企业内部

B. 内企业家不能自主决策

C. 进行任何活动之前，内企业家必须征得所在企业的认同和许可

D. 内企业家实际上是外聘的专家

E. 内企业家就是正在崛起中的企业家

【答案】ABC

【解析】本题考查内企业家的特点及其与企业家不同的地方。企业家与内企业家的根本不同在于：内企业家的活动局限在企业内部，其行动受到企业的规定、政策和制度以及其他因素的限制。内企业家不能像企业家那样自主决策，选择自己认为有价值的机会。在进行任何创业活动之前，内企

业家必须征得所在企业的认同和许可。内企业家是指企业为了鼓励创新，允许自己的员工在一定限度的时间内离开本岗位工作，从事自己感兴趣的创新活动，并且可以利用企业的现有条件，如资金、设备等。由于这些员工的创新行为颇具企业家的特征，但是创新的风险和收益均在所在企业内，因此称这些从事创新活动的员工为"内企业家"，由内企业家创建的企业称为"内企业"。

【例题　多选题】下列选项中有关技术创新小组的描述正确的是( )。

A. 创新小组是针对复杂的技术创新项目中的技术难题或较简单小型的技术项目而成立

B. 创新小组可由企业研究开发、生产、营销和财务等部门人员组成

C. 创新小组成员既要接受原部门的领导，又要接受技术创新小组领导的管理

D. 技术创新小组成员之间有着严格的上下级关系

E. 创新小组具有明确的创新目标和任务

【答案】ABCE

【解析】本题考查技术创新小组的特点。创新小组是针对复杂的技术创新项目中的技术难题或较简单小型的技术项目而成立；创新小组可由企业研究开发、生产、营销和财务等部门人员组成；技术创新小组是一个开放性组织；创新小组具有明确的创新目标和任务；创新小组成员既要接受原部门的领导，又要接受技术创新小组领导的管理；技术创新小组成员之间不存在严格意义上的上下级关系。

【例题　多选题】产学研联盟的主要模式有( )。

A. 校内产学研合作模式

B. 双向联合体合作模式

C. 多向联合体合作模式

D. 中介协调性合作模式

E. 单一模式

【答案】ABCD

【解析】产学研联盟的主要模式有校内产学研合作模式、双向联合体合作模式、多向联合体合作模式、中介协调性合作模式。

第四节　技术贸易与知识产权管理

技术贸易是指技术供需双方对技术所有权、使

用权和收益权进行转移的契约行为。技术合同是当事人就技术开发、转让、咨询或者服务订立的确立相互之间权利和义务的合同。技术合同实际上是知识形态商品生产和交换的法律形式。它是法律主体就科学研究和技术开发项目，科技成果推广、应用和咨询服务项目所达成的设立、变更、终止民事权利义务关系的协议。

知识产权，是指人们对其智力劳动成果所享有的民事权利。知识产权的法律法规主要由《中华人民共和国专利法》、《中华人民共和国商标法》、《中华人民共和国著作权法》、《中华人民共和国反不正当竞争法》、《中华人民共和国合同法》等构成，由于各专门法基本功能不同，保护的知识产权客体也不同，对高新技术保护的效果和方式具有明显的差异，因而，企业必须确定采用何种法律法规保护自己的知识产权。

思维导图

本节涉及多个知识点和概念，如图6-5所示。

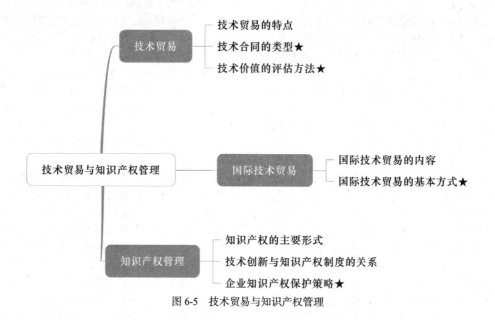

图 6-5　技术贸易与知识产权管理

知识点测试

【2014年单选题】甲企业与某研究中心签订合同，委托该研究中心就一项技术进行可行性论证，双方签订的合同属于(　　)。

　　A. 技术咨询合同　　　　B. 技术转让合同
　　C. 委托开发合同　　　　D. 合作开发合同
　　【答案】A
　　【解析】技术咨询合同是一方当事人(受托方)为另一方(委托方)就特定技术项目提供可行性论证、技术预测、专题技术调查、分析评价所订立的合同。其最主要的特点就在于其履行的结果具有不确定性。

【2014年多选题】在世界贸易组织的与贸易有关的知识产权协议中列举的知识产权包括(　　)。

　　A. 商标权

　　B. 专利权
　　C. 工业设计权
　　D. 未披露过的信息专有权
　　【答案】ABCD
　　【解析】知识产权，是指的人们对其智力劳动成果所享有的民事权利。传统的知识产权可分为工业产权和著作权两类。在世界贸易组织的与贸易有关的知识产权协议中列举的知识产权包括版权和相关权利、商标、地理标识、工业设计、专利、集成电路布图设计和未披露信息等。

【2010年单选题】当事人之间就新技术、新产品、新工艺或者新材料机器系统的研究开发所订立的合同是(　　)。

　　A. 技术开发合同　　　　B. 技术转让合同
　　C. 技术咨询合同　　　　D. 技术服务合同
　　【答案】A

【解析】技术转让合同是指合同一方当事人将一定的技术成果交给另一方当事人，而另一方当事人接受这一成果并为此支付约定的价款或费用的合同，B选项不选。技术咨询合同是一方当事人(受托方)为另一方(委托方)就特定技术项目提供可行性论证、技术预测、专题技术调查、分析评价所订立的合同，C选项不选。技术服务合同包括技术服务合同、技术培训合同、技术中介合同，D选项不选。

【例题　多选题】知识产权的保护策略主要有(　　)。

A.考虑取得技术权利的排他性程度
B.考虑知识产权费用的因素
C.考虑知识产权的保护期限
D.考虑知识产权的风险因素
E.考虑知识产权的类型

【答案】ABCD

【解析】本题考查知识产权的保护策略。企业在寻求知识产权保护时，力图在最佳的排他性、费用、保护期、风险决策基础上，采用最佳方案，以加大知识产权的保护力度。

【例题　单选题】知识产权的组成部分中，排他性最强的是(　　)。

A.专利法
B.著作权法
C.技术秘密保护法
D.合同法

【答案】A

【解析】本题考查知识产权。专利法的排他性最强。

【例题　多选题】下列描述中，对于技术创新与知识产权制度的关系表述正确的是(　　)。

A.技术创新促成了知识产权制度的产生
B.技术创新推动了知识产权制度的发展
C.知识产权制度的本质是把智力成果当作财产来保护
D.受知识产权制度保护的内容也可以免费与他人共享
E.知识产权制度为技术创新提供了一种内在的动力机制和一个外部的公平竞争法律环境

【答案】ABCE

【解析】本题考查知识产权与技术创新的关系。首先，技术创新促成了知识产权制度的产生；其次，技术创新也推动了知识产权制度的发展。知识产权制度的本质是把智力成果当作财产来保护，以国家法律形式赋予知识产品所有者或创造者在一定期限内对知识产品排他的专有独占权，独享此成果的经济效益。知识产权制度为技术创新提供了一种内在的动力机制和一个外部的公平竞争法律环境，对促进技术创新具有重要作用。

考题预测及强化训练

一、单项选择题

1.特许专营的被特许方与特许方之间是一种(　　)。
A.联盟关系　　　　B.买卖关系
C.委托代理关系　　D.母子公司关系

2.新产品的图纸、说明书是在(　　)阶段产出的可度量成果。
A.基础研究　　　　B.发明
C.开发　　　　　　D.创新

3.在研究、发明、开发和创新活动中，专利申请、论文、报告是在(　　)阶段产出的可度量成果。
A.基础研究　　　　B.发明
C.开发　　　　　　D.创新

4.工厂企业开发部门从事发展性开发属于短期创新，一般需要(　　)年。
A.2~3　　　　　　B.5
C.6　　　　　　　D.8~10

5.由收音机发展到组合音响的技术创新属于(　　)。
A.渐进(改进)的产品创新
B.渐进的工艺创新
C.重大的产品创新
D.重大的工艺创新

6.由火柴盒包装箱发展起来的集装箱是(　　)。
A.产品创新
B.工艺创新
C.资本节约型技术创新
D.劳动节约型技术创新

7.企业创新的经验表明，企业创新的核心活动是(　　)。
A.管理创新　　　　B.制度创新
C.产品创新　　　　D.工艺创新

8.工艺创新，也称为(　　)，是指产品的生产技术变革。
A.原始创新　　　　B.集成创新
C.过程创新　　　　D.管理创新

9.在产品随生命周期的成长变化中，产品创新和工艺创新频率的变化规律是(　　)。

A. 产品创新频率由低到高递增，工艺创新频率呈谷状延伸

B. 产品创新频率由高到低递减，工艺创新频率呈峰状延伸

C. 产品创新频率呈峰状延伸，工艺创新频率由高到低递减

D. 产品创新频率呈谷状延伸，工艺创新频率由低到高递增

10. 集中在基础科学和前沿技术领域的创新主要是( )。

A. 原始创新

B. 集成创新

C. 技术引进

D. 引进、消化吸收再创新

11. 最常见、最基本的创新形式是( )。

A. 产品创新

B. 引进消化吸收再创新

C. 原始创新

D. 集成创新

12. ( )为科技创新提供动力源泉。

A. 产品创新

B. 引进消化吸收再创新

C. 原始创新

D. 集成创新

13. 需求拉动的创新过程模型指明技术创新活动的出发点是( )。

A. 基础研究   B. 应用研究

C. 生产制造   D. 市场需求

14. 研究开发是创新构思的主要来源，这是( )创新过程模型的基本观点。

A. 系统集成和网络模型

B. 国家创新系统

C. 需求拉动

D. 技术推动

15. 创新过程的交互作用模型表明( )。

A. 技术创新是技术和市场交互作用共同引发的

B. 市场需求信息是技术创新活动的出发点

C. 研究开发是创新构思的主要来源

D. 创新模型内各要素应该具有平行且整合发展的特性

16. 交互作用创新过程模型的研发组织一般为( )。

A. 企业研究实验室   B. 业务单元

C. 研发项目   D. 企业联盟

17. 在技术创新过程模型中，( )最为显著的特征是它代表了创新的电子化和信息化过程，更多

地使用专家系统来辅助开发工作，仿真模拟技术部分替代了实物原型。

A. 一体化创新过程模式

B. 系统集成和网络模型

C. 需求拉动的创新过程模型

D. 交互作用模式

18. 在2006年我国颁布的《国家中长期科学和技术发展规划纲要》中，明确指出( )是科学创新体系的主体。

A. 企业   B. 政府

C. 科研机构和大学   D. 中介机构

19. 适宜于产品创新而不适宜于工艺创新的组织结构是( )。

A. 直线制组织结构

B. 事业部制组织结构

C. 矩阵制组织结构

D. 规划—目标结构组织

20. 我国《商标法》规定，注册商标的有效期为( )年。

A. 25   B. 20

C. 15   D. 10

21. 在知识产权保护的各项法律中，风险最大的是( )。

A.《专利法》   B.《版权法》

C.《商标法》   D. 技术秘密

22. 委托方与被委托方之间共同就新技术、新产品、新工艺或者新材料及其系统的研究开发所订立的合同称为( )。

A. 委托开发合同   B. 合作开发合同

C. 技术咨询合同   D. 技术服务合同

23. 专利权转让合同必须经过( )方才有效。

A. 专利局登记和公告

B. 专利行政部门登记

C. 工商局登记

D. 税务局登记并公告

24. ( )是专利权人或者专利权人的授权人作为转让人，许可他人在支付一定的价款后，在规定的范围内实施其专利而订立的合同。

A. 专利权转让合同

B. 专利实施许可合同

C. 专利申请权转让合同

D. 技术秘密转让合同

25. 下列知识产权的具体形式中，保护费用最高的是( )。

A. 商标   B. 专利

C. 商业秘密　　　　　D. 技术措施

26. 一方当事人(受托方)以技术知识为另一方(委托方)解决特定技术问题所订立的合同是(　　)。
　　A. 技术咨询合同　　B. 技术服务合同
　　C. 技术转让合同　　D. 技术开发合同

27. 下面对于技术创新的描述中不准确的是(　　)。
　　A. 技术创新实际上是一种技术行为
　　B. 大部分技术创新需要2～10年的时间
　　C. 技术创新一体化在企业外部体现为产、学、研形成一体化
　　D. 技术创新一体化在企业内部体现为技术开发部门与生产现场及质量管理和销售部门形成一体化

28. 企业联盟有若干种组织运行模式，垂直供应链型企业宜采用的组织运行模式是(　　)。
　　A. 星形模式　　　　B. 链形模式
　　C. 平行模式　　　　D. 联邦模式

29. 为了提高企业的R&D绩效，许多企业采取了各种管理工具、技术和组织模式应用于企业的R&D活动中，其中不包括(　　)。
　　A. 质量功能部署　　B. 关键路径法
　　C. 客户评价法　　　D. 标杆超越法

30. 在项目管理实施过程中，(　　)是项目生命周期中时间最长、完成的工作量最大、资源消耗最多的阶段。
　　A. 概念阶段　　　　B. 开发阶段
　　C. 实施阶段　　　　D. 结束阶段

31. 技术在国家、地区、行业内部或之间以及技术自身系统内输出与输入的活动过程称为(　　)。
　　A. 技术扩散　　　　B. 技术转让
　　C. 技术引进　　　　D. 技术转移

32. (　　)通常包括一切导致技术和知识迁移的过程和活动，包括有偿和无偿的，也包括有意识和无意识的转移活动。
　　A. 技术引进　　　　B. 技术转让
　　C. 技术转移　　　　D. 技术扩散

33. 以(　　)方式所进行的技术转移，是目前技术转移中最受关注和最为重要的方式。
　　A. 信息传播　　　　B. 设备和软件购置
　　C. 技术许可证转让　D. 产、学、研联盟

34. (　　)是指拥有技术的一方通过某种方式将其技术出让给另一方使用的行为。
　　A. 技术转移　　　　B. 技术扩散
　　C. 技术转让　　　　D. 技术引进

35. 技术转移方式中，对弱小企业难以实施的方式是(　　)。
　　A. 信息传播　　　　B. 技术帮助
　　C. 技术并购　　　　D. 创办新企业

36. 买者技术交易程序的首要步骤是(　　)。
　　A. 寻求法律援助，找律师事务所
　　B. 进入卖方成果库，查找本企业要求的技术
　　C. 弄清本企业资源优势、现有设备和销售渠道，明确所需技术
　　D. 根据市场需求和经营机构的客观情况来确定经营目标

37. 在我国，专利权是以(　　)原则授予的。
　　A. 申请在先　　　　B. 举证在先
　　C. 使用在先　　　　D. 收益大小

38. 法律赋予产业活动中的知识产品所有人对其创造性的智力成果所享有的一种专有权，这称为(　　)。
　　A. 专有技术　　　　B. 专有权
　　C. 工业产权　　　　D. 专利权

39. 在技术交易过程中，卖者技术交易程序的首要步骤是(　　)。
　　A. 根据市场需求和经营机构的客观情况来确定经营目标
　　B. 进入卖方成果库，查找本企业要求的技术
　　C. 弄清本企业资源优势、现有设备和销售渠道，明白所需技术
　　D. 寻找法律援助，找律师事务所

40. 应用性技术开发属于(　　)期创新，大概需要(　　)年左右。
　　A. 中，5　　　　　B. 中，2
　　C. 短，2　　　　　D. 短，5

41. 在知识产权保护的各项法律中，排他性最强的是(　　)。
　　A.《合同法》　　　B.《专利法》
　　C.《技术秘密保护法》D.《著作权法》

42. 我国《专利法》规定，发明专利权保护期限为(　　)年，实用新型和外观设计专利保护期限均为(　　)年。
　　A. 10，20　　　　　B. 10，10
　　C. 20，10　　　　　D. 20，20

43. A-U过程创新模式的总体特征表现为(　　)。
　　A. 在产业成长的前期阶段，工艺创新较产品创新有更丰富的成果；在产业成长的后期阶段，产品创新比工艺创新活跃，创新成果更多

B. 在产业成长的前期阶段，产品创新比工艺创新活跃，创新成果更多；在产业成长的后期阶段，则是工艺创新较产品创新有更丰富的成果

C. 在产业成长的前期和后期阶段，产品创新与工艺创新程度相当

D. 以上都不正确

44. 将技术创新战略分为进攻性战略、防御性战略和切入型战略类型是根据(　　)不同进行的分类。
   A. 企业所期望的技术竞争地位
   B. 企业行为方式
   C. 技术来源
   D. 以上都不对

45. 两个或两个以上对等经济实体，为了共同的战略目标，通过各种协议而结成的利益共享、风险共担、要素水平式双向或多向流动的松散型网络组织体指的是(　　)。
   A. 企业联盟   B. 产学研联盟
   C. 企业政府联盟   D. 以上都不是

46. 流通创新的核心是(　　)创新。
   A. 观念   B. 组织
   C. 技术   D. 制度

47. 既是产业发展链的开端，又是自主知识产权产业化的前提的是(　　)。
   A. 技术创新   B. 产品创新
   C. 管理创新   D. 思维创新

48. 在企业知识产权保护阶段，成果有重要的工业应用价值和固定的表现形式的阶段是(　　)。
   A. 创意的形成阶段
   B. 开发中试阶段
   C. 应用开发与市场化阶段
   D. 反馈与修改阶段

49. (　　)企业组织结构特别适用于创新性和开发性的工作项目。
   A. 直线制   B. 矩阵式
   C. 直线职能制   D. 事业部制

50. 第二次世界大战以来，为了迎接技术创新的挑战，大企业内部推行了权变制组织，其中最典型、最常运用的组织形式是(　　)。
   A. 项目小组   B. 自我管理小组
   C. 矩阵组织   D. 战略经营单位

51. 技术创新的原动力是(　　)。
   A. 科学技术的重大突破
   B. 市场需求的明显增长

C. 市场竞争的巨大压力
D. 国家政策的有效激励

52. 动态联盟是在新的市场环境下产生的适应敏捷竞争的新型组织形式，其成员企业之间的联结纽带是(　　)。
   A. 成员企业互补的核心竞争力
   B. 机关企业构成的组织网络
   C. 能用于技术开发的资本
   D. 成员企业的无形资产

53. 动态联盟最基本的特征是(　　)。
   A. 目标产品性   B. 优势性
   C. 动态性   D. 连接的虚拟性

54. 下列技术创新类型中，各国尤其是发展中国家普遍采取的方式是(　　)。
   A. 原始创新
   B. 集成创新
   C. 产品创新
   D. 引进、消化吸收再创新

55. 既适宜于产品创新又适宜于工艺创新的组织结构是(　　)。
   A. 规划—目标结构组织
   B. 事业部制组织结构
   C. 矩阵制组织结构
   D. 直线制组织结构

56. 炼钢用的氧气顶吹转炉是(　　)。
   A. 重大的产品创新
   B. 渐进的产品创新
   C. 重大的工艺创新
   D. 渐进的工艺创新

57. 内企业家实质上是(　　)。
   A. 企业家聘请的专职顾问
   B. 正在崛起中的企业家
   C. 企业的员工
   D. 企业家的社会关系

58. 在R&D项目管理过程中，(　　)阶段需要投入的人力、物力不多，但对后期的影响很大。
   A. 概念   B. 开发   C. 实施   D. 完善

二、多项选择题
1. 在项目管理实施过程中，实施阶段管理的重点是(　　)。
   A. 指导   B. 监督
   C. 控制   D. 预测
   E. 决策

2. 技术转移的方式中，技术帮助的优点有(　　)。
   A. 能在关键时刻满足企业的特殊需要

B. 可减少企业获取技术的成本

C. 能促进人员之间的技术交流

D. 能找到合适的专家参与

E. 管理较为容易

3. 创办新企业是技术专业的一种重要方式，其优点主要有(　　)。

A. 容易形成规模经济

B. 风险小，容易获得风险投资

C. 技术成果转化速度快

D. 容易获得成功

E. 技术拥有单位可能获取更大利益

4. 影响技术转移成功的客观规律包括(　　)。

A. 技术转移的梯度最大律

B. 技术转移的信息传递律

C. 技术转移的适用律

D. 技术转移的风险律

E. 技术转移的加速律

5. 国际技术贸易的内容包括(　　)。

A. 专有技术　　　　　　B. 人身权

C. 专利技术　　　　　　D. 商标

E. 以上选项都对

6. 技术评价中，战略效益评价主要包括(　　)。

A. 市场应变能力提高　　B. 企业信誉提高

C. 管理水平提高　　　　D. 技术能力提高

E. 资金占用提高

7. 工业产权包括(　　)。

A. 专利权　　　　　　　B. 商标权

C. 版权　　　　　　　　D. 知识产权

E. 专有权

8. 根据授权程度大小，许可贸易可分为(　　)、可转让许可、互换许可五种形式。

A. 独占许可　　　　　　B. 排他许可

C. 普通许可　　　　　　D. 专利许可

E. 商标许可

9. 熊彼特提出的"创新"或生产要素的新组合包括五种情况，即(　　)。

A. 产品创新　　　　　　B. 人员创新

C. 市场创新　　　　　　D. 开发新的资源

E. 组织管理创新

10. 技术创新的特点包括(　　)。

A. 技术创新是一种经济行为

B. 技术创新是一项低风险活动

C. 技术创新时间的差异性

D. 一体化与国际化

E. 外部性

11. 根据技术创新的对象来划分，可以将技术创新分为(　　)。

A. 引进消化吸收再创新

B. 原始创新

C. 产品创新

D. 集成创新

E. 工艺创新

12. 下列关于产品创新和工艺创新关系的表述，正确的有(　　)。

A. 产品创新频率由高到低递减，工艺创新频率呈峰状延伸

B. 产品创新主要是向市场提供产品，工艺创新只在少数情况下向市场提供

C. 产品创新通常伴随着组织管理系统的重大变革，工艺创新一般是独立于组织系统实施的

D. 产品创新能制造产品的差异化，工艺创新可以降低企业的成本

E. 工艺创新相对独立，产品创新相对系统

13. 最常见的、也是企业愿意采用的技术创新模式有(　　)。

A. 国家创新系统　　　　B. 技术推动

C. 交互作用　　　　　　D. 需求拉动

E. 系统集成和网络模型

14. 一体化创新过程模型的特点有(　　)。

A. 它代表了创新的电子化和信息化过程

B. 在过程中联合供货商及公司内部的横向合作，广泛进行交流与沟通

C. 市场需求信息是技术创新活动的出发点

D. 实行全球战略，联合供货商及用户，整合及协调不同部门在项目中的工作

E. 将投资的侧重点放在核心业务和核心技术上面

15. 我国国家创新体系的组织安排包括六个系统，即(　　)。

A. 以企业为主导的管理调控体系

B. 以政府为主体，产学研互动的技术创新体系

C. 以科研机构和大学为主体的科学创新体系

D. 军民结合的科技创新体系

E. 具有地域特色的区域创新体系

16. 在2006年我国颁布的《国家中长期科学和技术发展规划纲要》中，明确指出的基础是(　　)。

A. 共享的平台基础　　　B. 人才基础

C. 政策法规基础　　　　D. 制度基础

E. 文化基础

17. 直线制组织结构的优点有(　　)。

A. 结构比较简单　　　　B. 责任分明

C. 命令统一　　　　　D. 变化反应快

E. 权力分散

18. 与简单技术相适应的直线制组织结构的缺点有( )。

A. 管理人员多　　　　B. 组织不稳定

C. 缺乏横向联系　　　D. 变化反应慢

E. 权力过分集中

19. 矩阵结构的优点有( )。

A. 密切配合　　　　　B. 命令统一

C. 反应灵敏　　　　　D. 节约资源

E. 高效工作

20. 技术转让合同包括( )。

A. 专利权转让合同

B. 专利申请权转让合同

C. 专利实施许可转让合同

D. 技术秘密转让合同

E. 技术服务合同

21. R&D的绩效指标应涵盖( )。

A. 效益　　　　　　　B. 柔性

C. 质量　　　　　　　D. 数量

E. 创新

22. 技术转移的特点有( )。

A. 技术转移的主要形式是有偿转移

B. 兼有技术创新和制度创新的双重特点

C. 具有产业特征

D. 具有专业性

E. 具有系统性

23. 技术转移与技术扩散的区别是( )。

A. 技术转移是一种纯技术的概念

B. 技术转移更强调国际流通

C. 技术扩散是技术创新的一个阶段

D. 技术转移所适用的技术是已有技术

E. 技术转移是技术扩散的一个方面

24. 产学研联盟是一种重要的技术转移方式,其优点主要有( )。

A. 联盟中各组织的目标高度一致

B. 能充分利用合作伙伴的知识、技能和资源

C. 利益分配关系有时会出现矛盾

D. 有利于发挥各自的优势、弥补各自的不足

E. 可以减少成本和降低风险

25. 技术交易的主要特点有( )。

A. 技术买卖的标的不是有形的商品,而是无形的技术知识

B. 技术贸易转让的是技术的使用权和所有权

C. 技术贸易转让的是技术的使用权,而不能转让技术的所有权

D. 技术出口是企业的直接目的

E. 技术贸易比一般商品贸易复杂

26. 商标大体上可分为三类,即( )。

A. 制造商标　　　　　B. 生产商标

C. 商业商标　　　　　D. 工业商标

E. 服务商标

27. 下列关于国际技术贸易基本方式的表述正确的是( )。

A. 许可贸易实际上是一种许可方用授权的形式向被许可方转让技术使用权,同时也让渡一定市场的贸易行为

B. 特许专营的被特许方与特许方之间是一种买卖关系

C. 技术服务和咨询的范围和内容相当广泛,包括产品开发、成果推广、技术改造、工程建设、科技管理等方面

D. 合作生产是一种独立的基本的技术贸易方式

E. 含有知识产权或专有加护转让内容的设备买卖属于技术贸易的一种

28. 我国承认并以法律形式加以保护的主要知识产权有( )。

A. 著作权　　　　　　B. 专利权

C. 名誉权　　　　　　D. 商标权

E. 商业秘密

29. 下列关于企业技术创新与知识产权制度关系的表述中,正确的有( )。

A. 技术创新推动了知识产权制度发展

B. 技术创新为知识产权提供法律保护

C. 知识产权制度激励企业技术创新

D. 技术创新产生于知识产权

E. 知识产权制度促进了企业技术创新成果的交流

30. 下列关于技术合同管理的表述正确的有( )。

A. 其包括对合同准备阶段、签订过程、履行阶段的管理

B. 合同管理是一种全过程、全方位、科学的管理

C. 在合同的准备阶段需要了解法规政策

D. 合同依法签订后也不一定就具有法律约束力

E. 签订合同必须符合《合同法》的一般原则

31. 下列关于技术创新特点的表述正确的有( )。

A. 技术创新是一种技术行为

B. 技术创新是一项高风险活动

C. 技术创新具有时间的差异性

D. 技术创新具有一体化与国际化
E. 技术创新具有外部性

32. 我国新时期国家创新体系的系统包括( )。
   A. 技术创新体系　　B. 科学创新体系
   C. 科技服务体系　　D. 管理调控体系
   E. 科技信息体系

33. 企业联盟的主要特点有( )。
   A. 目标产品性　　　B. 优势性
   C. 临时性　　　　　D. 结构的高耸性
   E. 组织的柔性

34. 设备和软件购置是最常见的技术转移方式之
   一,其优点有( )。
   A. 能最快的获取现有的技术
   B. 卖方可能会提供培训
   C. 成本较低
   D. 风险较小
   E. 投产获利较快

35. 知识产权的特征有( )。
   A. 永久性
   B. 专有性
   C. 地域性
   D. 知识产权的获得需要法定的程序
   E. 知识产权主体权利具有财产和人身双重权利

36. 企业和政府联盟的主要模式有( )。
   A. 政府承担大部分技术所需的资金,企业组织
      人才,技术创新成果归政府所有
   B. 政府和企业组建共担风险的技术经济组织
   C. 政府投资、企业组织人才,进行技术开发,
      开发出来的先进技术转卖给企业
   D. 政府帮助企业进行技术创新融资
   E. 企业承担大部分技术所需的资金,技术创新
      成果归企业所有

37. 从历史上看,伴随技术创新历程而出现的组织结
   构等各种结构变革,先后经历了( )形态。
   A. 技术创新小组　　B. 直线制
   C. 事业部制　　　　D. 矩阵结构
   E. 动态联盟

38. 影响技术转移成功的客观规律主要有( )。
   A. 技术转移的梯度最小律
   B. 技术转移的信息传递律
   C. 技术转移的人才载体律
   D. 技术转移的适用律
   E. 技术转移的系统律

39. 企业技术创新过程的系统集成和网络模型最显
   著的特征有( )。

A. 强调企业内部的创新构思、研究与开发、设
   计制造和市场营销等紧密配合
B. 强调合作企业之间密切的战略联系
C. 重视借助于专家系统进行研究开发
D. 重视技术推动和需求推动在产品生产周期不
   同阶段的不同作用
E. 利用仿真模型替代实物原型

40. 国际技术贸易的基本方式包括( )。
   A. 许可贸易　　　　B. 特许专营
   C. 技术服务和咨询　D. 合作生产
   E. 技术创新

三、案例分析题

著名美籍奥地利经济学家熊彼特于1912年首
次提出"创新"这一概念。他认为,"创新"就是
把生产要素和生产条件的新组合引入生产体系,即
"建立一种新的生产函数",其目的是为了获取潜
在的利润。之后,索罗、缪尔塞、傅家骥等著名学
者、专家、教授均对有关技术创新概念和定义做了
不同程度的研究和论述,丰富和发展了技术创新的
概念。

根据上述材料,回答以下问题:

1. 下列属于技术创新的推动者的是( )。
   A. 企业家　　　　　B. 专家
   C. 消费者　　　　　D. 企业员工

2. 熊彼特认为,创新活动可以是( )。(多选题)
   A. 引进新的产品
   B. 采用一种新的生产方法
   C. 开拓一个新的市场
   D. 开辟和利用新的原材料

3. 我国学术界对技术创新公认的定义是:技术创新
   是企业家抓住市场潜在盈利机会,以( )为目
   的,重组生产条件和要素,不断研制推出新产
   品、新工艺、新技术,以获得市场认同的一个综
   合性过程。
   A. 获取经济利益　　B. 推出新产品
   C. 击败竞争对手　　D. 开拓新市场

4. 技术创新的经济意义往往取决于( )。
   A. 工艺创新　　　　B. 产品创新
   C. 它的资金优势　　D. 它的应用范围

5. 由于技术的非自愿扩散,促进了周围的技术和生
   产力水平的提高,比如对于创新成果的无偿模仿
   等,这是( )的体现。
   A. 创造性　　　　　B. 经济性
   C. 外部性　　　　　D. 风险性

6. 技术创新的核心是( )。
   A. 企业家　　　　　　B. 新产品和新工艺
   C. 获得潜在的利润　　D. 市场实现

参考答案及解析

一、单项选择题

1. 【答案】B
   【解析】特许专营的被特许方与特许方之间是一种买卖关系。

2. 【答案】C
   【解析】本题考查研究、发明、开发和创新的投入产出。新产品的图纸、说明书是在开发阶段产出的可度量成果。

3. 【答案】B
   【解析】本题考查研究、发明、开发和创新的投入产出。专利申请、论文、报告是在发明阶段产出的可度量成果。

4. 【答案】A
   【解析】工厂企业开发部门从事发展性开发属于短期创新，一般需要2～3年。

5. 【答案】A
   【解析】渐进(改进)的产品创新：技术原理没有变化，仅是功能或技术改进。如由火柴盒包装箱发展起来的集装箱，由收音机发展起来的组合音响等。

6. 【答案】A
   【解析】由包装箱发展为集装箱属于产品创新中的渐进(改进)的产品创新。

7. 【答案】C
   【解析】产品创新是企业创新的核心活动。

8. 【答案】C
   【解析】本题考查工艺创新。工艺创新，也称过程创新，是指产品的生产技术变革。

9. 【答案】B
   【解析】本题考查产品创新和工艺创新的关系。产品创新频率由高到低递减，工艺创新频率呈峰状延伸。

10. 【答案】A
    【解析】原始创新活动主要集中在基础科学和前沿技术领域。

11. 【答案】B
    【解析】引进消化吸收再创新是最常见、最基本的创新形式。

12. 【答案】C
    【解析】原始创新为科技创新提供动力源泉。

13. 【答案】D
    【解析】需求拉动的创新过程模型指明市场需求是技术创新活动的出发点。

14. 【答案】D
    【解析】本题考查六代具有代表性的创新过程模型。技术推动的创新过程模型的基本观点是，研究开发是创新构思的主要来源。

15. 【答案】A
    【解析】创新过程的交互作用模型表明，技术创新是技术和市场交互作用共同引发的。

16. 【答案】C
    【解析】交互作用创新过程模型的研发组织一般为研发项目。

17. 【答案】B
    【解析】本题考查系统集成和网络模型的显著特征。

18. 【答案】C
    【解析】本题考查国家创新体系。我国国家创新体系的组织安排包括六个系统和四个基础平台，其中六个系统之一是以科研机构和大学为主体的科学创新体系。

19. 【答案】B
    【解析】本题考查技术创新与企业组织结构。事业部制组织结构适宜于产品创新而不适宜于工艺创新。

20. 【答案】D
    【解析】我国商标法规定，注册商标的有效期为10年，但期满前可以续展10年，并且也可以一直续展下去。

21. 【答案】C
    【解析】在知识产权保护的各项法律中，专利保护的风险最低，技术秘密保护的风险也较低，但《版权法》的风险却较大，《商标法》的风险最大。

22. 【答案】A
    【解析】委托开发合同是指委托方与被委托方之间共同就新技术、新产品、新工艺或者新材料及其系统的研究开发所订立的合同。

23. 【答案】B
    【解析】专利权转让合同必须经过专利行政部门登记方才有效。

24. 【答案】B
    【解析】专利实施许可合同是专利权人或者专利权人的授权人作为转让人，许可他人在支付一定的价款后，在规定的范围内实施其专利而订立的合同。

25.【答案】B
【解析】本题考查企业知识产权的保护策略。专利的保护费用最高。

26.【答案】B
【解析】本题考查技术服务合同的概念。

27.【答案】A
【解析】对于技术创新的描述，选项BCD都是正确的，选项A描述错误，技术创新不是一种技术行为，而是一种经济行为，答案选A。

28.【答案】A
【解析】本题考查星形企业联盟组织模式的适用情形。平行模式适用于某一市场机会的产品联合开发及长远战略合作。联邦模式可用于高新技术产品的快速联合开发。

29.【答案】D
【解析】改善企业R&D绩效水平的管理工具有质量功能部署、客户评价法、关键路径法和集成产品设计等。

30.【答案】C
【解析】实施阶段是项目生命周期中时间最长、完成的工作量最大、资源消耗最多的阶段。

31.【答案】D
【解析】本题考查技术转移的概念。

32.【答案】C
【解析】本题考查技术转移的相关内容。

33.【答案】C
【解析】本题考查技术转移的基本活动途径之一：技术许可证转让。

34.【答案】C
【解析】本题考查技术转让的含义。技术转让是指拥有技术的一方通过某种方式将其技术出让给另一方使用的行为。

35.【答案】C
【解析】技术并购方式对弱小企业难以实施。

36.【答案】C
【解析】本题考查买者技术交易程序的首要步骤——在选择技术之前先弄清本企业的资源优势、现有设备和销售渠道，明确所需技术。选项A属于买者技术交易程序的最后一步。选项B属于买者技术交易程序的第二步。选项D属于卖者技术交易程序的首要步骤。

37.【答案】A
【解析】在我国，专利权是以申请在先原则授予的。

38.【答案】C
【解析】本题考查工业产权的含义。工业产权是指法律赋予产业活动中的知识产品所有人对其创造性的智力成果所享有的一种专有权。

39.【答案】A
【解析】本题考查卖者技术交易的程序。卖者技术交易程序的首要步骤是根据市场需求和经营机构的客观情况来确定经营目标。选项B是买者技术交易程序的第二步。选项C是买者技术交易程序的第一步。选项D是买者技术交易程序的最后一步。

40.【答案】A
【解析】应用性技术开发属于中期创新，大概需要5年左右。

41.【答案】B
【解析】在知识产权保护的各项法律中，专利权具有很强的排他性。

42.【答案】C
【解析】我国《专利法》规定，发明专利权保护期限为20年，实用新型和外观设计专利保护期限均为10年。

43.【答案】B
【解析】在产业成长的前期阶段，产品创新比工艺创新活跃，创新成果更多；而在产业成长的后期阶段，则是工艺创新较产品创新有更丰富的成果，答案选B。

44.【答案】B
【解析】根据企业行为方式不同可以将技术创新战略的分为进攻性战略、防御性战略和切入型战略。

45.【答案】B
【解析】本题考查产学研联盟的含义。

46.【答案】C
【解析】流通创新以技术创新为核心。

47.【答案】A
【解析】技术创新既是产业发展链的开端，又是自主知识产权产业化的前提。

48.【答案】B
【解析】开发中试阶段可分为两个方面：一是技术开发，二是应用开发。这一阶段的成果有重要的工业应用价值和固定的表现形式。

49.【答案】B
【解析】矩阵式组织结构既可以根据某一产品生产、设计、销售的需要设置项目小组来对该产品对象进行统一管理，又可以对各项职能进行分类管理。这种结构的优点是显而易见的：首先，它通过组成项目小组而达到事业部的效果，使一个项目小组内的信息流及物流都更加畅通，而项目小组之间的信息流动则可以通过统一职能部门中人员的相互交流来达到；其次，这种组织结构能够充分利用已有的创新，有利于创新经验累积度的提高，使创新发挥其最大效用。因此，矩阵式组织结构既有利于产品创新，也适宜开展工艺创新。

50.【答案】C
【解析】矩阵组织为企业提供了更大的灵活性，通过建立产品或项目的有关信息流而与具有各类专业知识的人员密切合作，不仅能够使企业协调，而且还能及时发现问题并予以解决，矩阵组织也提高了企业的长期应变能力并集中体现在提高创新能力上，是一种"有目的的争执"，对技术创新的理念起到激励作用。

51.【答案】A
【解析】西方国家的技术发展的历程表明，出现在20世纪中叶以前的技术创新多是由科学技术的突破与发展推动的。

52.【答案】A
【解析】动态联盟是能够适应市场快速变化的、动态的、虚拟的、网络化的企业联盟。成员企业间在法律上可以是合伙关系、合资关系、发包和承包的关系、委托代理关系、母子公司关系等等，关键是要将不同成员企业互补的核心竞争力联合起来，形成一个有机的整体。

53.【答案】A
【解析】目标产品性是指企业联盟进行一个机遇产品的开发、生产经营，以产品创新为目标，这是动态联盟最基本的特征。

54.【答案】D
【解析】引进消化吸收再创新是最常见、最基本的创新形式，其核心概念是利用各种引进的技术资源，在消化吸收基础上完成重大创新。它与集成创新的相同点都是利用已经存在的单项技术为基础；不同点在于，集成创新的结果是一个全新产品，而引进消化吸收再创新的结果，是产品价值链某个或者某些重要环节的重大创新。引进消化吸收再创新是各国尤其是发展中国家普遍采取的方式，在当今经济全球化步伐加快的情况下尤为重要。

55.【答案】C
【解析】矩阵式组织结构既可以根据某一产品生产、设计、销售的需要设置项目小组来对该产品对象进行统一管理，又可以对各项职能进行分类管理。这种结构的优点是显而易见的：首先，它通过组成项目小组而达到事业部的效果，使一个项目小组内的信息流及物流都更加畅通，而项目小组之间的信息流动则可以通过统一职能部门中人员的相互交流来达到；其次，这种组织结构能够充分利用已有的创新，有利于创新经验累积度的提高，使创新发挥其最大效用。因此，矩阵式组织结构既有利于产品创新，也适宜开展工艺创新。

56.【答案】C
【解析】工艺创新，也称过程创新，是产品的生产技术变革。包括新工艺、新设备和新组织管理方式。炼钢用的氧气顶吹转炉、钢铁生产中的连铸系统、早期福特公司采用的流水作业以及现代的计算机集成制造系统等，都是重大的工艺创新。

57.【答案】C
【解析】内企业家是指企业为了鼓励创新，允许自己的员工在一定限度的时间内离开本岗位工作，从事自己感兴趣的创新活动，并可以利用企业的现有条件，如资金、设备等。由于这些员工的创新行为具有企业家的特征，但创新的风险和收益均在所在企业内，因此称这些从事创新活动的员工为内企业家。

58.【答案】A
【解析】项目管理实施过程分为以下四个阶段：
(1) 概念阶段，提出并论证项目是否可行。
(2) 开发阶段，对可行项目做好开工前的人、财、物及一切软硬件准备，对项目进行总体策划。
(3) 实施阶段，是项目生命周期中时间最长、完成的工作量最大、资源消耗最多的阶段。
(4) 结束阶段，项目结束，最终产品成型。

二、多项选择题
1.【答案】ABCD
【解析】实施阶段管理的重点是指导、监督、预测、控制。

2.【答案】ABC
【解析】本题考查技术转移方式中技术帮助的优点。技术帮助的缺点有难以找到合适的专家参与、管理较为困难，所以选项DE不选。

3.【答案】CDE
【解析】本题考查创办新企业的优点——转化速度较快，易于成功，技术拥有单位或个人可能获取更大的收益。其缺点有风险大，难以获得风险投资，不易形成规模经济。

4.【答案】BCDE
【解析】影响技术转移成功的客观规律主要有技术转移的梯度最小律、信息传递律、人才载体律、适用律、引力最大律、创新发展律、风险律、保密与传播矛盾律、加速律。

5.【答案】ACD
【解析】国际技术贸易的内容包括专利、商标、工业产权、专有技术。

6.【答案】ABCD
【解析】技术评价中财务效益评价包括：资金占用、销售收入、投资收益率、净现值等，战略效益评价包括市场应变能力提高、企业信誉提高、管理水平提高、技术能力提高等，因此正确答案选ABCD。

7.【答案】AB
【解析】专利权和商标权均属工业产权。工业产权和版权合称为知识产权。

8.【答案】ABC
【解析】根据其授权程度大小，许可贸易可分为独占许可、排他许可、普通许可、可转让许可、互换许可五种形式。

9.【答案】ACDE
【解析】创新包括五种情况：(1)产品创新；(2)工艺创新或生产技术创新；(3)市场创新；(4)开发新的资源；(5)组织管理创新。

10.【答案】ACDE
【解析】技术创新是一项高风险活动。

11.【答案】CE
【解析】根据技术创新的对象来划分，可以将技术创新分为产品创新与工艺创新。

12.【答案】ABD
【解析】工艺创新通常伴随着组织管理系统的重大变革，产品创新一般是独立于组织系统实施的，所以选项C错误。产品创新相对独立，工艺创新相对系统，所以选项E错误。

13.【答案】BCD
【解析】在六代具有代表性的创新过程模型中，技术推动、需求拉动和交互作用是最常见的、也是企业愿意采用的技术创新模式。

14.【答案】BDE
【解析】本题考查一体化创新过程模型的特点。选项A是系统集成和网络模型最为显著的特征。选项C是需求拉动创新过程模型的观点。

15.【答案】CDE
【解析】本题考查国家创新体系组织安排的六个系统，即：
(1)以政府为主导的管理调控体系；
(2)以企业为主体，产学研互动的技术创新体系；
(3)以科研机构和大学为主体的科学创新体系；
(4)以各种中介机构为纽带的科技服务体系；
(5)军民结合的科技创新体系；
(6)具有地域特色的区域创新体系。

16.【答案】ABCE
【解析】本题考查我国国家创新体系的组织安排中包括的四个基础平台。这四个基础平台包括共享的平台基础、人才基础、政策法规基础、文化基础。

17.【答案】ABC
【解析】本题考查直线制组织结构的优点。直线制具有变化反应慢、权力过分集中的缺点，所以选项DE不选。

18.【答案】CDE
【解析】选项A是事业部制的缺点，选项B是矩阵结构的缺点。

19.【答案】ACDE
【解析】选项B属于直线制组织结构的优点。

20.【答案】ABCD
【解析】技术转让合同包括专利权转让合同、专利申请权转让合同、专利实施许可转让合同、技术秘密转让合同。

21.【答案】BCE
【解析】R&D的绩效指针应涵盖效率、质量、柔性、创新。

22.【答案】ABC
【解析】技术转移的特点之一是综合性，所以不选D；且不包括系统性，所以不选E。

23.【答案】BCD
【解析】技术转移不仅包括纯技术，而且还包括与技术有关的各种知识信息等，所以选项A不选。技术扩散是技术转移的一个阶段，所以选项E不选。

24.【答案】BDE
【解析】产学研联盟的主要缺点是组织之间的目标不同，有时难以形成良好的合作关系，管理过程和利益分配有时会出现矛盾，所以选项AC错误。

25.【答案】ACE
【解析】技术贸易转让的是技术的使用权，而不能转让技术的所有权，所以选项B不选。技术出口不是企业的直接目的，企业生产商品的直接目的是向市场销售产品，企业研制技术的直接目的是为了利用这种技术生产更先进的技术产品，只是当企业认为出售技术会比利用这种技术生产产品带来的利润更大时，它才会出口这种技术，所以选项D不选。

26.【答案】ACE

【解析】商标大体上可分为三类：制造商标、商业商标和服务商标。

27.【答案】ABCE

【解析】本题考查国际技术贸易的基本方式。合作生产作为一种国际技术贸易方式，它并不是一种独立的基本的技术贸易方式，实际上它只不过是建立在各方合作生产目的之上的许可贸易和技术服务咨询而已。

28.【答案】ABDE

【解析】我国承认并以法律形式加以保护的主要知识产权为：(1)著作权；(2)专利权；(3)商标权；(4)商业秘密；(5)其他有关知识产权。

29.【答案】ACE

【解析】本题考查企业技术创新与知识产权制度的关系。知识产权保护制度为企业技术创新提供法律保护，所以选项B错误。技术创新促成了知识产权制度的产生，所以选项D错误。

30.【答案】ABCE

【解析】合同依法签订后，即具有法律约束力。

31.【答案】BCDE

【解析】技术创新的特点主要是：
(1) 技术创新不是技术行为，而是一种经济行为；
(2) 技术创新是一项高风险活动；
(3) 技术创新具有时间的差异性；
(4) 外部性；
(5) 一体化与国际化。

32.【答案】ABCD

【解析】我国国家创新体系的组织安排应包括六个系统和四个基础平台。其中，六个系统是：以政府为主导的管理调控体系；以企业为主体，产学研互动的技术创新体系；以科研机构和大学为主体的科学创新体系；以各种中介机构为纽带的科技服务体系；军民结合的科技创新体系；具有地域特色的区域创新体系。

33.【答案】ABCE

【解析】企业联盟的主要特点有：
(1) 目标产品性；

(2) 优势性；
(3) 动态性，又称临时性；
(4) 连接的虚拟性；
(5) 组织的柔性；
(6) 结构的扁平性。

34.【答案】ABDE

【解析】通过购置设备和软件，获取所需要的技术，是最常见的技术转移方式之一。这种方式的优点是：能最快地获取现有的技术，卖方可能会提供培训，投产获利较快，风险较小。缺点是：新设备可能不适应企业现有的环境，企业需要在组织上进行变化，成本较高，不能从根本上提高技术能力，随着技术的变化需要不断地购买。

35.【答案】BCDE

【解析】知识产权的特征主要有：
(1) 专有性。专有性也称垄断或独占性。
(2) 地域性。知识产权的地域性是对权利人的一种限制。
(3) 时间性。知识产权的保护受到时间的限制。超过规定的时间，就不再受法律的保护。
(4) 知识产权的获得需要法定的程序。
(5) 知识产权主体权利具有财产和人身双重权利。创造者依法享受署名权、发明权、转让权，知识产权在有效期、有效域、有效权内只属于知识产权所有人，不得更改。

36.【答案】ACD

【解析】企业和政府联盟主要有三种模式：一是政府承担大部分技术所需的资金，企业组织人才，技术创新成果归政府所有；二是政府投资、企业组织人才，进行技术开发，开发出来的先进技术转卖给企业；三是政府帮助企业进行技术创新融资等。

37.【答案】BCD

【解析】技术创新对企业组织结构演进有着重要的影响，它促使企业组织结构进行适应性变革。从历史上看，伴随技术创新历程而出现的组织结构等各种结构变革，先后经历了直线制、事业部制、矩阵结构形态，这一演变历程是对技术进步和市场环境变动的适应性变革。

38.【答案】ABCD

【解析】影响技术转移成功的客观规律主要有以下几个方面：
(1)技术转移的梯度最小律；
(2)技术转移的信息传递律；

(3) 技术转移的人才载体律；

(4) 技术转移的适用律；

(5) 技术转移的引力最大律；

(6) 技术转移的创新发展律；

(7) 技术转移的风险律；

(8) 技术转移的保密与传播矛盾律；

(9) 技术转移的加速律。

39. 【答案】BCE

【解析】系统集成和网络模型是第五代创新过程模型(5IN)，是一体化模型的理想化发展。5IN表明，在创新的过程中，除了需要内部系统整合外，还需要与企业以外的其他公司建立良好的网络关系，透过策略联盟或联合开发形式，达到快速且低成本的创新。也就是说，企业必须考虑实际环境中所有存在的因素和结构，以使公司任何部门都能更有效率地发展。5IN最为显著的特征是它代表了创新的电子化和信息化过程，更多地使用专家系统来辅助开发工作，仿真模型技术部分替代了实物原型。

40. 【答案】ABCD

【解析】国际技术贸易的基本方式包括许可贸易、特许专营、技术服务和咨询、合作生产，另外还有含有知识产权和专有技术转让的设备买卖，E项为干扰项，因此选ABCD。

三、案例分析题

1. 【答案】A

【解析】熊彼特认为"创新"就是"企业家把生产要素和生产条件的新组合引入生产体系"。技术创新的含义表明：企业家是技术创新的推动者。

2. 【答案】ABC

【解析】熊彼特认为，这种"创新"或生产要素的新组合包括五种情况：

(1) 引进新的产品；

(2) 采用一种新的生产方法；

(3) 开拓一个新的市场；

(4) 开发新的资源；

(5) 实行一种新的企业组织形式。

3. 【答案】A

【解析】我国学术界对技术创新公认的定义是：技术创新是企业家抓住市场潜在盈利机会，以获取经济利益为目的，重组生产条件和要素，不断研制推出新产品、新工艺、新技术，以获得市场认同的一个综合性过程。

4. 【答案】D

【解析】技术创新的经济意义往往取决于它的应用范围，而不完全取决于是产品创新还是工艺创新。一般来说，具有广泛应用范围的技术创新必然给企业带来巨大的经济效益。

5. 【答案】C

【解析】外部性是指一件事对于他人产生有利(正外部性)或不利(负外部性)的影响，但不需要他人对此支付报酬或进行补偿。对于技术创新活动来说，外部性是指由于技术的非自愿扩散，促进了周围的技术和生产力水平提高的现象。

6. 【答案】A

【解析】创新是一种经济行为，技术创新的核心是企业家。技术创新的产出成果是新产品和新工艺等；其目的是获取潜在的利润；市场实现是检验创新成功与否的标准。

第七章　人力资源规划与薪酬管理

　　本章的知识结构主要涵盖了人力资源规划、绩效考核、薪酬管理、企业劳动合同管理与劳动争议处理等内容。

　　从近三年考题情况来看，本章主要考查人力资源规划的制定程序，人力资源需求与供给预测，绩效考核的内容与标准，绩效考核的步骤与方法，企业薪酬制度的设计原则、方法等，以单项选择题、多项选择题、案例分析题的形式进行考查，单选题一般6～8道，多选题3道，案例分析题4道左右，平均分值是22分。

本章重要考点分析

　　本章涉及多个重要考点，其中人力资源规划的制定程序，人力资源需求与供给预测，绩效考核的内容与标准，绩效考核的步骤与方法，企业薪酬制度的设计原则、方法等是考查的重点，在历年的考试中以单项选择题和多项选择题的形式多次出现，且以案例分析题的形式出现的概率较大，需要重点掌握。本章的重要考点如图7-1所示。

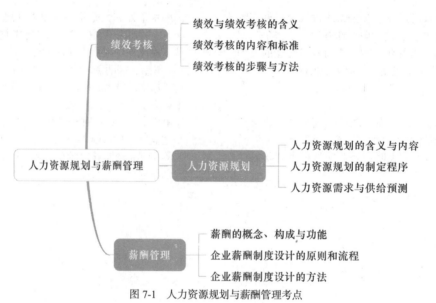

图 7-1　人力资源规划与薪酬管理考点

本章近三年题型及分值总结

　　本章的知识点在近三年的考试中以单项选择题和多项选择题的考查形式为主，同时出现了案例分析题。本章题型及分值如表7-1所示。

表 7-1　人力资源规划与薪酬管理题型及分值

年　份	单项选择题	多项选择题	案例分析题
2014年	6题	3题	4题
2013年	7题	3题	4题
2012年	8题	3题	4题

第一节　人力资源规划

　　人力资源规划是指企业根据发展战略、目标和任务的要求，科学地预测与分析企业在不断变化的环境中人力资源的需求和供给状况，并据此制定必要的人力资源政策和措施，以确保企业的人力资源与企业的发展战略、目标和任务在数量、质量、结构等方面保持动态平衡的过程。

思维导图

　　本节涉及多个知识点和概念，如图7-2所示。

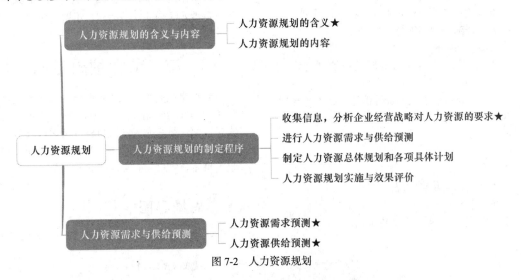

图 7-2　人力资源规划

知识点测试

　　【2011年单选题】人力资源信息中(　　)不属于企业内部信息。

　　A. 企业发展战略　　　B. 员工使用情况

　　C. 技术发展趋势　　　D. 经营计划

　　【答案】C

　　【解析】企业内部信息包括企业发展战略、经营计划及人力资源现状等，技术发展趋势属于企业外部环境。

　　【2011年多选题】人力资源总体规划包括(　　)。

　　A. 人力资源素质规划

　　B. 人力资源供求规划

　　C. 人力资源数量规划

　　D. 人力资源管理规划

　　E. 人力资源结构规划

　　【答案】ACE

　　【解析】人力资源总体规划主要体现在三个方面，即数量、质量、结构等。

　　【2012年单选题】某企业将20名专家组成小组，根据专家的知识、经验，对企业的人力资源管理需求进行多轮的直觉判断与预测。这种人力资源需求预测方法是(　　)。

　　A. 管理人员判断法

　　B. 线性回归分析法

C. 德尔菲法

D. 管理人员接续计划法

【答案】C

【解析】德尔菲法是由有经验的专家依赖自己的知识、经验和分析判断能力,对企业的人力资源需求进行直觉判断与预测。专家可以是来自基层的管理人员或有经验的员工,也可以是中高层管理者;既可以是企业内部的,也可以是企业外聘的。专家基于他们对所研究问题的了解程度对人力资源需求进行直觉判断与预测。

【例题 多选题】人力资源规划的制定程序主要可以分为( )。

A. 收集信息,分析企业经营战略对人力资源的要求

B. 进行人力资源需求与供给预测

C. 分析人力资源的人员分配

D. 制定人力资源总体规划和各项具体计划

E. 人力资源规划实施与效果评价

【答案】ABDE

【解析】本题考查人力资源规划的制度程序步骤。

【例题 单选题】人力资源信息中,外部环境信息不包括( )。

A. 人力资源现状

B. 行业经济形势

C. 技术发展趋势

D. 劳动力市场供求状况

【答案】A

【解析】选项A属于企业内部信息。

【例题 多选题】人力资源需求预测方法有( )。

A. 管理人员判断法   B. 德尔菲法

C. 转换比率分析法   D. 分析法

E. 一元回归分析法

【答案】ABCE

【解析】人力资源需求预测方法有管理人员判断法、德尔菲法、转换比率分析法和一元回归分析法。

【例题 多选题】最常用的人力资源内部供给预测方法有( )。

A. 人员核查法   B. 管理人员接续计划法

C. 马尔可夫模型法   D. 德尔菲法

【答案】ABC

【解析】本题考查人力资源内部供给预测方法,最常用的内部供给预测方法有三种:人员核查法、管理人员接续计划法和马尔可夫模型法。

第二节 绩效考核

绩效考核是指组织根据既定的员工绩效目标,收集与员工绩效相关的各种信息,借助一定的方法,定期对员工完成绩效目标的情况进行考查、评价和反馈,从而促进员工绩效目标的实现,并促进组织整体绩效目标的实现的管理活动。

思维导图

本节涉及多个知识点和概念,如图7-3所示。

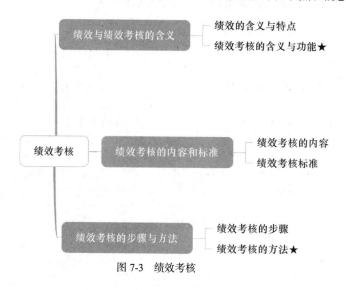

图 7-3 绩效考核

知识点测试

【2014年单选题】某企业对员工进行绩效考核，在调取个人连续销售情况后，由销售员对每位销售主管的工作绩效作出评价，综合分析各方面意见，得出每位销售主管的绩效考核结果。该企业对销售主管采用的绩效考核方法是(　　)。

A. 民主评议法　　　　B. 关键事件法
C. 目标管理法　　　　D. 行为锁定法

【答案】A

【解析】民主评议法是在听取考核对象个人的述职报告的基础上，由考核对象的上级主管、同事、下级以及与其有工作关系的人员，对其工作绩效作出评价，然后综合分析各方面的意见得出该考核对象的绩效考核结果。这种方法常用于对企业中层和基层管理人员的绩效考核，优点是民主性强、操作程序比较简单、容易控制；缺点是难免会有人为因素导致的评价偏差。

【2014年多选题】企业对员工进行绩效考核时，常用的方法有(　　)。

A. 职位等级法　　　　B. 职位分类法
C. 民主评议法　　　　D. 书面鉴定法
E. 关键事件法

【答案】CDE

【解析】绩效考核是指组织根据既定的员工绩效相关的各种信息，借助一定的方法，定期对员工完成绩效目标的情况进行考查、评价和反馈，从而促进员工绩效目标的实现，并促进组织整体绩效目标的实现的管理活动。常用的绩效考核的方法有：民主评议法、书面鉴定法、关键事件法、比较法、量表法、平衡计分卡、关键绩效指标法、目标管理法。

【2011年多选题】常用的绩效考核方法主要包括(　　)。

A. 民主评议法　　　　B. 书面鉴定法
C. 关键事件法　　　　D. 量表法
E. 排序法

【答案】ABCD

【解析】常用的绩效考核方法中没有排序法。

【例题　多选题】绩效的特点有(　　)。

A. 多因性　　　　　　B. 多维性
C. 变动性　　　　　　D. 单一性
E. 稳定性

【答案】ABC

【解析】绩效的特点有多因性、多维性和变动性。

【例题　单选题】员工绩效考核的步骤中，上级领导就绩效考核的结果与考核对象沟通，具体指出员工在绩效方面存在的问题，指导员工制定出绩效改进的计划是绩效考核的(　　)阶段。

A. 准备　　　　　　　B. 实施
C. 结果的反馈　　　　D. 结果的运用

【答案】C

【解析】本题考查绩效考核各阶段的特点。上级领导就绩效考核的结果与考核对象沟通，具体指出员工在绩效方面存在的问题，指导员工制定出绩效改进的计划是绩效考核的结果的反馈阶段。

【例题　单选题】明确灵活、反馈简洁，常用于对企业中级、中级专业技术人员和智能管理人员的绩效考核方法是(　　)。

A. 民主评议法　　　　B. 书面鉴定法
C. 关键事件法　　　　D. 比价法

【答案】B

【解析】本题考查绩效考核的方法。书面鉴定法的优点是明确灵活、反馈简洁，常用于对企业中级、中级专业技术人员和智能管理人员的绩效考核。

【例题　单选题】绩效考核的方法中，缺少唯一的考核标准，考核结果难以进行横向比较，因而不适于为员工的奖励分配提供依据的考核方法指的是(　　)。

A. 民主评议法　　　　B. 书面鉴定法
C. 关键事件法　　　　D. 比价法

【答案】C

【解析】本题考查绩效考核的方法。关键事件法是指通过观察，用描述性的文字记录下企业员工在工作中发生的直接影响工作绩效的重大和关键性的事件和行为。优点是考核结果以事实为依据，说服力强，也能够使被考核者明了自己目前存在的不足和今后努力的方向；缺点是缺少唯一的考核标准，因此考核结果难以进行横向比较，因而不适于为员工的奖励分配提供依据。

【例题　多选题】平衡计分卡是战略绩效管理的有力工具，是以企业战略为导向，寻找能够驱动战略成功的关键因素，并建立与关键因素有密切联系的关键绩效指标体系，兼顾了(　　)的绩效反映。

A. 顾客角度　　　　　B. 内部流程角度
C. 学习与发展角度　　D. 内外交流角度
E. 财务角度

【答案】ABCE

【解析】本题考查平衡计分卡的相关知识。平衡计分卡是战略绩效管理的有力工具，是以企业战略为导向，寻找能够驱动战略成功的关键因素，并建立与关键因素有密切联系的关键绩效指标体系，兼顾了四个方面的绩效反映：第一是顾客角度，第二是内部流程角度，第三是学习与发展角度，第四是财务角度。

【例题 多选题】行为锚定评价法的内容有( )。

A. 考核者确定某工作所包含的活动、内容和绩效指标

B. 为各绩效指标设定一组关键事件

C. 确定绩效等级与关键事件之间的对应关系，建立起行为锚定评分表

D. 制定企业战略

E. 参照行为锚定评分表，对被考核者的工作绩效进行考核

【答案】ABCE

【解析】行为锚定评价法的步骤：

第一，考核者确定某工作所包含的活动、内容和绩效指标；

第二，为各绩效指标设定一组关键事件；

第三，确定绩效等级与关键事件之间的对应关系，并将这些事件从好到坏进行排列，建立起行为锚定评分表；

第四，参照行为锚定评分表，对被考核者的工作绩效进行考核。

【例题 单选题】以标杆超越为基础设计的绩效考核体系的正确流程是( )。

A. 发现瓶颈—选择标杆—数据收集—比较与分析确定绩效标准—内部沟通与交流—采取行动并及时反馈信息

B. 发现瓶颈—选择标杆—内部沟通与交流—采取行动并及时反馈信息—数据收集—比较与分析确定绩效标准

C. 数据收集—发现瓶颈—选择标杆—比较与分析确定绩效标准—内部沟通与交流—采取行动并及时反馈信息

D. 发现瓶颈—比较与分析确定绩效标准—内部沟通与交流—选择标杆—数据收集—采取行动并及时反馈信息

【答案】A

【解析】以标杆超越为基础设计的绩效考核体系主要包括：发现瓶颈—选择标杆—数据收集—比较与分析确定绩效标准—内部沟通与交流—采取行动并及时反馈信息等。

第三节 薪酬管理

薪酬是指员工从事企业所需要的劳动而得到的各种形式的经济收入、福利、服务和待遇。企业薪酬制度的设计包括以下几个原则：公平原则、竞争原则、激励原则、量力而行原则和合法原则。

思维导图

本节涉及多个知识点和概念，如图7-4所示。

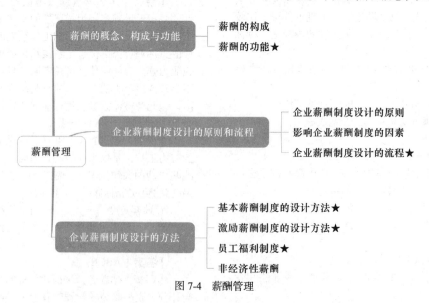

图7-4 薪酬管理

知识点测试

【2014年单选题】某企业进行薪酬制度设计时,将员工的职位划分为若干类型,按员工所处的职位对企业和重要程度和贡献确定其基本薪酬的水平和数额。该企业采用的薪酬制度设计方法是( )。

A. 职位分类法　　　B. 职位等级法
C. 计点法　　　　　D. 因素比较法

【答案】A

【解析】职位分类法,这种方法是将企业中的所有职位划分为若干类型,如可以把企业中的职位划分为管理类、技术类、操作类(或生产类)、财务类、营销类、行政类等职位类型,然后根据各类职位对企业的重要程度和贡献,确定每一类职位中所有员工的薪酬水平。它适用于专业化程度高、分工较细、技术单一、工作目标比较固定的产业和工种。

【2014年单选题】企业给员工缴纳的社会保险费属于( )。

A. 基本薪酬　　　B. 激励薪酬
C. 补偿薪酬　　　D. 间接薪酬

【答案】D

【解析】间接薪酬是企业给予员工的一般不直接以货币形式发放,但可以转化为货币或可以用货币计量的各种福利、待遇、服务和消费活动,也称福利薪酬或员工福利。如企业为员工缴纳的各种保险、免费工作午餐、班车接送、免费体检、公费进修培训、带薪休假、集体组织旅游等。

【2014年单选题】企业内部各类、各级职位之间的薪酬标准要适当拉开距离,以提高员工的工作积极性。这体现了薪酬制度设计的( )。

A. 公平原则　　　　B. 合法原则
C. 激励原则　　　　D. 量力而行原则

【答案】C

【解析】激励原则是指企业内部各类、各级职位之间的薪酬标准要适当拉开距离,避免平均化,利用薪酬的激励功能提高员工的工作积极性。

【2014年单选题】下列薪酬内容中,与员工的工作绩效无关,具有促使员工忠诚于企业作用的是( )。

A. 福利　　　　　B. 奖金
C. 补偿薪酬　　　D. 激励薪酬

【答案】A

【解析】福利是企业通过福利设置建立各种补

贴、为员工生活提供方便、减轻员工经济负担的一种非直接支付。福利的提供与员工的工作绩效及贡献无关。福利具有维持劳动力再生产、激励员工和促使员工忠实于企业的作用。

【2014年多选题】下列薪酬形式中,属于激励薪酬的有( )。

A. 奖金　　　　　B. 员工持股
C. 员工分红　　　D. 带薪休假
E. 工资

【答案】ABC

【解析】激励薪酬是企业为激励员工更有成效地劳动或愿意为企业提供更长时间的服务支付给员工的报酬,主要指奖金、员工持股、员工分红、经营者年薪制与股权激励等形式。激励薪酬包括奖金、员工持股、员工分红等。

【2012年多选题】影响企业酬薪制度的内在因素有( )。

A. 劳动力市场状况
B. 国家的有关法律
C. 企业的经营状况与财力
D. 企业员工知识技能的差别
E. 企业所在地的生活水平

【答案】CD

【解析】选项ABE属于影响企业酬薪制度的外在因素。

【2010年单选题】企业为了表彰员工达到某一规定的绩效而支付奖励80万元属于( )。

A. 特殊贡献奖金
B. 绩效奖金
C. 建议奖金
D. 节约奖金

【答案】B

【解析】特殊贡献奖金是指企业为了奖励员工做出的特殊贡献而设立的奖金,A选项不选;建议奖金是指企业为了提高员工的主动性和主人翁精神,为企业多提有用的意见、建议而设立的奖金,C选项不选;节约奖金是指企业为了鼓励员工节约资源、降低成本而设立的奖金,D选项不选。

【例题　单选题】年底某公司组织员工集体滑雪活动,活动产生的费用由公司承担,这项福利属于( )。

A. 直接薪酬　　　B. 间接薪酬
C. 非经济性薪酬　D. 奖金

【答案】B

【解析】间接薪酬一般不直接以货币形式发

放，但可以转化为货币或可以用货币计量的各种福利、待遇、服务和消费活动，也称福利薪酬或员工福利，组织集体活动属于间接薪酬。

【例题　单选题】公司为了鼓励员工更加努力工作，给夜班值班的员工每人增加100元的薪酬，该项薪酬属于(　　)。

A. 直接薪酬　　　　　B. 间接薪酬
C. 非经济性薪酬　　　D. 补偿薪酬

【答案】D

【解析】夜班津贴属于补偿薪酬。补偿薪酬是企业对员工非正常工作时间、特殊或困难工作条件下额外的劳动付出和承担工作风险所给予的报酬，主要包括加班费、津贴、补贴等形式。比如夜班工作津贴、出差补贴、特殊工作条件补贴等。

【例题　单选题】薪酬对企业的功能不包括(　　)。

A. 促进企业变革和发展的功能
B. 改善用人活动功效的功能
C. 激励功能
D. 增值功能

【答案】C

【解析】薪酬对企业的功能包括：增值功能，薪酬是企业购买劳动力的成本，它能够给企业带来大于成本的预期收益。改善用人活动功效的功能，薪酬不仅决定了企业可以招聘到的员工的数量和质量，也决定了企业的人力资源存量，还决定了现有员工受到激励的状况，影响到他们的工作效率、出勤率、归属感和忠诚度，从而直接影响到企业的生产能力和工作效率。

【例题　单选题】在进行企业薪酬制度设计时，必须考虑自身的经济实力，避免薪酬过高或薪酬过低的情况出现，以避免使企业成本过高或缺乏吸引力和竞争力，指的是(　　)。

A. 公平原则　　　　　B. 竞争原则
C. 激励原则　　　　　D. 量力而行原则

【答案】D

【解析】量力而行原则是指企业在设计薪酬制度时必须考虑自身的经济实力，避免薪酬过高或薪酬过低的情况出现，以避免使企业成本过高或缺乏吸引力和竞争力。

【例题　单选题】在进行企业薪酬制度设计时，企业内部各类、各级职位之间的薪酬标准要适当拉开距离，避免平均化，利用薪酬的激励功能提高员工的工作积极性，指的是(　　)。

A. 公平原则　　　　　B. 竞争原则

C. 激励原则　　　　　D. 量力而行原则

【答案】C

【解析】激励原则是指企业内部各类、各级职位之间的薪酬标准要适当拉开距离，避免平均化，利用薪酬的激励功能提高员工的工作积极性。

【例题　单选题】在进行企业薪酬制度设计时，应高于同一地区或同一行业其他企业同种职位的薪酬标准，以使自己的企业具有吸引力和竞争力，对关键职位的薪酬标准尤其应如此，指的是(　　)。

A. 公平原则　　　　　B. 竞争原则
C. 激励原则　　　　　D. 量力而行原则

【答案】B

【解析】竞争原则是指应高于同一地区或同一行业其他企业同种职位的薪酬标准，以使自己的企业具有吸引力和竞争力，对关键职位的薪酬标准尤其应如此。

【例题　单选题】薪酬设计的一般流程是(　　)。

A. 明确现状和需求—确定员工薪酬策略—工作分析—职位评价—等级划分—建立健全配套制度—市场薪酬调查—薪酬制度的实施与修正

B. 明确现状和需求—等级划分—确定员工薪酬策略—工作分析—职位评价—建立健全配套制度—市场薪酬调查—薪酬制度的实施与修正

C. 明确现状和需求—确定员工薪酬策略—建立健全配套制度—市场薪酬调查—工作分析—职位评价—等级划分—薪酬制度的实施与修正

D. 明确现状和需求—确定员工薪酬策略—工作分析—职位评价—薪酬制度的实施与修正—等级划分—建立健全配套制度—市场薪酬调查

【答案】A

【解析】薪酬设计的一般流程包括：明确现状和需求—确定员工薪酬策略—工作分析—职位评价—等级划分—建立健全配套制度—市场薪酬调查—薪酬制度的实施与修正。

【例题　单选题】以职位为导向的基本薪酬制度的设计中，将各职位划分到某一类职位中时，有的科学依据不足，容易造成内部不公平，因此适用于专业化程度较高、分工较细、工作目标较为明确的企业，指的是(　　)。

A. 职位等级法　　　B. 职位分类法
C. 计点法　　　　　D. 因素比较法

【答案】B

【解析】职位分类法是将企业中的所有职位划分为若干类型，然后根据各类职位对企业的重要程度和贡献，确定每一类职位中所有员工的薪酬水平，其优点是简单易行，可做到同职同薪，且能较好地发挥薪酬对员工在企业内部流动的调节作用；缺点是将各职位划分到某一类职位时，有的科学依据不足，容易造成内部不公平。该方法适用于专业化程度较高、分工较细、工作目标较为明确的企业。

【例题　单选题】基本薪酬制度的设计中，理论依据是具有较高文凭的员工工作效果会更好，而且还可以承担更高要求的工作，指的是(　　)。

A. 职位等级法
B. 职位分类法
C. 计点法
D. 以知识为基础的薪酬设计法

【答案】D

【解析】以知识为基础的薪酬设计法的理论依据是具有较高文凭的员工工作效果会更好，而且还可以承担更高要求的工作。这种方法比较适用于企业职能管理人员基本薪酬的确定。

考题预测及强化训练

一、单项选择题

1. 企业的人力资源规划分为总体规划和具体计划的依据是(　　)。
   A. 规划的性质
   B. 规划的人员
   C. 规划的时间
   D. 规划的方法

2. 某企业对营销部门的人力资源需求进行预测，由营销部经理和营销总监根据工作中的经验和对企业未来业务量增减情况来预测营销人员的需求数量。该企业采用的人力资源需求预测方法是(　　)。
   A. 管理人员判断法
   B. 线性回归分析法
   C. 德尔菲法
   D. 管理人员接续计划法

3. 某商场根据过去的经验，在一年中每增加500万元的销售额，需增加30人，预计一年后销售额将增加1500万元，如果管理人员、销售人员和后勤服务人员的比例是1∶6∶2，则新增加的人员中，管理人员应为(　　)人。
   A. 10　　　　　　　　B. 20
   C. 50　　　　　　　　D. 60

4. 某企业通过统计分析发现，本企业的销售额与所需销售人员数成正相关关系，并根据过去10年的统计资料建立了一元线性回归预测模型 $y=a+bx$，x 代表销售额(单位：万元)，y 代表销售人员数(单位：人)，回归系数 $a=15$，$b=0.04$。同时该企业预计2014年销售额将达到1000万元，则该企业2014年需要销售人员(　　)人。
   A. 15　　　　　　　　B. 40
   C. 55　　　　　　　　D. 68

5. 下列人力资源供给与预测方法中，适用于对管理人员和工程技术人员的供给预测方法是(　　)。
   A. 转换比率分析法
   B. 人员核查法
   C. 马尔可夫模型法
   D. 管理人员接续计划法

6. 根据绩效考核结果对员工进行奖惩、培训等，这属于绩效考核的(　　)功能。
   A. 管理　　　　　　　B. 学习
   C. 激励　　　　　　　D. 沟通

7. 绩效考核方法中，常用于对企业中初、中级专业技术人员和职能管理人员绩效考核的是(　　)。
   A. 量表法　　　　　　B. 比较法
   C. 民主评议法　　　　D. 书面鉴定法

8. 根据一一对比法，表7-2中员工绩效水平最高的是(　　)。

表7-2　员工绩效水平对比

比较对象 考核对象	赵某	钱某	孙某	李某
赵某	0	−	+	+
钱某	−	0	+	−
孙某	−	+	0	−
李某	+	+	+	0
合计	1	2	3	1

A. 赵某　　B. 钱某　　C. 孙某　　D. 李某

9. 行为锚定法是把(　　)结合起来，取二者之所长的方法。
A. 民主评议法与书面鉴定法
B. 民主评议法与关键事件记录法
C. 评级量表法与关键事件记录法
D. 评级量表法与书面鉴定法

10. 下列各项中，影响企业薪酬制度制定的外在因素是(　　)。
A. 企业的业务性质
B. 企业所在地区的生活水平
C. 企业的经营状况
D. 企业所在地区的宗教信仰

11. 企业依据员工的职位、级别、能力和工作结果支付给员工的比较稳定的报酬称为(　　)。
A. 福利薪酬　　　　　　B. 激励薪酬
C. 补偿薪酬　　　　　　D. 基本薪酬

12. 《中华人民共和国劳动合同法》第10条规定："已建立劳动关系，未同时订立书面劳动合同的，应当自用工之日起(　　)内订立书面劳动合同。"
A. 一个月　　　　　　　B. 两个月
C. 三个月　　　　　　　D. 六个月

13. 按照(　　)不同，企业劳动合同可分为全日制劳动合同和非全日制劳动合同。
A. 工作性质　　　　　　B. 工作强度
C. 工作时间　　　　　　D. 劳动合同期限

14. 建筑业、铁路交通和水利工程等多采用的劳动合同是(　　)。
A. 以完成一定工作为期限的劳动合同
B. 非全日制劳动合同
C. 固定期限劳动合同
D. 无固定期限劳动合同

15. 下列不属于劳动合同的法定条款的是(　　)。
A. 劳动合同期限
B. 劳动报酬
C. 工作时间和休息休假
D. 保守商业秘密和竞业限制条款

16. (　　)是企业劳动合同在期限届满之前，企业和劳动者双方或单方提前终止劳动合同效力的法律行为。
A. 企业劳动合同的终止
B. 企业劳动合同的解除
C. 企业劳动合同的履行
D. 企业劳动合同的变更

17. 劳动者无过失，企业可以解除合同的情形不包括(　　)。
A. 劳动者不能胜任工作，经过培训或者调整工作岗位，仍不能胜任工作的
B. 劳动者同时与其他用人单位建立劳动关系，对完成本单位的工作任务造成严重影响，或者经用人单位提出，拒不改正的
C. 劳动合同订立时所依据的客观情况发生重大变化，致使劳动合同无法履行，经企业与劳动者协商，未能就变更劳动合同内容达成协议的
D. 劳动者患病或者非因工负伤，在规定的医疗期满后不能从事原工作，也不能从事由企业另行安排的工作的

18. 企业对已经终止的劳动合同的文本，至少保存(　　)备查。
A. 3个月　　　　　　　B. 半年
C. 1年　　　　　　　　D. 2年

19. 下列不属于处理企业劳动争议遵循的原则的是(　　)。
A. 着重调解、及时处理原则
B. 公开处理原则
C. 在查清事实的基础上依法处理原则
D. 当事人在适用法律面前一律平等原则

20. 以下组织中不属于劳动争议仲裁机构的是(　　)。
A. 工会
B. 仲裁庭
C. 仲裁委员会办事机构
D. 劳动争议仲裁委员会

21. 下列关于因履行集体协议发生争议的处理表述错误的是(　　)。
A. 适用基层调解程序
B. 应当自组成仲裁庭之日起15日内结束
C. 仲裁庭应按照就地、就近的原则进行处理
D. 仲裁委员会应当自收到申诉书之日起3日内做出受理或不予受理的决定

22. 人力资源规划的基点是(　　)。
A. 保障企业组织和企业员工都得到长期的利益
B. 谋求企业人力资源与企业发展目标的动态平衡
C. 谋求企业人力资源与企业发展战略的动态平衡
D. 寻求人力资源需求与供给的动态平衡

23. 由有经验的专家依赖自己的知识、经验和分析判断能力对企业的人力资源管理需求进行直觉判断与预测，这种方法称为(　　)。
A. 转换比率分析法　　　B. 管理人员判断法

C. 一元回归分析法　　D. 德尔菲法

24. 某商场根据过去的经验，在一年中每增加1000万元的销售额，需增加销售人员10人，预计一年后销售额将增加3000万元，如果管理人员、销售人员和后勤服务人员的比例是1：6：2，则管理人员需要( )人。

　　A. 4　　　　B. 5　　　　C. 10　　　　D. 30

25. 使用一元回归分析法进行人力资源需求预测的关键是( )。

　　A. 找出影响人力资源需求的因素
　　B. 找出与人力资源需求高度相关的变量
　　C. 收集历史数据
　　D. 计算回归系数

26. 适用于对管理人员和工程技术人员的供给预测方法是( )。

　　A. 转换比率分析法
　　B. 管理人员接续计划法
　　C. 马尔可夫模型法
　　D. 人员核查法

27. 员工个人绩效的优劣及形成是多种因素综合作用的结果，而不是由某个单一的因素能够决定的，这体现了绩效的( )特点。

　　A. 多维性　　　　B. 多因性
　　C. 变动性　　　　D. 复杂性

28. 绩效考核的技术准备工作不包括( )。

　　A. 选择考核者　　　B. 绩效沟通
　　C. 明确考核标准　　D. 确定考核方法

29. 在听取考核对象个人的述职报告的基础上，由考核对象的上级主管、同事、下级以及与其有工作关系的人员，对其工作绩效做出评价，然后综合分析各方面的意见得出该考核对象的绩效考核结果。这种绩效考核方法是( )。

　　A. 民主评议法　　　B. 关键事件法
　　C. 书面鉴定法　　　D. 比较法

30. 某企业以"底薪+提成"的方式支付销售人员的报酬，其中底薪属于( )。

　　A. 基本薪酬　　　　B. 补偿薪酬
　　C. 激励薪酬　　　　D. 间接薪酬

31. 企业薪酬制度设计流程的第一步是( )。

　　A. 市场薪酬调查　　B. 明确现状和需求
　　C. 工作分析　　　　D. 职位评价

32. 下列基本薪酬制度的设计方法中，较适用于工作在生产和业务一线员工的基本薪酬确定的是( )。

　　A. 因素比较法

B. 职位分类法
C. 以知识为基础的基本薪酬制度设计
D. 以技能为基础的基本薪酬制度设计

33. 企业以奖金、员工持股、员工分红等形式支付给员工的报酬称为( )。

　　A. 补偿薪酬　　　　B. 激励薪酬
　　C. 福利薪酬　　　　D. 基本薪酬

34. 下列情形不符合订立无固定期限劳动合同的有( )。

　　A. 劳动者在该用人单位连续工作满十年的
　　B. 劳动者提出订立固定期限劳动合同的
　　C. 连续订立二次固定期限劳动合同，且劳动者没有《劳动合同法》第39条、第40条第一项、第二项规定的情形，续订劳动合同的
　　D. 用人单位自用工之日起满一年不与劳动者订立书面劳动合同的，视为用人单位与劳动者已订立无固定期限劳动合同

35. ( )是企业劳动者和企业之间确立、变更和终止劳动权利和义务的协议。

　　A. 企业协议　　　　B. 口头协议
　　C. 企业劳动合同　　D. 劳动确认函

36. 非全日制用工是指以小时计酬为主，劳动者在同一用人单位一般平均每日工作时间不超过4小时，每周工作时间累计不超过( )小时的用工形式。

　　A. 20　　　　　　　B. 24
　　C. 40　　　　　　　D. 44

37. 根据劳动合同，劳动者的主要义务不包括( )。

　　A. 附随的义务
　　B. 忠诚的义务
　　C. 照料的业务
　　D. 劳动给付的范围、时间和地点

38. 法律规定劳动合同履行应当遵循( )的原则。

　　A. 诚信履行　　　　B. 部分履行
　　C. 全面履行　　　　D. 合理履行

39. 《劳动合同法》第37条规定，劳动者提前( )天以书面形式通知用人单位，可以解除劳动合同。

　　A. 7　　　　　　　　B. 15
　　C. 20　　　　　　　D. 30

40. 终止合同应在合同期满日提出，而不是期满后一段时间才提出。根据我国劳动法律的相关规定，终止劳动合同，企业应提前( )日通知劳动者。

　　A. 15　　　　　　　B. 20
　　C. 30　　　　　　　D. 45

41. 企业代表人数不得超过调解委员会成员总数的（ ）。
    A. 1/5　　　　　　　　 B. 1/4
    C. 1/3　　　　　　　　 D. 1/2

42. 调解委员会调解劳动争议，应当自当事人申请调解之日起（ ）日内结束；到期未结束的，视为调解不成。
    A. 30　　　　　　　　 B. 45
    C. 60　　　　　　　　 D. 90

43. 人力资源规划的制定程序是（ ）。
    A. 分析企业经营战略对人力资源的要求—进行人力资源需求与供给预测—制定人力资源总体规划和各项具体计划—人力资源规划实施与效果评价
    B. 人力资源需求与供给预测—分析企业经营战略对人力资源的要求—制定人力资源总体规划和各项具体计划—人力资源规划实施与效果评价
    C. 制定人力资源总体规划和各项具体计划—分析企业经营战略对人力资源的要求—人力资源需求与供给预测—人力资源规划实施与效果评价
    D. 制定人力资源总体规划和各项具体计划—人力资源需求与供给预测—分析企业经营战略对人力资源的要求—人力资源规划实施与效果评价

44. 企业劳动争议当事人对仲裁裁决不服的，自收到裁决书之日起（ ）日内，向人民法院提起诉讼。
    A. 10　　　　　　　　 B. 15
    C. 20　　　　　　　　 D. 30

45. 仲裁委员会应当自收到申诉书之日起（ ）日内做出受理或者不予受理的决定。
    A. 3　　　　　　　　 B. 5
    C. 7　　　　　　　　 D. 15

46. 2001年12月，最高人民法院公布了（ ），共83条，极大地丰富了民事审判的证据规则，对公民参加诉讼和法官审理案件都具有非同寻常的意义。
    A.《中华人民共和国民事诉讼法》
    B.《中华人民共和国企业劳动争议处理条例》
    C.《最高人民法院关于民事诉讼证据的若干规定》
    D.《最高人民法院关于审理劳动争议案件适用法律若干问题的解释》

47. 人民法院在不予执行的裁定书中，应当告知当事人在收到裁定书之次日起（ ）日内，可以就该劳动争议事项向人民法院起诉。
    A. 7　　　　　　　　 B. 15
    C. 30　　　　　　　　 D. 60

48. 根据历史数据把企业未来的业务活动量转化为人力资源需求的预测方法是（ ）。
    A. 管理人员判断法　　 B. 德尔菲法
    C. 转换比率分析法　　 D. 分析法

49. 企业制定薪酬制度的过程中，当工作分析完成后，紧接着应进行（ ）。
    A. 确定员工薪酬策略　 B. 等级划分
    C. 市场薪酬调查　　　 D. 职位评价

50. 随着管理层次的上升，在管理人员应具备的各种能力中，（ ）所占比重会上升。
    A. 语言表达能力　　　 B. 技术能力
    C. 组织协调能力　　　 D. 规划决策能力

51. 某超市根据过去的经验，在一年中每增加100万元的销售额，需增加3人，预计一年后销售额将增加5000万元，如果管理人员、销售人员和后勤服务人员的比例是1：7：2，则新增加人员中，管理人员应为（ ）人。
    A. 15　　　　　　　　 B. 30
    C. 105　　　　　　　　 D. 150

52. 企业从外部招聘到专业技术人员的可能性主要与（ ）有关。
    A. 行业劳动力市场供求状况
    B. 企业员工人数
    C. 企业所在地经理人市场供求状况
    D. 企业技术水平

53. （ ）是进行人力资源规划的依据，并且其质量在很大程度上决定了人力资源规划的有效性。
    A. 人力资源需求　　　 B. 人力资源供给
    C. 人力资源信息　　　 D. 人力资源总体规划

54. 企业的各级管理人员，根据自己工作中的经验和对企业未来业务量增减情况的直觉考虑，自下而上地确定未来所需人员的方法是（ ）。
    A. 管理人员判断法　　 B. 德尔菲法
    C. 转换比率分析法　　 D. 一元回归分析法

55. 在员工招聘中，主要针对求职者明显的行为以及实际操作的测试方法是（ ）。
    A. 心理测验　　　　　 B. 知识考试
    C. 情景模拟考试　　　 D. 面试

56. （ ）直接决定人力资源规划的效果和成败。
    A. 信息收集

B. 人力资源需求与供给预测

C. 制定人力资源总体规划和业务计划

D. 人力资源规划实施与效果评价

57. 从心理学角度来说，薪酬是个人和企业之间的一种心理契约，这种契约通过员工对于薪酬状况的感知而影响员工的行为、工作态度以及工作绩效，这属于薪酬的( )。

A. 调节功能 B. 增值功能

C. 保障功能 D. 激励功能

58. 按照员工流动的主动性与否，员工流动可以分为( )。

A. 自愿性流动和非自愿性流动

B. 地区流动、层级流动和专业流动

C. 员工流入、员工内部流动和员工流出

D. 人事不适流动、人际不适流动和生活不适流动

59. 企业在招聘中，根据不同的招聘要求灵活选择适当的招聘形式，用尽可能低的招聘成本吸引高素质的员工，这遵循的原则是( )。

A. 信息公开原则 B. 公正平等原则

C. 效率优先原则 D. 双向选择原则

60. 下列有关人力资源的描述中不正确的是( )。

A. 商品流通企业的人力资源是指在一定时期内，能够推动企业和社会发展的具有智力劳动和体力劳动能力的人们的总称，包括数量和质量两个目标

B. 人力资源是指在一定时期内，能够推动企业和社会发展的所有人们的总称

C. 人力资源的构成包括数量和质量两个目标

D. 人力资源的总量表现为人力资源数量与人力资源质量的乘积

二、多项选择题

1. 企业人力资源规划员工培训计划的目标有( )。

A. 员工知识技能改善 B. 改善企业文化

C. 改善工作作风 D. 员工结构优化

E. 提高绩效

2. 下列属于影响绩效的主观因素的有( )。

A. 激励 B. 环境

C. 政策 D. 知识

E. 能力

3. 绩效考核评价主体一般包括( )。

A. 上下级 B. 同事

C. 家人 D. 本人

E. 客户

4. 薪酬对员工的功能有( )。

A. 保障功能 B. 增值功能

C. 激励功能 D. 调节功能

E. 塑造功能

5. 职位等级法的优点有( )。

A. 具有较强的灵活性 B. 简单易行

C. 成本较低 D. 可做到同职同薪

E. 能有效地激励员工

6. 按照劳动合同的期限划分，企业劳动合同可以分为( )。

A. 两年期限劳动合同

B. 三年期限劳动合同

C. 固定期限劳动合同

D. 无固定期限劳动合同

E. 以完成一定工作任务为期限的劳动合同

7. 下列属于劳动者的主要义务的是( )。

A. 劳动给付的义务

B. 提供劳动条件的义务

C. 附随的义务

D. 忠诚的义务

E. 照料的义务

8. 企业和劳动者双方当事人在必备条款之外，根据具体情况，经协商可以约定的条款主要有( )。

A. 培训

B. 试用期

C. 补充保险和福利待遇

D. 劳动保护、劳动条件和职业危害防护

E. 用人单位的法定代表人

9. 解除企业劳动合同的程序有( )。

A. 提议 B. 提前书面通知

C. 薪酬结算 D. 征求工会意见

E. 经济补偿

10. 企业劳动争议仲裁的步骤主要包括( )。

A. 提议 B. 立案

C. 裁决 D. 协商

E. 结案

11. 下列不属于劳动争议范围的有( )。

A. 劳动者与企业在履行劳动合同过程中发生的纠纷

B. 劳动者对劳动能力鉴定委员会的伤残等级鉴定结论有异议的

C. 劳动者请求社会保险经办机构发放社会保险金的纠纷

D. 个体工匠与帮工、学徒之间的纠纷

E. 劳动者退休后，与尚未参加社会保险统筹的原企业因追索养老金而发生的纠纷

12. 下列关于企业劳动争议诉讼案件当事人的表述

正确的有(　　)。
A. 企业与其他单位合并的，合并前发生的劳动争议，由合并后的单位为当事人
B. 企业分立为若干单位的，其分立前发生的劳动争议，分立后的单位均为当事人
C. 企业分立为若干单位后，对承担劳动权利义务的单位不明确的，分立后的单位均为当事人
D. 企业招用尚未解除劳动合同的劳动者，原企业与劳动者发生的劳动争议，可以列新的企业为第三人
E. 劳动者在企业与其他平等主体之间的承包经营期间，与发包方和承包方双方或者一方发生劳动争议，依法向人民法院起诉的，应当将承包方和发包方作为当事人

13. 企业可以采用的人力资源需求预测方法有(　　)。
A. 人员核查法　　　　B. 德尔菲法
C. 马尔可夫模型法　　D. 一元回归分析法
E. 转换比率分析法

14. 制定人力资源总体规划主要体现在(　　)。
A. 人力资源薪酬规划
B. 人力资源数量规划
C. 人力资源素质规划
D. 人力资源结构规划
E. 人力资源开发规划

15. 影响企业外部人力资源供给的因素有(　　)。
A. 本地区的人口总量与人力资源供给率
B. 本地区的人力资源的总体构成
C. 宏观经济形势和失业率预期
D. 本地区劳动力市场的供求状况
E. 企业人才流失率

16. 当前，企业对员工的绩效考核主要包括(　　)。
A. 工作业绩　　　　B. 工作能力
C. 工作态度　　　　D. 工作心态
E. 工作计划

17. 绩效考核导致误差和错误的原因主要是出现在考核主体身上的(　　)。
A. 晕轮效应　　　　B. 马太效应
C. 从众心理　　　　D. 优先与近期效应
E. 偏见效应

18. 绩效考核的比较方法中，常用的形式包括(　　)。
A. 直接排序法　　　B. 交替排序法
C. 插入对比法　　　D. 一一对比法
E. 关键事件法

19. 绩效考核的关键事件法的优点有(　　)。

A. 具有唯一的考核标准
B. 考核结果易于进行横向比较
C. 操作程序比较简单
D. 考核结果以事实为依据，说服力强
E. 能够使被考核者明了自己目前存在的不足和今后努力的方向

20. 下列属于福利薪酬的有(　　)。
A. 免费工作午餐　　B. 员工分红
C. 集体组织旅游　　D. 股权激励
E. 班车接送

21. 企业薪酬制度设计要遵循公平原则，其表现形式有(　　)。
A. 外部公平　　　　B. 过程公平
C. 内部公平　　　　D. 结果公平
E. 员工个人公平

22. 企业可以根据自身的需要设立各种奖金，奖金的类型主要有(　　)。
A. 节约奖金　　　　B. 建议奖金
C. 绩效奖金　　　　D. 优秀奖金
E. 特殊贡献奖金

23. 薪酬对企业的功能体现在(　　)。
A. 增值功能
B. 改善用人活动功效的功能
C. 协调企业内部关系和塑造企业文化的功能
D. 促进企业变革和发展的功能
E. 激励员工

24. 根据劳动合同，企业的主要义务包括(　　)。
A. 忠诚的义务
B. 附随的义务
C. 照料的义务
D. 劳动报酬给付的义务
E. 提供劳动条件的义务

25. 根据我国劳动合同法，劳动合同的法定条款包括(　　)等内容。
A. 劳动合同期限　　B. 劳动报酬
C. 社会保险　　　　D. 试用期
E. 福利待遇

26. 企业和劳动者双方当事人在必备条款之外，根据具体情况，经协商可以约定的条款主要有(　　)。
A. 培训　　　　　　B. 试用期
C. 薪酬　　　　　　D. 补充保险和福利待遇
E. 保守商业秘密和竞业限制条款

27. 根据《劳动合同法》的规定，以下情形属于无效劳动合同的有(　　)。

A. 违反法律、行政法规强制性规定的劳动合同

B. 企业与劳动者在签订劳动合同时的法律地位是平等的

C. 双方不存在任何依附关系，任何一方不得歧视、欺压对方

D. 企业免除自己的法定责任、排除劳动者权利订立的劳动合同

E. 以欺诈、胁迫的手段或者乘人之危，使对方在违背真实意思的情况下订立或者变更的劳动合同

28. 下列情形中，劳动者可以解除劳动合同的有(　　)。

A. 用人单位依法为劳动者缴纳社会保险费的

B. 用人单位的规章制度违反法律、法规的规定，损害劳动者权益的

C. 用人单位未按照劳动合同约定提供劳动保护或者劳动条件的

D. 用人单位及时足额支付劳动报酬的

E. 用人单位采用欺诈、胁迫的手段或者乘人之危，使劳动者在违背真实意思的情况下订立或者变更劳动合同，致使劳动合同无效的

29. 有下列(　　)情形之一的，劳动合同终止。

A. 劳动合同期满的

B. 企业被依法宣告破产的

C. 劳动者死亡，或者被人民法院宣告死亡或者宣告失踪的

D. 劳动者开始依法享受基本养老保险待遇的

E. 在本单位患职业病或者因工负伤并被确认丧失或者部分丧失劳动能力的

30. 调解委员会调解劳动争议一般包括(　　)。

A. 调解准备　　　　　B. 调解开始

C. 实施调解　　　　　D. 执行调解结果

E. 调解终止

31. 劳动争议调解应遵循的原则有(　　)。

A. 公平平等原则　　　B. 量力而行原则

C. 自愿原则　　　　　D. 协商一致原则

E. 民主说服原则

32. 仲裁员有下列(　　)情形的，当事人有权提出回避申请。

A. 与本案有利害关系

B. 与本案当事人不认识

C. 是本案当事人或者当事人、代理人的近亲属

D. 与本案当事人、代理人有其他关系，可能影响公正仲裁的

E. 私自会见当事人、代理人，或者接受当事人、代理人的请客送礼的

33. 下列属于劳动争议范围的有(　　)。

A. 劳动者与企业在履行劳动合同过程中发生的纠纷

B. 劳动者与企业之间没有订立书面劳动合同，但已形成劳动关系后发生的纠纷

C. 劳动者与企业因住房制度改革产生的公有住房转让纠纷

D. 家庭或者个人与家政服务人员之间的纠纷

E. 劳动者退休后，与尚未参加社会保险统筹的原企业因追索养老金而发生的纠纷

34. 在劳动争议诉讼活动中，依据相关规定，因用人单位做出的开除、除名、辞退、解除劳动合同和(　　)等决定而发生的劳动争议，用人单位负举证责任。

A. 公有住房转让

B. 住房公积金

C. 减少劳动报酬

D. 计算劳动者工作年限

E. 仲裁时效中止

35. 在做出惩戒员工的决策时，必须贯彻公平原则。公平原则的表现形式有(　　)。

A. 外部公平　　　　　B. 结果公平

C. 程序公平　　　　　D. 人际公平

E. 内部公平

36. 员工的非经济性薪酬主要包括(　　)。

A. 法定假日　　　　　B. 失业保险

C. 工作本身　　　　　D. 工作环境

E. 企业文化

37. 在人力资源需求预测过程中，用德尔菲法预测要注意的问题有(　　)。

A. 所提出的预测问题应尽可能复杂

B. 为专家提供详尽且完善的有关企业生产经营状况的信息

C. 保证所有专家能够从同一角度去理解有关人力资源管理方面的术语和概念

D. 问题的回答不要求太精确，但要说明原因

E. 向高层管理人员和专家讲明预测对企业及下属单位的益处，以争取他们对德尔菲法的支持

38. 企业外部招聘的优点有(　　)。

A. 能够为企业带来新鲜空气

B. 可能招聘到更优秀的人才

C. 为员工提供了晋升的机会和空间

D. 有助于企业挑选和培养管理者和接班人

E. 能够使企业快速招聘到所需要的人才

39. 员工招聘中常用的测试方法主要有( )。

    A. 心理测验   B. 知识考试

    C. 情景模拟考试   D. 面试

    E. 申请人自荐

40. 企业在进行薪酬制度设计时,应该遵循的原则主要有( )。

    A. 公平原则   B. 效率优先原则

    C. 竞争原则   D. 量力而行原则

    E. 合法原则

三、案例分析题

(一) 某企业正在对自己的销售部门人力资源供给进行分析与预测,通过对2007—2014年销售部门人力资源人员变动情况的分析,得到销售部门人员变动矩阵,如表7-3所示。

表7-3 某企业销售部门人员变动矩阵表

职 务	人员调动概率				离职率
	销售总监	销售经理	业务主管	业务员	
销售总监	0.6				0.4
销售经理	0.1	0.7			0.2
业务主管		0.1	0.6	0.2	0.1
业务员			0.2	0.5	0.3

该企业2014年有业务员40人,业务主管15人,销售经理3人,销售总监1人。

根据上述资料,回答下列问题:

1. 在该案例中,该企业采用的人力资源供给预测方法是( )。

    A. 人员核查法   B. 转换比率分析

    C. 马尔可夫模型   D. 管理人员接续计划法

2. 该企业2015年业务员的内部供给量预计为( )人。

    A. 9   B. 17

    C. 20   D. 23

3. 该企业如果采取内部招聘的方式招聘销售总监,该方法的优点有( )。(多选题)

    A. 有助于调动员工的工作积极性和进取精神

    B. 可以降低误用或错用率

    C. 有利于企业扩展视野

    D. 可以提高员工对企业的忠诚度

4. 如果该企业采用外部招聘的方式补充相关人员,可以采用的方式有( )。(多选题)

    A. 中介机构招聘   B. 人才招聘会招聘

    C. 校园招聘   D. 职位转换

(二) 某企业进行人力资源需求与供给预测。经过调查研究与分析,确认本企业的销售额(单位:万元)和所需销售人员数(单位:人)成一元线性正相关关系,并根据过去10年的统计资料建立了一元线性回归预测模型 $y=a+bx$,其中:x 代表销售额,y 代表销售人员数,回归系数 $a=20$,$b=0.03$。同时,该企业预计2015年销售额将达到1000万元,2016年销售额将达到1500万元。通过统计研究发现,销售额每增加500万元,需增加管理人员、销售人员和客

服人员共40人。新增人员中,管理人员、销售人员和客服人员的比例是1:6:3。根据人力资源需求与供给情况,该企业制定了总体规划及相关计划。

根据上述资料,回答下列问题:

5. 根据一元回归分析法计算,该企业2015年需要销售人员( )人。

    A. 20   B. 30

    C. 50   D. 64

6. 根据转换比率分析法计算,该企业2016年需要增加管理人员( )人。

    A. 4   B. 12

    C. 24   D. 32

7. 影响该企业外部人力资源供给的因素是( )。(多选题)

    A. 宏观经济形势

    B. 该企业的组织制度

    C. 该企业的人才流失率

    D. 该企业所在地区的人口总量

8. 该企业进行人力资源供给预测时可以采用的方法是( )。(多选题)

    A. 转换比率法

    B. 因素比较法

    C. 管理人员接续计划法

    D. 马尔可夫模型法

9. 该企业应以( )为编制员工招聘计划的内容。(多选题)

    A. 员工数量   B. 员工类型

    C. 员工知识技能的改善 D. 员工结构

(三) 某大型百货商场因扩大经营规模,需要

招聘营业员和选拔值班经理。根据历史数据分析得知，营业员数量(y)与商场营业额(x)成线性相关关系(y=a+bx)，a、b分别为115、12.5。去年商场实现营业额8亿元，有营业员215名。今年商场计划实现营业额12亿元。

根据上述资料，回答下列问题：

10. 在去年基础上，今年该商场需要招聘营业员( )名。
    A. 13　　B. 50　　C. 150　　D. 215

11. 如果值班经理与营业员的比例关系为1：30，那么该商场今年共需要( )名值班经理。
    A. 4　　B. 6　　C. 7　　D. 9

12. 该商场招聘值班经理时，首先要明确( )。
    A. 选拔依据和标准　　B. 招聘渠道
    C. 选拔方法　　D. 岗位工资

13. 该商场拟从现有营业员中提拔一名值班经理，其好处是( )。(多选题)
    A. 有利于缓和内部竞争者之间的紧张关系
    B. 有助于调动现有营业员的工作积极性和上进心
    C. 被选拔者能够较快地胜任工作
    D. 风险小、成本低

(四) 某民营企业正在进行主管人员的选拔考评与培训工作，试对该企业做法进行研究分析。

根据上述资料，回答下列问题：

14. 假设该企业拟通过"智联招聘"网站采取外部招聘，这种方法的优点有( )。(多选题)
    A. 人力资源充分，有利于招到一流人才
    B. 能缓和企业内部竞争者之间的紧张关系
    C. 有利于企业创新
    D. 风险小、成本低

15. 对于管理人员来说，最有效的选拔技术是( )。
    A. 测评　　B. 面试
    C. 评价中心技术　　D. 笔试

16. 采取外部招聘存在的缺点是( )。(多选题)
    A. 影响内部员工的积极性
    B. 招聘风险大、成本高
    C. 招聘范围大小受影响
    D. 不一定招聘到优秀人员

17. 内部选拔的不足在于( )。(多选题)
    A. 容易产生攀比　　B. 招聘范围小
    C. 不利于企业创新　　D. 风险高、成本大

18. 管理人员从企业内部提升的优点主要包括( )。(多选题)
    A. 有利于被选拔者较快地胜任工作
    B. 风险小、成本低

C. 能缓和企业内部竞争者之间的紧张关系
D. 有助于调动企业成员的工作积极性和上进心

参考答案及解析

一、单项选择题

1.【答案】A
【解析】按照规划的性质，企业的人力资源规划可分为总体规划和具体计划。

2.【答案】A
【解析】本题考查人力资源需求预测方法中的管理人员判断法。管理人员判断法是指由企业的各级管理人员，根据自己工作中的经验和对企业未来业务量增减情况的直觉考虑，自下而上地确定未来所需人员的方法。

3.【答案】A
【解析】首先要计算新增加的人员，题目已知"每增加500万元的销售额，需增加30人"，且"预计一年后销售额将增加1500万元"，所以可得新增加人员1500÷500×30=90人。再计算分配比率，90/(1+6+2)=10人。则管理人员为1×10=10人。

4.【答案】C
【解析】本题考查一元线性回归分析法的计算。$y=a+bx=15+0.04x=15+0.04×1000=55$人。

5.【答案】D
【解析】管理人员接续计划法主要适用于对管理人员和工程技术人员的供给预测。

6.【答案】A
【解析】本题考查绩效考核的管理功能。

7.【答案】D
【解析】本题考查绩效考核方法中的书面鉴定法。

8.【答案】C
【解析】本题考查一一对比法。根据一一对比法，获得"+"越多的，表明对考核对象的评价越高。根据表格，可知孙某的绩效水平最高。

9.【答案】C
【解析】行为锚定法是把评级量表法与关键事件记录法结合起来，取二者之所长的方法。

10.【答案】B
【解析】本题考查影响企业薪酬制度制定的外在因素。选项AC属于内在因素。选项D不影响企业薪酬制度的制定。

11.【答案】D
【解析】基本薪酬是企业依据员工的职位、级别、能力和工作结果支付给员工的比较稳定的

报酬。

12.【答案】A

【解析】本题考查《劳动合同法》的相关内容。《劳动合同法》第10条规定："建立劳动关系，应当订立书面劳动合同。已建立劳动关系，未同时订立书面劳动合同的，应当自用工之日起一个月内订立书面劳动合同。"

13.【答案】C

【解析】本题考查企业劳动合同的分类。按照工作时间不同，企业劳动合同可分为全日制劳动合同和非全日制劳动合同。

14.【答案】A

【解析】本题考查以完成一定工作为期限的劳动合同的适用范围。

15.【答案】D

【解析】本题考查劳动合同的法定条款。选项D属于劳动合同的约定条款。

16.【答案】B

【解析】本题考查企业劳动合同解除的定义。企业劳动合同解除，是企业劳动合同在期限届满之前，企业和劳动者双方或单方提前终止劳动合同效力的法律行为。

17.【答案】B

【解析】本题考查企业可以解除合同的相关内容。选项B属于劳动有过失，企业可以解除合同的情形。

18.【答案】D

【解析】本题考查企业劳动合同终止程序的相关内容。

19.【答案】B

【解析】本题考查处理企业劳动争议遵循的原则，共三项，即选项ACD。

20.【答案】A

【解析】本题考查企业劳动争议仲裁的机构。劳动争议仲裁机构主要包括劳动争议仲裁委员会、仲裁委员会办事机构以及仲裁庭。

21.【答案】A

【解析】本题考查因履行集体协议发生争议的处理。因履行集体协议发生争议的处理不适用企业基层调解程序。

22.【答案】D

【解析】寻求人力资源需求与供给的动态平衡是人力资源规划的基点。

23.【答案】D

【解析】本题考查德尔菲法的定义。德尔菲法是由有经验的专家依赖自己的知识、经验和分析判断能力，对企业的人力资源管理需求进行直觉判断与预测。

24.【答案】B

【解析】本题考查转换比率分析法的计算。每增加1000万元的销售额，需增加销售人员10人，那么销售额增加3000万元，需增加销售人员3000÷1000×10=30人。已知管理人员和销售人员的比例是1∶6，所以管理人员需要30÷6=5人。

25.【答案】B

【解析】使用一元回归分析法进行人力资源需求预测的关键是找出与人力资源需求高度相关的变量。

26.【答案】B

【解析】管理人员接续计划法主要适用于对管理人员和工程技术人员的供给预测。

27.【答案】B

【解析】本题考查绩效的多因性特点。多因性是指员工个人绩效的优劣及形成是多种因素综合作用的结果，而不是由某个单一的因素能够决定的。

28.【答案】B

【解析】本题考查绩效考核准备阶段的工作。

29.【答案】A

【解析】本题考查民主评议法的概念。

30.【答案】A

【解析】本题考查基本薪酬的概念。基本薪酬是企业依据员工的职位、级别、能力和工作结果支付给员工的比较稳定的报酬。

31.【答案】B

【解析】企业薪酬制度设计流程的第一步是明确现状和需求。

32.【答案】D

【解析】以技能为基础的基本薪酬制度设计较适用于工作在生产和业务一线员工的基本薪酬的确定。

33.【答案】B

【解析】企业以奖金、员工持股、员工分红等形式支付给员工的报酬称为激励薪酬。

34.【答案】B

【解析】本题考查无固定期限劳动合同的相关内容。

35.【答案】C

【解析】本题考查企业劳动合同的定义。企业劳动合同是企业劳动者和企业之间确立、变更和终止劳动权利和义务的协议。

36.【答案】B

【解析】本题考查非全日制用工的概念。非全日制用工是指以小时计酬为主，劳动者在同一用人单位一般平均每日工作时间不超过4小时，每周工作时间累计不超过24小时的用工形式。

37.【答案】C

【解析】本题考查劳动者的主要义务。选项C为企业的主要业务。

38.【答案】C

【解析】法律规定劳动合同履行应当遵循全面履行的原则。

39.【答案】D

【解析】本题考查企业劳动合同解除的相关内容。

40.【答案】C

【解析】根据我国劳动法律的相关规定，终止劳动合同，企业应提前30日通知劳动者。

41.【答案】C

【解析】本题考查内部调解机构的人员构成。

42.【答案】A

【解析】本题考查劳动争议调解的期限。调解委员会调解劳动争议，应当自当事人申请调解之日起30日内结束；到期未结束的，视为调解不成。

43.【答案】A

【解析】人力资源规划的制定程序正确的是收集信息—分析企业经营战略对人力资源的要求—进行人力资源需求与供给预测—制定人力资源总体规划和各项具体计划—人力资源规划实施与效果评价。

44.【答案】B

【解析】企业劳动争议当事人对仲裁裁决不服的，自收到裁决书之日起15日内，向人民法院提起诉讼。

45.【答案】C

【解析】本题考查企业劳动争议仲裁程序的相关内容。仲裁委员会应当自收到申诉书之日起7日内做出受理或者不予受理的决定。

46.【答案】C

【解析】本题考查企业劳动争议诉讼案件的证据。2001年12月，最高人民法院公布了《最高人民法院关于民事诉讼证据的若干规定》，共83条，极大地丰富了民事审判的证据规则，对公民参加诉讼和法官审理案件都具有非同寻常的意义。

47.【答案】C

【解析】人民法院在不予执行的裁定书中，应当告知当事人在收到裁定书之次日起30日内，可以就该劳动争议事项向人民法院提起诉讼。

48.【答案】C

【解析】题干描述的是转换比率分析法，答案选C。

49.【答案】D

【解析】企业薪酬制度设计的流程：①明确现状和需求；②确定员工薪酬策略；③工作分析；④职位评价；⑤等级划分；⑥建立健全配套制度；⑦市场薪酬调查；⑧确定薪酬结构与水平；⑨薪酬制定的实施与修正。

50.【答案】D

【解析】随着管理层次的上升，在管理人员应具备的各种能力中，规划决策的能力所占的比重会逐步上升。在最底层管理者所应具备的各种能力中，技术能力所占的比重是最大的。

51.【答案】A

【解析】(1) 新增加的人员=5000/100×3=150人。

(2) 计算分配率：150/(1+7+2)=150/10=15。

(3) 分配：管理人员为1×15=15人。

52.【答案】D

【解析】企业技术水平能决定一个企业的成败。外部招聘能从企业外部吸引、选拔符合要求的求职者，来充实本企业空缺的管理职位。招聘范围广，人才来源充分，有利于企业招聘到一流的管理人才，可以缓和内部竞争者之间的紧张关系，避免企业"近亲繁殖"带来的思想僵化，促进企业创新。

53.【答案】C

【解析】人力资源信息在收集到以后，要对这些信息进行全面的分析、整理，便于预测时使用。为了提高信息收集的效率，企业有必要建立自己的人力资源信息系统。

54.【答案】A

【解析】管理人员判断法是指由企业的各级管理人员，根据自己工作中的经验和对企业未来业务量增减情况的直觉考虑，自下而上地确定未来所需人员的方法。具体做法是：先由各业务经营和职能管理等部门的基层管理人员根据本部门在未来各时期业务量或工作量增减情况和自己的经验提出本部门各类人员的需求量，再由上一级管理人员估算平衡，最终由该部门的负责人对本部门的人力资源需求进行总体预测和决策。然后由企业的人力资源部门根据企业的发展战略目标、任务和最高管理层有关人力资源工作的决策和政策,综合考虑各部门的人力资源需求情况,制定出具体的执行方案。

55. 【答案】C

【解析】情景模拟考试是指根据求职者可能进入的职位,编制一套与该职位实际工作相似的测试项目,将求职者安排在模拟的、逼真的工作环境中,要求求职者处理可能出现的各种问题,用多种方法来测评其心理素质、潜在能力的一系列方法。情景模拟考试主要针对的是求职者明显的行为以及实际的操作,其主要测试内容是公文处理、角色扮演和即席发言等。

56. 【答案】B

【解析】在收集、分析人力资源需求和供给影响因素的基础上,采用以定量为主,结合定性分析的科学预测方法,对企业人力资源需求与供给进行预测。这一步是人力资源规划中技术性很强的工作,其准确性直接决定了规划的效果和成败。

57. 【答案】D

【解析】从心理学角度来说,薪酬是个人和企业之间的一种心理契约,这种契约通过员工对于薪酬状况的感知而影响员工的工作行为、工作态度以及工作绩效,即产生激励作用。现实生活中,员工一方面要追求实在的利益以提高自己的生活水平,另一方面还重视追求自身的价值、主人翁感和认同感。员工对薪酬的需要在其生理需要、安全需要、归属需要、尊重需要和自我价值实现需要五个层次上都有所表现。所以薪酬不仅仅是员工的一种获取物质及休闲需要的手段,而且还是满足员工的价值实现和被尊重的需要的手段。因此,薪酬会在很大程度上影响一个人的情绪、积极性和能力发挥。

58. 【答案】A

【解析】员工流动的类型:

(1) 按照员工流动的主动性与否,通常分为自愿性流动和非自愿性流动;

(2) 按照员工流动的边界是否跨越企业,可分为员工流入、员工内部流动和员工流出三种形式;

(3) 按照员工流动的走向,可以分为地区流动、层级流动和专业流动;

(4) 按照员工流动个人主观原因,分为人事不适流动、人际不适流动和生活不适流动。

另外,按照流动的范围划分,可分为国际流动和国内流动;按照流动的方向可分为单向流动、双向流动和多向流动;按流动的规模可以分为个体流动、批量流动、集团流动等。

59. 【答案】C

【解析】企业在进行员工招聘工作时应该遵循以下原则:

(1) 信息公开原则。是指企业在招聘员工时应该将招聘的职位、数量、任职资格与条件、基本待遇、考试的方法和科目及时间等相关信息事先向社会公开。

(2) 公正平等原则。是指企业要对所有应聘者一视同仁,使招聘者能公开地参与竞争。

(3) 效率优先原则。是指企业应根据不同的招聘要求灵活选择恰当的招聘形式,用尽可能低的招聘成本吸引高素质的员工。

(4) 双向选择原则。是指企业在招聘员工时,要充分尊重求职者的选择权,以与求职者平等的姿态对待求职者。

60. 【答案】B

【解析】商品流通企业的人力资源是指在一定时期内,能够推动企业和社会发展的具有智力劳动和体力劳动能力的人们的总称,包括数量和质量两个目标。根据选项A的表述可以判断选项B是错误的。

二、多项选择题

1. 【答案】ABCE

【解析】选项D属于员工使用计划的目标。

2. 【答案】DE

【解析】本题考查影响绩效的主观因素——知识与能力。

3. 【答案】ABDE

【解析】绩效考核评价主体一般包括上级、同事、下级、本人和客户五类。

4. 【答案】ACD

【解析】薪酬对员工的功能有保障功能、激励功能、调节功能。

5. 【答案】BC

【解析】本题考查职位等级法的优点。职位等级法的优点是简单易行,成本较低。

6. 【答案】CDE

【解析】本题考查企业劳动合同的分类。按照劳动合同的期限划分,企业劳动合同可以分为固定期限劳动合同、无固定期限劳动合同和以完成一定工作任务为期限的劳动合同。

7. 【答案】ACD

【解析】本题考查劳动者的主要义务。选项BE

属于企业的主要义务。

8.【答案】ABC
【解析】本题考查劳动合同的约定条款。选项DE属于劳动合同的法定条款。

9.【答案】BDE
【解析】本题考查解除企业劳动合同的程序。

10.【答案】BCE
【解析】本题考查企业劳动争议仲裁的程序。企业劳动争议仲裁主要包括三个步骤：立案、裁决和结案。

11.【答案】BCD
【解析】本题考查不属于劳动争议的范围。选项AE属于劳动争议的范围。

12.【答案】ACDE
【解析】本题考查企业劳动争议诉讼案件当事人的相关内容。企业分立为若干单位的，其分立前发生的劳动争议，由分立后的实际企业为当事人。

13.【答案】BDE
【解析】企业可以采用的人力资源需求预测方法有：管理人员判断法、德尔菲法、转换比率分析法和一元回归分析法。选项AC是人力资源供给的预测方法。

14.【答案】BCD
【解析】制定人力资源总体规划主要体现在三个方面：人力资源数量规划、人力资源素质规划和人力资源结构规划。

15.【答案】ABCD
【解析】本题考查影响企业外部人力资源供给的因素。选项E属于企业内部因素。

16.【答案】ABC
【解析】本题考查员工绩效考核的考核项目。当前，企业对员工的绩效考核主要包括工作业绩、工作能力和工作态度三个考核项目。

17.【答案】ACDE
【解析】导致这些误差和错误的原因主要是出现在考核主体身上的晕轮效应、从众心理、优先与近期效应、逻辑推理效应和偏见效应等。

18.【答案】ABD
【解析】本题考查比较法的形式。

19.【答案】DE
【解析】本题考查关键事件法的优点，即选项DE。

20.【答案】ACE
【解析】本题考查福利薪酬的形式。选项BD属于激励薪酬。

21.【答案】ACE
【解析】企业薪酬制度设计要遵循公平原则，其表现形式有外部公平、内部公平、员工个人公平。

22.【答案】ABCE
【解析】企业可以根据自身的需要设立各种奖金，奖金的类型主要有绩效奖金、建议奖金、特殊贡献奖金、节约奖金。

23.【答案】ABCD
【解析】选项ABCD均是薪酬对企业功能的正确描述，选项E是薪酬对员工功能的描述，答案选ABCD。

24.【答案】CDE
【解析】本题考查企业的主要义务。选项AB为劳动者的义务。

25.【答案】ABC
【解析】本题考查劳动合同的法定条款。选项DE属于劳动合同的约定条款。

26.【答案】ABDE
【解析】本题考查企业劳动合同中的约定条款。

27.【答案】ADE
【解析】本题考查无效企业劳动合同的确认。选项BC属于订立企业劳动合同的原则。

28.【答案】BCE
【解析】本题考查劳动者单方可以解除劳动合同的条件。选项AC的正确表述是用人单位未依法为劳动者缴纳社会保险费的；用人单位未及时足额支付劳动报酬的。

29.【答案】ABCD
【解析】本题考查劳动合同终止的情形。选项E是不允许企业解除劳动合同的。

30.【答案】ABCE
【解析】本题考查调解的程序和期限。

31.【答案】CE
【解析】本题考查劳动争议调解的原则。调解企业劳动争议必须遵循自愿原则和民主说服原则。

32.【答案】ACDE
【解析】本题考查企业劳动争议仲裁的回避制度。

33.【答案】ABE
【解析】本题考查劳动争议的范围。选项CD不属于劳动争议的范围。

34.【答案】CD
【解析】本题考查劳动争议当事人的举证责任。诉讼活动中，依据相关规定，因用人单位做出的开出、除名、辞退、解除劳动合同、减少劳动报酬、计算劳动者工作年限等决定而发生的劳动争议，用人单位负举证责任。因此选CD。

35.【答案】BCD

【解析】公平有三种基本表现形式，即结果公平、程序公平和人际公平。结果公平的关注点是最终结果，程序公平和人际公平所关注的则是过程和手段。

36.【答案】CDE

【解析】非经济性薪酬是指无法用货币等手段衡量的由企业的工作特征、工作环境和企业文化带给员工的愉悦的心理效用。如工作本身的趣味性和挑战性、个人才能的发挥和发展的可能、团体的表扬、舒适的工作条件以及团结和谐的同事关系等。非经济性薪酬之所以成为薪酬，是因为这些非经济性的心理效用也是影响人们职业选择和进行工作的重要因素，并和经济性薪酬结合在一起成为企业吸引人才、保留人才的重要手段。同时，非经济性薪酬各个组成部分也是源于企业有目的的投入或长期投入的积累。

37.【答案】BCDE

【解析】在运用德尔菲法进行人力资源需求预测时，企业应注意以下几个问题：第一，为专家提供详尽且完善的有关企业生产经营状况的信息，使他们能够准确判断企业的生产经营状况；第二，保证所有专家能够从同一角度去理解有关人力资源管理方面的术语和概念，避免造成误解和歧义；第三，问题的回答不要求太精确，但要说明原因；第四，提问过程尽可能简化，所提问题必须是与预测有关的问题；第五，向高层管理人员和专家讲明预测对企业及下属单位的益处，以争取他们对德尔菲法的支持。

38.【答案】ABE

【解析】外部招聘具有如下优点：(1)能够为企业带来新鲜空气，注入新鲜血液，有利于企业拓展视野。外部人员较少受企业陈规旧俗的限制，能大胆地引入新的管理方法和经营理念。(2)可能招聘到更优秀的人才。外部招聘面向的受众范围广，招聘方式也很灵活，可以为企业招到优秀的人才。(3)能够使企业快速招聘到所需要的人才。当企业在外部招聘专业技术人才和管理人才时，能够比企业招聘自身人员时间短、速度快。

39.【答案】ABCD

【解析】员工招聘中常用的测试方法有：(1)心理测验；(2)知识考试；(3)情景模拟考试；(4)面试。

40.【答案】ACDE

【解析】企业在进行薪酬制度设计时应遵循以下原则：(1)公平原则；(2)竞争原则；(3)激励原则；(4)量力而行原则；(5)合法原则。

三、案例分析题

（一）

1.【答案】C

【解析】最常用的内部供给预测方法有三种：人员核查法、管理人员接续计划法和马尔可夫模型法。马尔可夫模型法的基本思路是：找出企业过去在某两个职务或岗位之间的人事变动的规律，以此推测未来企业中这些职务或岗位的人员状况。

2.【答案】D

【解析】通过表格可知每年留在业务员职位的人有0.5，2014年有业务员40人，所以留在此职位的有40×0.5=20人。并且每年有0.2的业务主管会降职为业务员，即15×0.2=3人，所以2015年业务员的内部供给量预计为20+3=23人。

3.【答案】ABD

【解析】内部招聘的优点：(1)给员工提供了晋升的机会和空间，不仅有助于调动员工的工作积极性和进取精神，还有助于员工安心工作，防止和减少企业人才的流失；(2)由于被聘任员工在企业中有着较长时间的工作经历，管理者对其才能和品质有较准确和深入的了解，能降低误用或错用率；(3)不仅能减少招聘工作的宣传费用和差旅费用，而且由于内部员工对企业文化和企业相关制度有着深刻的理解，并能更好地理解职位的要求，减少了企业的培训费用；(4)可以提高员工对企业的忠诚度，减少因人才流失导致的各种风险，有助于企业更好地开展研发、营销等各项工作；(5)有助于企业挑选和培养各层次的管理者和未来的接班人。

4.【答案】ABC

【解析】如果企业选择外部招聘渠道，则可使用广告招聘、外出招聘、借助职业中介机构招聘、推荐招聘、委托各类学校的毕业生分配部门招聘等方法。

（二）

5.【答案】C

【解析】该企业预计2015年销售额将达到1000万

元，所以2015年需要销售人员$y=20+0.03x=20+0.03×1000=50$人。

6. 【答案】A

　　【解析】销售额每增加500万元，需增加管理人员、销售人员和客服人员共40人，该企业预计2015年销售额将达到1000万元，2016年销售额将达到1500万元，2016年的销售额比2015年的增加1500-1000=500万元，所以需增加管理人员、销售人员和客服人员共40人。在新增人员中，管理人员、销售人员和客服人员的比例是1∶6∶3。根据转换比率分析法，第一步计算分配比率40/(1+6+3)=4，第二步分配：管理人员为1×4=4人。

7. 【答案】AD

　　【解析】选项BC属于影响企业内部人力资源供给的因素。

8. 【答案】CD

　　【解析】选项A属于人力资源需求预测方法。选项B属于薪酬制度设计方法。

9. 【答案】ABD

　　【解析】该企业应以员工数量、类型和结构为编制员工招聘计划的内容。

（三）

10. 【答案】B

　　【解析】$y=115+12.5×12=265$人，265-215=50人。

11. 【答案】D

　　【解析】根据题意，可知值班经理与营业员的比例关系为1∶30，那么需要的值班经理的人数就是：265/30≈9名。

12. 【答案】A

　　【解析】招聘是企业为了填补职位空缺、改善员工结构，在招聘时首先要明确的就是招聘的依据和标准。

13. 【答案】BCD

　　【解析】当企业出现空缺的管理职位时，大多数企业赞同从内部提升，内部提升的优点包括：(1)相互了解；(2)有利于被选拔者较快地胜任工作；(3)有助于调动企业内部成员的工作积极性和上进心，提高其士气和绩效；(4)从内部选拔的风险小，成本低。

（四）

14. 【答案】ABC

　　【解析】外部招聘，即从企业外部吸引、选拔符合要求的求职者，来充实本企业空缺的管理职位。一般情况下，外部招聘要经过拟订招聘

计划、落实招聘组织、吸引求职者、遴选及录用等环节。外部招聘的优点包括：(1)招聘范围广，人才来源充分，有利于企业招聘到一流的管理人才；(2)可以避免"近亲繁殖"给企业带来的思想僵化，促进企业创新；(3)有利于缓和内部竞争者之间的紧张关系。

15. 【答案】C

　　【解析】对于管理人员来说，最有效的选拔技术应是评价中心技术，也称模拟情景训练。评价中心技术的基本工作方法是：由直线管理人员、监督者和受过训练的心理学专家组成一个测试小组，由该小组模拟性地设计出实际工作中可能面对的一些现实问题，然后让应聘者在模拟的工作环境下处理设定的各种问题，并根据其处理方法和效果来评价其心理素质和潜在能力。

16. 【答案】AB

　　【解析】外部招聘的缺点是：(1)如果企业内就有可以胜任空缺职位的人，但没有从内部选拔而是从外部选拔，这可能会使内部人员感到不公平，对自己的前途失去信心，影响他们的士气和积极性，甚至产生跳槽现象；(2)外来者对企业的历史、文化、经营现状及问题了解甚少，往往需要有一个熟悉的过程，才能胜任工作；(3)外部招聘的风险大，成本高。

17. 【答案】ABC

　　【解析】内部提升的不足之处是：(1)招聘范围狭小，仅着眼于企业内部，往往会使企业失去得到更优秀人才的机会；(2)不利于企业创新，由于企业内部的人员习惯了既定的思维和做法，不易产生新的观念和方法，甚至会反对变革；(3)容易产生攀比心理，因为提升的人员数量毕竟有限，若大家条件相当，有的被提升，有的没有被提升，没有被提升的人员的积极性可能会受到一定程度的挫伤。

18. 【答案】ABD

　　【解析】内部提升的优点包括：(1)相互了解，即企业对候选人的脾气禀性、长处短处都比较清楚，而候选人对空缺职位也有相当的认识；(2)企业内部成员对企业历史、文化、目标、现状及存在的问题有比较充分的了解，这有利于被选拔者较快地胜任工作；(3)有助于调动企业内部成员的工作积极性和上进心，提高其士气和干劲；(4)从内部选拔的风险小、成本低。

第八章 企业投融资决策及重组

　　本章的知识框架涵盖了筹资决策、投资决策、企业重组等专业知识，以及运用相关理论和方法对企业投融资决策及重组进行分析的能力等。

　　从近三年考试情况来看，货币的时间价值计算、风险价值观念等，筹资决策理论中资本成本、杠杆理论、资本结构理论、资本结构决策；投资决策中的固定资产投资、长期股权投资等；并购重组中的并购重组动因、并购重组方式及效应、企业价值评估等内容是比较重要的考点，多以单项选择题、多项选择题的形式进行考查，同时经常会出现案例分析题，一般单选题为 8 道左右，多选题 2 ～ 3 道，案例分析题 3 ～ 4 道，平均分值是 22 分。

本章重要考点分析

　　本章涉及多个重要考点，其中货币的时间价值计算、风险价值观念等，筹资决策理论中资本成本、杠杆理论、资本结构理论、资本结构决策；投资决策中的固定资产投资、长期股权投资等；并购重组中的并购重组动因、并购重组方式及效应、企业价值评估等是考查的重点，在历年的考试中以单项选择题和多项选择题的形式多次出现，且以案例分析题形式出现的概率较大，需要重点掌握。本章重要考点如图8-1所示。

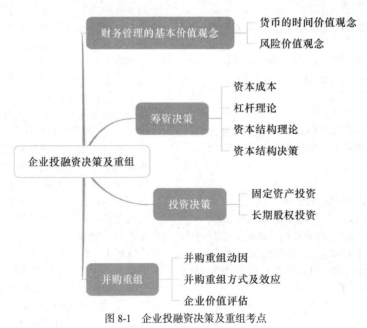

图 8-1　企业投融资决策及重组考点

本章近三年题型及分值总结

　　本章知识点在近三年的考试中以单项选择题和多项选择题的考查形式为主，同时出现了案例分析题，题型及分值如表8-1所示。

表 8-1 企业投融资决策及重组题型及分值

年 份	单项选择题	多项选择题	案例分析题
2014年	8题	2题	3题
2013年	8题	3题	4题
2012年	8题	3题	4题

第一节 财务管理的基本价值观念

财务管理的基本价值观念，包括货币的时间价值观念和风险价值观念，资金时间价值有两种表现形式：其一是相对数，即时间价值率，是扣除风险报酬和通货膨胀缩水后的平均资金利润率或平均报酬率；其二是绝对数，即时间价值额，是一定数额的资金与时间价值率的乘积。风险报酬是指投资者由于冒着风险进行投资而获得的超过资金的时间价值的额外收益。

思维导图

本节涉及多个知识点和概念，如图8-2所示。

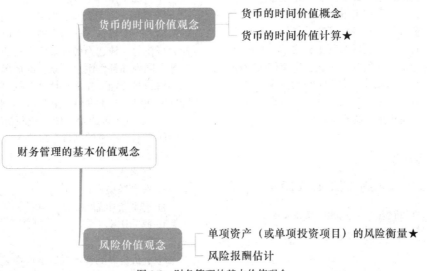

图 8-2 财务管理的基本价值观念

知识点测试

【2014年单选题】某贸易公司租入设备，租期10年，约定自第3年年末起每年末支付租金3万元，共支付7年，这种租金形式是( )。

A.先付年金　　B.后付年金
C.永续年金　　D.递延年金

【答案】D

【解析】递延年金是指在前几个周期内不支付款项，到了后面几个周期时才等额支付的年金形式。

【2014年单选题】风险报酬率可以用风险报酬系数与( )的乘积计算得出。

A.标准离差率　　B.时间价值率
C.无风险报酬率　　D.必要报酬率

【答案】A

【解析】风险报酬是指投资者由于冒着风险进行投资而获得的超过资金时间价值的额外收益。在不考虑通货膨胀的情况下，投资者预期的投资收益包括两部分：一是资金的时间价值，它是不考虑投资风险而得到的价值，即无风险的投资收益率；二是风险价值，即风险报酬率，风险报酬率=风险报酬系数×标准离差率。

【例题 多选题】资金时间价值有两种表现形

式，即(　　)。

A. 相对数　　　　　　B. 绝对数

C. 增值数　　　　　　D. 剩余数

【答案】AB

【解析】资金时间价值有两种表现形式：其一是相对数，即时间价值率，是扣除风险报酬和通货膨胀缩水后的平均资金利润率或平均报酬率；其二是绝对数，即时间价值额，是一定数额的资金与时间价值率的乘积。

第二节　筹资决策

筹资决策包括资本成本、杠杆理论、资本结构理论、资本结构决策等，资本成本是企业筹资和使用资本而承付的代价。此处的资本是指企业所筹集的长期资本，包括股权资本和长期债权资本；杠杆理论包括营业杠杆、财务杠杆和总杠杆；资本结构是指企业各种资金的构成及其比例关系，其中重要的是负债资金的比率问题；企业资本结构决策即确定最佳资本结构。最佳资本结构是指企业在适度财务风险的条件下，使其预期的综合资本成本率最低，同时使企业价值最大的资本结构。

思维导图

本节涉及多个知识点和概念，如图8-3所示。

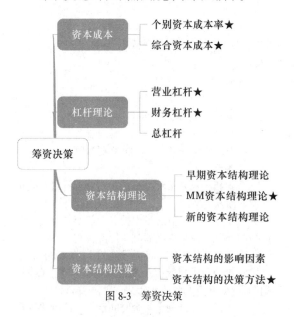

图 8-3　筹资决策

知识点测试

【2014年单选题】财务杠杆系数是指(　　)的变动率与息税前利润变动率的比值。

A. 普通股每股税后利润

B. 营业额

C. 营业利润

D. 产销量

【答案】A

【解析】财务杠杆系数是指普通股每股税后利润的变动率相当于息税前利润变动率的倍数。

【2014年单选题】借贷合同如果附加补偿性余额条款，会使企业借贷的资本成本率(　　)。

A. 上升　　　　　　　B. 下降

C. 不变　　　　　　　D. 先上升后下降

【答案】A

【解析】个别资本成本率是企业选择筹资方式的依据。长期筹资方式的个别资本成本率的高低不同，可作为比较选择各种筹资方式的一个依据。当借款合同附加补偿性余额条款的情况下，企业可运用的借款筹资额应扣除补偿性余额，此时借款的实际利率和资本成本率将会上升。

【2014年多选题】依据股利折现模型，影响普通股资本成本率的因素有(　　)。

A. 普通股融资净额

B. 销售收入额

C. 股利政策

D. 营业资本额

E. 速动比率

【答案】AC

【解析】影响普通股资本成本率的因素有普通股融资净额、股利、普通股投资必要的报酬率。

【2012年多选题】在测算不同筹资方式的资本成本时，应考虑税收抵扣因素的筹资方式有(　　)。

A. 长期借款　　　　　B. 长期债券

C. 普通股　　　　　　D. 留存收益

E. 优先股

【答案】AB

【解析】本题考核资本成本率。选项CDE都不用考虑税收抵扣因素，这通过它们各自计算资本成本率的公式可以看出。

【2011年多选题】设每年的用资费用为D，筹资数额为P，筹资费用为f，则资本成本的计算公式为(　　)。

A. $K=D/(f-P)$　　　　B. $K=D/(P-f)$

C. $K=P/(f-D)$　　　　D. $K=P/(D-f)$

【答案】B

【解析】资本成本的计算公式为$K=D/(P-f)$。

【2012年单选题】某公司贷款5000万元，期限3年，年利率为7%。每年付息，到期还本，企业所得税税率为25%，筹资费用忽略不计，则该笔资金的资本成本率为(　　)。

A. 5.20%　　　　B. 5.25%

C. 6.55%　　　　D. 7.00%

【答案】B

【解析】本题考查长期借款资本成本率的计算。$K_l=\dfrac{I_l(1-T)}{L(1-F_l)}$=[5000×7%×(1-25%)]/[5000(1-0)]=5.25%。

【2010年单选题】综合资本成本率的高低由个别资本成本率和(　　)决定。

A. 筹资方式

B. 筹资渠道

C. 资金用途

D. 各种资本结构

【答案】D

【解析】个别资本成本率和各种资本结构两个因素决定综合资本成本率。

【2011年多选题】如果某企业的营业杠杆系数为2，则说明(　　)。

A. 当公司息税前利润增长1倍时，普通股每股收益将增长2倍

B. 当公司普通股每股收益增长1倍时，息税前利润应增长2倍

C. 当公司营业额增长1倍时，息税前利润将增长2倍

D. 当公司息税前利润增长1倍时，营业额应增长2倍

【答案】C

【解析】本题考查营业杠杆系数。营业杠杆系数是息税前利润的变动率相当于销售额(营业额)变动率的倍数。

【2010年单选题】财务杠杆系数是指(　　)的变动率与息税前利率变动率的比值。

A. 普通股每股息税前利润

B. 普通股每股税前利润

C. 普通股每股税后利润

D. 普通股每股收益

【答案】C

【解析】财务杠杆系数(DFL)，是指普通股每股税后利润(EPS)变动率相当于息税前利润变动率的倍数。

【2011年单选题】下列不属于新的资本结构理论的是(　　)。

A. 净营业收益观点

B. 代理成本理论

C. 信号传递理论

D. 啄序理论

【答案】A

【解析】选项A属于早期资本结构理论。

【例题　单选题】资本结构的影响因素不包括(　　)。

A. 企业人员结构

B. 经营状况的稳定性和成长性

C. 企业的财务状况和信用等级

D. 企业资产结构及企业投资者及管理当局的态度

【答案】A

【解析】资本结构的影响因素主要包括企业财务目标、经营状况的稳定性和成长性、企业的财务状况和信用等级、企业资产结构及企业投资者及管理当局的态度、行业特征及发展周期、经济环境、税务政策及货币政策。

第三节　投资决策

投资决策包括固定资产投资和长期股权投资。企业在进行投资决策时，需要在进行准确的现金流量估算的基础上，用特定的指标，包括贴现指标和非贴现指标，对投资方案的可行性进行分析和评价。长期股权投资是以股东名义将资产投资于被投资单位，并取得相应的股份，按所持股份比例享有被投资单位的权益以及承担相应的风险。长期股权投资是一种交换行为，是企业将资产让渡给被投资单位所获得的另一项资产，企业所取得的是伴随表决权甚至控制权的资产财富、分散风险或谋求其他利益。相比于存货、固定资产等有形资产，长期股权投资风险较大。

思维导图

本节涉及多个知识点和概念，如图8-4所示。

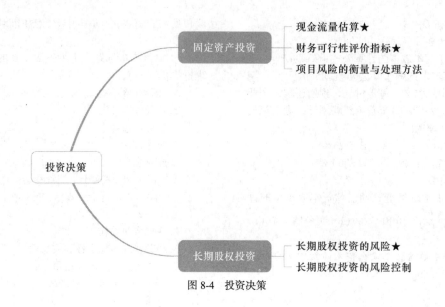

图 8-4　投资决策

知识点测试

【2014年多选题】长期项目的可行性论证风险有(　　)。

A. 投资项目的可行性论证风险

B. 公司治理结构风险

C. 投资协议风险

D. 道德风险

E. 退出风险

【答案】BCD

【解析】长期股权投资是以股东名义将资产投资于被投资单位，并取得相应的股份，按所持股份比例享有被投资单位的权益以及承担相应的风险。投资营运管理风险具体包括股东选择风险、公司治理结构风险、投资协议风险、道德风险；被投资企业存在的经营风险和财务风险；项目小组和外派人员风险；信息披露风险等。

【例题　单选题】(　　)是以股东名义将资产投资于被投资单位，并取得相应的股份，按所持股份比例享有被投资单位的权益以及承担相应的风险。

A. 长期股权投资

B. 固定资产投资

C. 流动资产投资

D. 短期资产投资

【答案】A

【解析】长期股权投资是以股东名义将资产投资于被投资单位，并取得相应的股份，按所持股份比例享有被投资单位的权益以及承担相应的风险。

【例题　单选题】初始现金流量是指(　　)发生的现金流量。

A. 开始投资时

B. 项目进行时

C. 项目结束时

D. 投资反馈时

【答案】A

【解析】初始现金流量是指开始投资时发生的现金流量。

【例题　多选题】终结现金流量是指投资项目完结时所发生的现金流量，主要包括(　　)。

A. 固定资产的残值收入或变价收入

B. 停止使用的土地的变价收入

C. 原有固定资产的变价收入

D. 原来垫支在各种流动资产上的资金的收回

E. 流动资产投资

【答案】ABD

【解析】终结现金流量是指投资项目完结时所发生的现金流量，主要包括固定资产的残值收入或变价收入、停止使用的土地的变价收入、原来垫支在各种流动资产上的资金的收回。

【例题　多选题】下列有关净现值法的描述中正确的是(　　)。

A. 在只有一个备选方案的采纳与否决策中，净现值为正则采纳

B. 在有多个备选方案的互斥选择中，选择备选方案中净现值最大的方案

C. 考虑了资金的时间价值，能够反映各种投资方案的净收益

D. 不能揭示各个投资方案本身可能达到的时间报酬率水平

E. 指投资项目完结时所发生的现金流量

【答案】ABCD

【解析】选项E是终结现金流量的概念，排除，答案选ABCD。

【例题 多选题】长期股权投资风险主要包括（　　）。

A. 投资决策风险

B. 投资运营管理风险

C. 投资清理风险

D. 投资机会风险

E. 投资项目风险

【答案】ABC

【解析】选项DE不属于长期股权投资风险的内容，答案选ABC。

【例题 单选题】长期股权投资风险中，未经审批或超越授权审批风险属于（　　）。

A. 投资决策风险

B. 投资运营管理风险

C. 投资清理风险

D. 投资机会风险

【答案】A

【解析】本题考查投资决策风险的内容。投资决策风险包括违反国家法律法规风险，未经审批或超越授权审批风险，被投资单位所处行业和环境的风险及其本身的技术和市场风险，投资项目的尽职调查及可行性论证风险，决策程序不完善和程序执行不严的风险。

【例题 单选题】长期股权投资风险中，项目小组和外派人员风险属于（　　）。

A. 投资决策风险

B. 投资运营管理风险

C. 投资清理风险

D. 投资机会风险

【答案】B

【解析】本题考查投资运营管理风险，主要包括股东选择风险、公司治理结构风险、投资协议风险、道德风险、被投资企业存在的经营风险和财务风险、项目小组和外派人员风险、信息披露风险。

【例题 单选题】长期股权投资风险中，投资退出时机与方式选择的风险属于（　　）。

A. 投资决策风险

B. 投资运营管理风险

C. 投资清理风险

D. 投资机会风险

【答案】C

【解析】本题考查投资清理风险。投资清理风险包括退出风险以及投资退出时机与方式选择的风险。

【例题 多选题】完善长期股权投资内部控制制度体系，需要做到（　　）。

A. 明确职责分工与授权批准

B. 可行性研究、评估与决策控制

C. 投资执行控制

D. 投资处置控制

E. 投资时机把握

【答案】ABCD

【解析】本题考查长期股权投资内部控制制度体系的完善要求。完善长期股权投资内部控制制度体系，需要做到明确职责分工与授权批准；可行性研究、评估与决策控制；投资执行控制；投资处置控制。

第四节　并购重组

并购重组主要是指收购和兼并，收购和兼并是企业外部扩展的主要形式，收购和兼并统称为并购。企业收购是指一个企业用现金、有价证券等方式购买另一家企业的资产或股权，以获得该企业控制权的一种经济行为。企业兼并是指一个企业购买其他企业的产权，并使其他企业失去法人资格的一种经济行为。

思维导图

本节涉及多个知识点和概念，如图8-5所示。

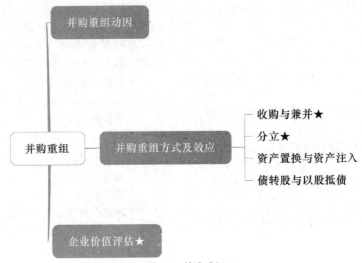

图 8-5 并购重组

知识点测试

【2014年单选题】N公司将其持有的对M公司的债权转换为对M公司的股权。此项重组是（　　）。

A. 资产的转入　　　　B. 以股抵债
C. 资产流入　　　　　D. 债转股

【答案】D

【解析】债转股与以股抵债可视为债务重组行为。债转股是指将企业的债务资本转成权益资本，出资者身份由债权人转变为股权人。但对债务企业而言是责任的转换，是对债权人的责任转向对股东的责任。需注意的是，债转股只能改善公司资本结构，提高公司的偿债能力和抗风险能力，而不断提高公司的营运能力、获利能力、发展能力，才是公司长远发展之本。

【2011年单选题】对企业兼并与企业收购的区别表述正确的有（　　）。

A. 在兼并中，被兼并企业的法人地位可继续存在
B. 兼并后，兼并企业成为被兼并企业债权债务的承担者
C. 收购一般发生在被收购企业正常经营的情况下
D. 兼并多发生在被兼并企业财务状况不佳、生产经营停滞或半停滞之时
E. 在收购后，收购企业是被收购企业新的所有者，以收购出资的股本为限承担被收购企业的风险

【答案】BCDE

【解析】本题考查企业兼并与企业收购的区别。在兼并中，被兼并企业丧失法人资格；而在企业收购中，被收购企业的法人地位仍可继续存在。所以选项A错误。

【2010年单选题】两家食品企业合并属于（　　）。

A. 横向并购　　　　B. 纵向并购
C. 混合并购　　　　D. 多元并购

【答案】A

【解析】横向并购即处于同一行业的两个或多个企业所进行的并购。

【2012年多选题】公司分立的动机有（　　）。

A. 扩大原公司资产规模
B. 化解内部竞争性冲突
C. 增加业务种类
D. 反并购
E. 处置并购后的资产

【答案】BDE

【解析】选项AC属于并购的相关内容。公司分立的动机主要包括：(1)适应战略调整的需要；(2)减轻负担的需要；(3)筹集资金的需要；(4)清晰主业的需要；(5)化解内部竞争性冲突的需要；(6)有利于投资者和分析师评估公司价值从而有利于母公司和独立出来的子公司的价值提高的需要；(7)反并购的需要；(8)处置并购后的资产的需要。

【2010年单选题】交易双方用股份和资金互换是属于（　　）。

A. 资产注入　　　　B. 资产置换

C. 债转股　　　　　D. 以股抵债

【答案】B

【解析】资产注入是指交易双方中的一方将公司账面上的资产，按评估价或协议价注入对方公司，A选项不选；债转股是指将企业的债务资本转成权益资本，出资者身份由债权人转变为股权人，C选项不选；以股抵债是指公司以其股东"侵占"的资金作为对价，冲减股东持有的本公司股份，被冲减的股份依法注销，D选项不选。

【2012年单选题】某旅游集团公司以本公司旗下的一个酒楼的资产作为出资，新组建一个有限责任公司，集团公司拥有新公司54%的股权，此项重组属于(　　)。

A. 资产置换　　　　B. 以股抵债

C. 分拆　　　　　　D. 出售

【答案】C

【解析】分拆也称持股分立，是将公司的一部分分立为一个独立的新公司的同时，以新公司的名义对外发行股票，而原公司仍持有新公司的部分股票。

【2010年单选题】股票市值与企业净资产值的比率称为(　　)。

A. 市盈率

B. 每股收益

C. 市净率

D. 净资产收益率

【答案】C

【解析】市净率等于股票市值与企业净资产值的比率。

【例题　单选题】在友好协商遭到拒绝时，并购企业不顾被并购企业的意愿而采取非协商性并购的手段，强行并购被并购企业指的是(　　)。

A. 善意并购　　　　B. 敌意并购

C. 杠杆并购　　　　D. 要约并购

【答案】B

【解析】本题考查敌意并购。敌意并购又称恶意并购，是指在友好协商遭到拒绝时，并购企业不顾被并购企业的意愿而采取非协商性并购的手段，强行并购被并购企业。

【例题　多选题】以股抵债的意义体现在(　　)。

A. 可以改善公司的股本结构，降低控股股东的持股比例

B. 能有效提升上市公司的资产质量，提高每股收益水平，提高净资产收益率水平

C. 避免了"以资抵债"给企业带来的包袱，有利于企业轻装上阵，同时也为企业的进一步发展创造了条件

D. 使债权人获得收回全额投资的机会

E. 为更多的人提供就业机会，稳定社会秩序

【答案】ABC

【解析】以股抵债的意义体现在以下三个方面：(1)可以改善公司的股本结构，降低控股股东的持股比例；(2)能有效提升上市公司的资产质量，提高每股收益水平，提高净资产收益率水平；(3)避免了"以资抵债"给企业带来的包袱，有利于企业轻装上阵，同时也为企业的进一步发展创造了条件。因此正确答案为ABC。

【例题　单选题】债转股是将企业的债务资本转成权益资本，出资者身份由(　　)。

A. 债权人转变为股权人

B. 股权人转变为债权人

C. 债权人转变为法人

D. 股权人转变为法人

【答案】A

【解析】债转股是将企业的债务资本转成权益资本，出资者身份由债权人转变为股权人。

【例题　多选题】价值评估基本方法主要有(　　)。

A. 现金流折现模型

B. 市盈率法

C. 市分类法

D. 市盈率相对盈利增长比率法

E. 市销率估值法

【答案】ABDE

【解析】价值评估基本方法有现金流折现模型、市盈率法、市盈率相对盈利增长比率法、市销率估值法。

【例题　单选题】公司分立的动机不包括(　　)。

A. 缩减原公司资产规模

B. 化解内部竞争性冲突

C. 减轻负担

D. 反并购

【答案】A

【解析】公司分立的动机主要包括：(1)适应战略调整的需要；(2)减轻负担的需要；(3)筹集资金的需要；(4)清晰主业的需要；(5)化解内部竞争性冲突的需要；(6)有利于投资者和分析师评估公司价值从而有利于母公司和独立出来的子公司的价值

提高的需要；(7)反并购的需要；(8)处置并购后的资产的需要。

【例题 多选题】 下列选项中对债转股的描述正确的是( )。

A. 使债权人获得收回全额投资的机会

B. 使新股东(由于购买债权而变为股权人的股东)可以在企业状况好转时，通过上市、转让或回购形式收回投资

C. 为更多的人提供就业机会，稳定社会秩序

D. 使原债权人摆脱赖账困扰，提高资产质量，改善运营状况

E. 对于未转为股权的债权人来说，由于企业债务负担加重，使按期足额受偿本息得不到保障

【答案】 ABCD

【解析】 本题考查债转股的意义，债转股可以：

(1) 使债务企业摆脱破产，并卸下沉重的债务负担，减少利息支出，降低债务比率，提高盈利能力，从而使债务企业经营者获得再次创业的机会。

(2) 使债权人获得收回全额投资的机会。

(3) 使新股东(由于购买债权而变为股权人的股东)可以在企业状况好转时，通过上市、转让或回购形式收回投资。

(4) 为更多的人提供就业机会，稳定社会秩序。

(5) 使原债权人摆脱赖账困扰，提高资产质量，改善运营状况。

(6) 对于未转为股权的债权人来说，由于企业债务负担减轻，使按期足额受偿本息的保证加强。

考题预测及强化训练

一、单项选择题

1. 在估算每年营业现金流量时，将折旧视为现金流入量的原因是( )。

A. 折旧是非付现成本　　B. 折旧是付现成本

C. 折旧不可抵税　　D. 折旧可抵税

2. 某公司准备购置一条新的生产线。新生产线使公司年利润总额增加400万元，每年折旧增加25万元，假定所得税税率为25%，则该生产线项目的年净营业现金流量为( )万元。

A. 275　　B. 325

C. 380　　D. 420

3. 如果某一项目的项目期为5年，项目总投资额为800万元，每年现金净流量分别为100万元、180

万元、200万元、200万元、220万元，则该项目不考虑资金时间价值时的平均报酬率为( )。

A. 12.5%　　B. 22.5%

C. 33.3%　　D. 35.5%

4. 风险报酬评估的计算方法是( )。

A. 风险报酬率=标准离差系数×标准离差率

B. 风险报酬率=概率分布系数×标准离差率

C. 风险报酬率=概率分布系数×概率分布率

D. 风险报酬率=风险报酬系数×标准离差率

5. 在进行投资项目的现金流量估算时，需要估算的是与项目有关的( )。

A. 增量现金流量　　B. 企业全部现金流量

C. 投资现金流量　　D. 经营现金流量

6. 公司上市动机不包括( )。

A. 可获取巨大股权融资的平台

B. 提高公司的并购活动能力

C. 尽快实现公司目标

D. 完善公司法人治理结构

7. 下列项目投资决策评价指标中，没有考虑资金的时间价值的是( )。

A. 净现值　　B. 平均报酬率

C. 获利指数　　D. 内部报酬率

8. 某企业欲购进一台设备，需要支付300万元，该设备使用寿命为4年，无残值，采用直线法计提折旧，预计每年可产生营业净现金流量140万元，若所得税税率为25%，则投资回收期为( )年。

A. 2.1　　B. 2.3

C. 2.4　　D. 3.2

9. 净现值法的缺点是( )。

A. 没有考虑资金的时间价值

B. 没有考虑回收期满后的现金流量状况

C. 计算过程比较复杂

D. 不能揭示各个投资方案本身可能达到的实际报酬率是多少

10. 内部报酬率是使投资项目的净现值( )的贴现率。

A. 等于0　　B. 等于1

C. 等于-1　　D. 大于0

11. 投资方案贴现率为16%，净现值为-5.21万元，贴现率为11%，净现值为4.16万元，则该方案的内部报酬率为( )。

A. 30.81%　　B. 8.81%

C. 8.78%　　D. 13.22%

12. 下列对获利指数法的决策规则的表述正确的是( )。

A. 在只有一个备选方案的采纳与否决策中，获利指数大于或等于1则拒绝

B. 在只有一个备选方案的采纳与否决策中，获利指数小于1则采纳

C. 在有多个方案的互斥选择决策中，应采用利润指数超过1最多的投资项目

D. 在有多个方案的互斥选择决策中，应采用利润指数小于1最多的投资项目

13. 在使用内部报酬率法进行固定资产投资决策时，选择可行方案的标准是内部报酬率要( )。
A. 低于标准离差率　　B. 低于资本成本率
C. 高于标准离差率　　D. 高于资本成本率

14. 在企业并购中，如并购双方的法人资格均仍然存在，则双方的并购行为可具体称为( )。
A. 收购　　　　　　B. 兼并
C. 吸收合并　　　　D. 新设合并

15. 在计算内部报酬率时，如果按预估的贴现率计算出的净现值为正数，则下列说法正确的是( )。
A. 说明预估的贴现率小于该项目的实际报酬率，应提高贴现率，再进行测算
B. 说明预估的贴现率大于该项目的实际报酬率，应降低贴现率，再进行测算
C. 说明预估的贴现率大于该项目的实际报酬率，应提高贴现率，再进行测算
D. 说明预估的贴现率小于该项目的实际报酬率，应降低贴现率，再进行测算

16. 在企业并购中，如并购企业成为被并购企业债权债务的承担者，即资产和债权、债务一同转让，这种并购行为可具体称为( )。
A. 收购　　　　　　B. 兼并
C. 吸收合并　　　　D. 新设合并

17. 市净率是指( )。
A. 股票市值÷企业净资产值
B. 股票价值÷息税前利润
C. 息税前利润÷营业额
D. 每股股利÷股票净额

18. 两家航空公司的并购属于( )。
A. 纵向并购　　　　B. 横向并购
C. 善意并购　　　　D. 敌意并购

19. 由于政府部门强行对企业并购大包大揽，背离市场原则，使得并购难以达到预期效果而带来的风险是( )。
A. 营运风险　　　　B. 法律风险
C. 信息风险　　　　D. 体制风险

20. 由于固定财务费用的存在，使权益资本净利率(或每股利润)的变动率大于息税前利润变动率的现象是指( )。
A. 联合杠杆　　　　B. 融资杠杆
C. 营业杠杆　　　　D. 以上都不对

21. 某公司经过拆分后，公司间形成了持股甚至控股关系，则公司重组采用的是( )。
A. 分拆　　　　　　B. 解散式分立
C. 标准分立　　　　D. 换股分立

22. A公司以其持有的对B公司20%的股权，与C公司的10万平方米房地产进行交换，此项交易为( )。
A. 以资抵债　　　　B. 资产置换
C. 股权置换　　　　D. 以股抵债

23. 一家钢铁公司用自有资金并购了其铁石供应商，此项并购属于( )。
A. 混合并购　　　　B. 杠杆并购
C. 横向并购　　　　D. 纵向并购

24. 对目标企业估价一般可以使用的方法不包括( )。
A. 资产价值基础法　B. 贴现现金流量法
C. 效益法　　　　　D. 收益法

25. 某上市公司的总股本为2.5亿股，2013年6月30日的收盘价为30元，账上的净资产为9亿元，则该上市公司当时的市净率为( )倍。
A. 3.3　　　　　　B. 3.6
C. 8.3　　　　　　D. 12

26. 应用收益法对目标企业估值的第一步是( )。
A. 选择标准市盈率
B. 计算目标企业的价值
C. 检查、调整目标企业近期的利润业绩
D. 选择、计算目标企业估价收益指标

27. 拉巴波特模型以( )为基础，充分考虑了目标公司未来创造现金流量能力对其价值的影响。
A. 净利润
B. 现金流量预测
C. 销售增长率
D. 资本成本率

28. 贴现现金流量法以( )为基础，充分考虑了目标公司未来创造现金流量能力对其价值的影响。
A. 现金流量预测　　B. 销售利润预测
C. 新增营运资本　　D. 销售增长率

29. 通过证券二级市场进行并购活动时，尤其适宜采用( )来估算目标企业的价值。
A. 贴现现金流量法　B. 资产价值基础法
C. 收益法　　　　　D. 清算价值法

30. 在企业作为一个整体已经丧失增值能力情况下的资产估价方法是( )。
    A. 清算价值　　　　　　B. 市场价值
    C. 账面价值　　　　　　D. 续营价值

31. 从投资者的角度，( )是投资者要求的必要报酬或最低报酬。
    A. 资本成本　　　　　　B. 投资成本
    C. 筹资成本　　　　　　D. 收益成本

32. 早期资本结构理论观点中，债权资本的比例越大，公司的净收益或税后利润就越多，从而公司的价值就越高是对( )的正确描述。
    A. 净收益观点　　　　　B. 净营业收益观点
    C. 传统观点　　　　　　D. 以上都不是

33. 某公司从银行借款500万元，借款的年利率为10%。每年付息，到期一次性还本，筹资费率为2%，企业所得税税率为25%，则该项长期投资的资本成本率为( )。
    A. 6.63%　　　　　　　B. 7.65%
    C. 8.67%　　　　　　　D. 13%

34. 某公司发行5年期，年利率为12%的债券2500万元，发行费率为3.25%，所得税税率为25%，则该债券的资本成本率为( )。
    A. 9.3%　　　　　　　　B. 9.2%
    C. 8.31%　　　　　　　D. 8.06%

35. 债券面值3000万元，票面利率为12%，发行期限20年，按面值等价发行，发行费用为筹资总额的5%，所得税税率为25%，每年支付一次利息，则该笔债券的资本成本率是( )。
    A. 9%　　　　　　　　　B. 12%
    C. 9.47%　　　　　　　D. 12.63%

36. 普通股价格为10元，每年固定支付股利1.5元，则该普通股的成本率为( )。
    A. 10.5%　　　　　　　B. 15%
    C. 19%　　　　　　　　D. 20%

37. 测算方法与普通股基本相同，只是不考虑筹资费用的资本成本率测算是( )。
    A. 优先股成本　　　　　B. 留存利润成本
    C. 债券成本　　　　　　D. 银行借款成本

38. 某公司投资一项目需要筹资1000万元。公司采用三种筹集方式；向银行借入200万元，资本成本率为8%；发行债券融资600万元，资本成本率为12%；发行普通股股票融资200万元，资本成本率为10%，则这笔投资的综合资本成本率为( )。
    A. 30.8%　　　　　　　B. 29.04%

C. 16.2%　　　　　　　D. 10.8%

39. 营业杠杆系数是指( )的变动率与销售额(营业额)变动率的比值。
    A. 经营费用　　　　　　B. 变动成本
    C. 财务费用　　　　　　D. 息税前利润

40. 一定时间内由投资引起各项现金流入量、现金流出量及现金净流量的统称指的是( )。
    A. 投资中的现金流量　　B. 初始现金流量
    C. 营业现金流量　　　　D. 终结现金流量

41. ( )是指利用债务筹资(具有节税功能)给企业所有者带来的额外收益。
    A. 财务杠杆系数　　　　B. 经营杠杆系数
    C. 营业杠杆利益　　　　D. 财务杠杆利益

42. 既具有抵税效应，又能带来杠杆利益的筹资方式是( )。
    A. 银行借款　　　　　　B. 优先股
    C. 普通股　　　　　　　D. 留存利润

43. 某公司全部债务资本为150万元，负债利率为10%，当销售额为200万元，息税前利润为50万元，则财务杠杆系数为( )。
    A. 1.43　　　　　　　　B. 1.48
    C. 1.57　　　　　　　　D. 1.67

44. 当营业杠杆系数和财务杠杆系数分别为1.5、2.5时，总杠杆系数为( )。
    A. 1　　　　　　　　　　B. 1.67
    C. 3.75　　　　　　　　D. 4

45. 将并购分为协议并购、要约并购、二级市场并购是按照( )的划分标准进行的。
    A. 并购的实现方式
    B. 并购的支付方式
    C. 并购双方的业务性质
    D. 并购双方是否友好协商

46. 根据资本结构的啄序理论，公司选择筹资方式的顺序依次是( )。
    A. 股权筹资、债权筹资、内部筹资
    B. 内部筹资、股权筹资、债权筹资
    C. 内部筹资、债权筹资、股权筹资
    D. 股权筹资、内部筹资、债权筹资

47. 资本成本比较法的决策目标实质上是( )。
    A. 综合资本成本最低　　B. 公司价值最大化
    C. 财务风险最小化　　　D. 利润最大化

48. 计算营业现金流量时，每年净现金流量可按下列公式中的( )来计算。
    A. NCF=净利+折旧-付现成本
    B. NCF=净利+折旧-所得税

C. *NCF*=每年营业收入-付现成本

D. *NCF*=每年营业收入-付现成本-所得税

49. 下列( )不是并购的效应。

A. 实现战略重组

B. 获得特殊资产和渠道

C. 提高代理成本

D. 实现协同效应

50. 公司准备上一个新产品的生产项目，项目的经济寿命为6年。项目固定资产投资：厂房为100万元，购置设备为64万元，流动资金净增加额为50万元。采用直线法折旧，无残值。项目终结时建筑物按30万元售出。项目建成投产后，预计年销售额增加320万元，每年固定成本(不包括折旧)增加52万元，变动成本总额增加182万元。该公司所得税税率为25%。该项目的终结现金流量为( )万元。

A. 214　　　　　　　　B. 70.08

C. 92　　　　　　　　D. 80

51. 财务杠杆系数是指普通股每股税后利润的变动率相当于( )变动率的倍数。

A. 销售额　　　　　　B. 经营费用

C. 财务费用　　　　　D. 息税前利润

52. 在分立过程中，不存在股权和控制权向母公司和其股东之外第三者转移情况的分立形式是( )。

A. 持股分立　　　　　B. 标准分立

C. 出售　　　　　　　D. 分拆

53. 某企业预计全年需要现金720万元，根据现金周转模式确定的最佳现金持有量为160万元，则该企业的现金周转期为( )天。

A. 45　　　　　　　　B. 60

C. 72　　　　　　　　D. 80

54. 在各种筹资方式中，资本成本最高的是( )。

A. 发行债券　　　　　B. 发行优先股

C. 发行普通股　　　　D. 借款

55. 上市公司实施股票回购，会使每股收益( )。

A. 减少　　　　　　　B. 按固定比例减少

C. 增加　　　　　　　D. 按固定比例增加

56. 一个企业全部长期资本的成本率，通常以各种长期资本的比例为权重的是( )。

A. 个别资本成本率　　B. 综合资本成本率

C. 整体资本成本率　　D. 长期资本成本率

57. ( )是企业筹资决策的核心问题。

A. 资金成本　　　　　B. 资本结构

C. 股票收益　　　　　D. 资金用途

58. 企业价值评估的基础是( )。

A. 战略评估　　　　　B. 资产机构评估

C. 风险评估　　　　　D. 股权评估

59. 由于合理利用债务而给企业带来的额外收益是指( )。

A. 债务利润　　　　　B. 营业杠杆

C. 财务杠杆　　　　　D. 总杠杆

二、多项选择题

1. 从绝对量的构成看，资本成本包括( )。

A. 薪资费用　　　　　B. 生产成本

C. 用资费用　　　　　D. 筹资费用

E. 机会成本

2. 下列属于早期资本结构理论的是( )。

A. 净收益观点　　　　B. 代理成本理论

C. 净营业收益观点　　D. 传统观点

E. 啄序理论

3. 下列属于MM资本结构理论的修正观点的重要命题的是( )。

A. 在公司的资本结构中，债权资本的多少，比例的高低，与公司的价值没有关系

B. 无论公司有无债权资本，其价值等于公司所有资产的预期收益额按适合该公司风险等级的必要报酬率予以折现

C. 利用财务杠杆的公司，其股权资本成本率随筹资额的增加而增加，因此公司的市场价值不会随债权资本比例的上升而增加

D. 有债务公司的价值等于有相同风险但无债务公司的价值加上债务的税上利益

E. 公司最佳资本结构应当是节税利益和债权资本比例上升而带来的财务危机成本与破产成本之间的平衡点

4. 筹资决策方法中，属于定性分析的有( )。

A. 企业财务目标的影响分析

B. 投资者动机的影响分析

C. 债权人态度的影响分析

D. 资本成本比较法

E. 资本结构的行业差别分析

5. 资本成本是企业筹资和使用资本而承付的代价，主要包括( )。

A. 用资费用　　　　　B. 筹资费用

C. 债券成本　　　　　D. 借款筹资总额

E. 向股东支付的股利

6. 利用每股利润分析法计算某公司普通股每股利润无差异点处的息税前利润为80 000元，下列说法正确的是( )。

A. 当盈利能力 $EBIT$ 大于 80 000 元时，利用负债筹资较为有利

B. 当盈利能力 $EBIT$ 小于 80 000 元时，利用负债筹资较为有利

C. 当盈利能力 $EBIT$ 大于 80 000 元时，利用普通股筹资为宜

D. 当盈利能力 $EBIT$ 小于 80 000 元时，利用普通股筹资为宜

E. 当盈利能力 $EBIT$ 小于 80 000 元时，利用银行借款筹资为宜

7. 公司买壳上市的好处有( )。

A. 速度快

B. 保密性好

C. 不需经过改制、待批、辅导等过程，程序相对简单

D. 借亏损公司的"壳"可合理避税

E. 不会有大量现金流流出

8. 通常按项目期间，将现金流量分为( )。

A. 原始现金流量   B. 初始现金流量

C. 营业现金流量   D. 期间现金流量

E. 终结现金流量

9. 在进行投资项目的营业现金流量估算时，现金流出量包括( )。

A. 折旧   B. 所得税

C. 付现成本   D. 非付现成本

E. 营业收入

10. 下列评价指标中，属于非贴现现金流量指标的是( )。

A. 投资回收期   B. 平均报酬率

C. 获利指数   D. 内部报酬率

E. 净现值

11. 下列关于贴现现金流量指标的说法不正确的是( )。

A. 当净现值大于零时，该方案可行

B. 当净现值大于零时，获利指数小于1

C. 当净现值大于零时，获利指数大于1

D. 当净现值大于零时，此时的贴现率大于内部报酬率

E. 当净现值大于零时，此时的贴现率小于内部报酬率

12. 如果控股股东以其对子公司的股权抵偿对子公司的债务，则会使子公司( )。

A. 股东权益增加   B. 其他应收款增加

C. 资产负债率提高   D. 负债减少

E. 总股本减少

13. 按照并购双方的业务性质来划分，企业并购分为( )。

A. 整体并购   B. 部分并购

C. 纵向并购   D. 横向并购

E. 混合并购

14. 公司分立主要的形式有( )。

A. 分拆   B. 出售

C. 持股分立   D. 标准分立

E. 资产置换

15. 资金时间价值中的相对数即时间价值率，指的是扣除( )后的平均资金利润率或平均报酬率。

A. 风险报酬   B. 通货膨胀缩水

C. 时间价值额   D. 利息

E. 以上都不对

16. 目前国际上通行的资产评估价值标准主要有( )。

A. 股票面值   B. 账面价值

C. 债券面值   D. 市场价值

E. 清算价值

17. 投资处置控制中企业应当加强对投资( )决策和授权批准程序的控制，并作出明确规定。

A. 收回   B. 转让

C. 核销   D. 出资时间

E. 出资方式

18. 决定综合资本成本率的因素有( )。

A. 筹资总量   B. 筹资费率

C. 个别资本成本率   D. 各种资本结构

E. 税率水平

19. 当企业分拆出一个子公司后会产生代理成本，这种代理成本包括( )。

A. 机会成本   B. 剩余损失

C. 监督成本   D. 契约成本

E. 资本成本

20. 影响营业风险的因素有( )。

A. 产品需求的变动   B. 产品售价的变动

C. 利率水平的变动   D. 资本结构的变化

E. 营业杠杆变动

21. 影响财务风险的主要因素有( )。

A. 资本供求关系的变化

B. 利润率水平的变动

C. 资本结构的变化

D. 获利能力的变动

E. 营业杠杆变动

22. 风险衡量的环节有( )。

A. 确定期望值   B. 计算期望值

C.计算标准离差　　　D.计算标准离差率

E.估计风险报酬

23.下列关于筹资决策方法中定性分析方法的表述正确的有(　　)。

　　A.企业财务目标的影响分析主要包括利润最大化目标的影响分析、每股盈余最大化目标的影响分析、公司价值最大化目标的影响分析

　　B.债权投资者对企业投资的动机主要是在保证投资本金的基础上获得一定的收益并使投资价值不断增值

　　C.如果企业过高地安排债务融资，贷款银行未必会接受大额贷款的要求

　　D.通常企业所得税税率越高，借款举债的好处越大

　　E.如果企业的经营者不愿让企业的控制权旁落他人，则可能尽量采用债务融资的方式来增加资本，而不发行新股增资

24.判断公司资本结构是否最优的标志是(　　)。

　　A.加权平均资本成本最低

　　B.财务风险最小

　　C.自有资金比例最小

　　D.企业价值最大

　　E.经营杠杆利益最大

25.公司自主上市的好处表现在(　　)。

　　A.无须经过改制、待批、辅导等过程，程序相对简单

　　B.通常发生在企业内部或关联企业，整合起来相对容易

　　C.能够优化公司治理结构、明确业务发展方向

　　D.有巨大的广告效应

　　E.会筹集到大量资金，并获得大量的溢价收入

26.与直接上市相比，买"壳"上市的好处表现在(　　)。

　　A.速度快

　　B.整合起来相对容易

　　C.保密性好于直接上市

　　D.有巨大的广告效应

　　E.借亏损公司的"壳"可合理避税

27.公司可选择在境内上市，也可选择在境外上市。境外上市的好处体现在(　　)。

　　A.有利于打造国际化公司

　　B.有利于改善公司经营机制和公司治理

　　C.有利于实施股票期权

　　D.融资额大，没有相应再融资约束

　　E.上市程序简单、速度快

28.下列属于初始现金流量的有(　　)。

　　A.职工培训费用

　　B.流动资产投资

　　C.固定资产投资

　　D.固定资产的残值收入或变价收入

　　E.停止使用的土地的变价收入

29.非贴现现金流量指标包括(　　)。

　　A.内部报酬率　　　　B.净现值

　　C.投资回收期　　　　D.平均报酬率

　　E.获利指数

30.根据企业改制和资本营运总战略及企业自身特点，企业重组可采取(　　)。

　　A.剥离型企业重组模式

　　B.原续型企业重组模式

　　C.并购型企业重组模式

　　D.分立型企业重组模式

　　E.混合型企业重组模式

31.下面有关资本结构的啄序理论的描述中正确的是(　　)。

　　A.公司倾向于首先采用内部筹资，因而不会传递任何可能对股价不利的信息

　　B.需要外部筹资，公司将先选择债权筹资，再选择其他外部股权筹资

　　C.首先内部筹资，需要时先进行选择债券筹资，再选择其他外部股权筹资的筹资顺序往往会传递对公司股价产生不利影响的信息

　　D.按照啄序理论，不存在明显的目标资本结构

　　E.按照啄序理论，存在明显的目标资本结构

32.按照并购的支付方式来划分，企业并购可分为(　　)。

　　A.承担债务式并购　　B.杠杆并购

　　C.非杠杆并购　　　　D.现金购买式并购

　　E.股权交易式并购

33.企业并购的财务协同效应表现在(　　)。

　　A.获得目标企业的无形资产

　　B.财务能力提高

　　C.合理避税

　　D.预期效应

　　E.降低代理成本

34.企业并购的风险有(　　)。

　　A.营运风险　　　　　B.文化风险

　　C.体制风险　　　　　D.法律风险

　　E.反收购风险

35.资本结构的决策方法有(　　)。

　　A.资本成本比较法　　B.每股利润分析法

C. 啄序理论　　　　　　　D. 信号传递理论
E. 代理成本理论

36. 贴现现金流量指标是指考虑货币时间价值的指标,包括( )。
　　A. 净现值　　　　　　　　B. 内部报酬率
　　C. 平均报酬率　　　　　　D. 获利指数
　　E. 以上都正确

37. 下列属于狭义资产重组的主要、直接方式的有( )。
　　A. 资产注入　　　　　　　B. 资产置换
　　C. 债转股　　　　　　　　D. 以股抵债
　　E. 标准分立

38. 下面有关内部报酬率的描述中正确的是( )。
　　A. 在只有一个备选方案的采纳与否决策中,如果计算出的内部报酬率大于或等于企业的资本成本或必要报酬率就采纳
　　B. 在只有一个备选方案的采纳与否决策中,如果计算出的内部报酬率小于或等于企业的资本成本或必要报酬率就采纳
　　C. 在有多个备选方案的互斥选择决策中,应选用内部报酬率超过资本成本或必要报酬率最多的投资项目

D. 在有多个备选方案的互斥选择决策中,应选用内部报酬率低于资本成本或必要报酬率最少的投资项目
E. 内部报酬率考虑了资金的时间价值,反映了投资项目的真实报酬率

39. 下列关于资本成本的表述正确的有( )。
　　A. 从投资者的角度看,资本成本是投资者要求的必要报酬或最低报酬
　　B. 资本成本从绝对量的构成来看,包括用资费用和筹资费用两部分
　　C. 筹资费用是资本成本的主要内容
　　D. 长期资本的用资费用属于变动性资本成本
　　E. 筹资费用属于固定性的资本成本

40. 个别资本成本率的高低取决于( )。
　　A. 用资费用　　　　　　　B. 筹资费用
　　C. 所得税率　　　　　　　D. 筹资年限
　　E. 筹资额

三、案例分析题

(一) 某公司计划对某一项目进行投资,投资额为500万元,期限为4年,每年净现金流量分别为200万元、260万元、300万元、280万元。假设资本成本率为10%。该项目的净现金流量与复利现值系数如表8-2所示。

表8-2　项目现金流量与复制现值系数表　　　　　　　　　　　　　　　　万元

年数	0	1	2	3	4
净现金流量	−500	200	260	300	280
复利现值系数	1	0.909	0.826	0.751	0.683

根据以上资料,回答下列问题:

1. 如果不考虑资金时间价值,该项目的投资回收期为( )年。
　　A. 2.13　　　　　　　　　B. 2.87
　　C. 3.13　　　　　　　　　D. 3.87

2. 该项目的净现值为( )万元。
　　A. 313.1　　　　　　　　B. 540
　　C. 813.1　　　　　　　　D. 1040

3. 该投资方案的获利指数为( )。
　　A. 0.6　　　　　　　　　B. 1.08
　　C. 1.63　　　　　　　　　D. 2.08

4. 该企业可以采用的非贴现现金流量指标为( )。(多选题)
　　A. 净现值　　　　　　　　B. 投资回收期
　　C. 平均报酬率　　　　　　D. 内部报酬率

(二) 某商业企业2014年度销售收入为2000万元,销售成本为1600万元,净利润为200万元;年初、年末应收账款余额分别为200万元和400万元;年初、年末存货余额分别为200万元和600万元;年末流动比率为2,速动比率为1.2。假定该企业流动资产由速动资产和存货组成,一年按360天计算。

根据上述资料,回答下列问题:

5. 2014年应收账款周转天数为( )天。
　　A. 35　　　　　　　　　　B. 47
　　C. 54　　　　　　　　　　D. 67

6. 2014年存货周转天数为( )天。
　　A. 70　　　　　　　　　　B. 60
　　C. 90　　　　　　　　　　D. 80

7. 2014年营业周期为( )天。
　　A. 107　　　　　　　　　B. 144
　　C. 147　　　　　　　　　D. 124

8. 2014年末流动负债余额为( )万元。

A. 600　　　　　　　B. 460

C. 750　　　　　　　D. 960

9. 2014年末销售净利率为(　　)。

A. 15%　　　　　　　B. 10%

C. 8%　　　　　　　D. 5%

(三) 某上市公司2013年的营业额为15亿元,息税前利润为3.2亿元,公司的资产总额为48亿元,负债总额为32亿元,债务年利息额为1.2亿元。公司计划2014对外筹资5亿元投资一个新项目,筹资安排初步确定增发新股筹资4亿元,从银行贷款1亿元。经过估算,股票的资本成本率为10%,贷款的资本成本率为6%。

10. 该公司2013年的财务杠杆系数为(　　)。

A. 1.2　　　　　　　B. 1.3

C. 1.6　　　　　　　D. 2.4

11. 测算财务杠杆系数是为了分析公司的(　　)。

A. 财务风险　　　　B. 营运能力

C. 营业成本结构　　D. 资产规模

12. 根据初步筹资安排,5亿元筹资的综合资本成本率为(　　)。

A. 7.5%　　　　　　B. 8.6%

C. 9.2%　　　　　　D. 16%

13. 综合资本成本率可以作为选择(　　)的依据。

A. 股利率　　　　　B. 追加筹资方案

C. 贷款利率　　　　D. 折现率

14. 公司测算财务杠杆系数和资本成本率的目的是(　　)。

A. 提高息税前利润　　B. 规避营业风险

C. 核算财务总成本　　D. 优化资本结构

参考答案及解析

一、单项选择题

1. 【答案】A

【解析】在估算每年营业现金流量时,将折旧视为现金流入量的原因是折旧是非付现成本。

2. 【答案】B

【解析】本题考查营业现金流量的计算。年净营业现金流量=净利+折旧=400×(1-25%)+25=325万元。

3. 【答案】B

【解析】本题考查平均报酬率的计算。平均报酬率=平均现金流量/初始投资额×100%=[(100+180+200+200+220)/5]/800×100%=22.5%。

4. 【答案】D

【解析】风险报酬评估的计算公式为：风险报酬

率=风险报酬系数×标准离差率。

5. 【答案】A

【解析】估算投资方案的现金流量应遵循的最基本的原则是：只有增量现金流量才是与项目相关的现金流量。

6. 【答案】C

【解析】本题考查公司上市的动机。公司上市的动机不包括选项C。

7. 【答案】B

【解析】非贴现现金流量指标都没有考虑资金的时间价值。在四个选项中,选项B属于非贴现金流量指标。

8. 【答案】A

【解析】本题考查投资回收期的计算。投资回收期=原始投资额/每年的营业净现金流量=300/140=2.14年。

9. 【答案】D

【解析】净现值法的缺点是不能揭示各个投资方案本身可能达到的实际报酬率是多少。

10. 【答案】A

【解析】内部报酬率是使投资项目的净现值等于0的贴现率。

11. 【答案】D

【解析】利用插值法求内部报酬率,根据题意可列式：(16%-11%)÷(-5.21-4.16)=(11%-x)÷(4.16-0), x=13.22%。

12. 【答案】C

【解析】本题考查获利指数法的决策规则。在只有一个备选方案的采纳与否决策中,获利指数大于或等于1则采纳。在有多个方案的互斥选择决策中,应采用利润指数超过1最多的投资项目。

13. 【答案】D

【解析】在只有一个备选方案的采纳与否决策中,如果计算出的内部报酬率大于或等于企业的资本成本或必要报酬率就采纳；反之,则拒绝。

14. 【答案】A

【解析】在企业并购中,如并购双方的法人资格均仍然存在,则双方的并购行为可具体称为收购。

15. 【答案】A

【解析】在计算内部报酬率时,如果按预估的贴现率计算出的净现值为正数,说明预估的贴现率小于该项目的实际报酬率,应提高贴现率,再进行测算。

16. 【答案】B

【解析】本题考查兼并的内容。兼并后,被兼并企业成为被兼并企业债权债务的承担者，是资产和债权、债务的一同转让。而收购后，收购企业是被收购企业新的所有者，以收购出资的股本为限承担被收购企业的风险。

17.【答案】A
【解析】市净率=股票市值÷企业净资产值。

18.【答案】B
【解析】横向并购是处于同一行业的两个或多个企业所进行的并购。

19.【答案】D
【解析】本题考查并购的体制风险。由于政府部门强行对企业并购大包大揽，背离市场原则，使得并购难以达到预期效果而带来的风险属于体制风险，因此正确答案选D。

20.【答案】B
【解析】财务杠杆也称融资杠杆，是指由于固定财务费用的存在，使权益资本净利率(或每股利润)的变动率大于息税前利润变动率的现象。

21.【答案】A
【解析】本题考查分拆的特点。分立与分拆的不同之处在于：分立后的公司相互之间完全独立，可能有共同的股东，但公司间没有控股和持股关系；分拆后的新公司虽然也是独立的法人单位，但同时原公司股东又是新公司的主要股东之一，原公司与新公司之间存在着持股甚至控股关系，新老公司形成一个由股权联系的集团企业。该公司经过拆分后，公司间形成了持股甚至控股关系，因此属于分拆，正确答案选A。

22.【答案】B
【解析】本题考查资产置换的概念。资产置换是指交易者双方(有时可由多方)按某种约定价格(如谈判价格、评估价格等)，在某一时期内相互交换资产的交易。因此正确答案选B。

23.【答案】D
【解析】纵向并购包括向前并购和向后并购。向后并购是指向其供应商的并购。

24.【答案】C
【解析】本题考查对目标企业估价的方法。对目标企业估价一般可以使用的方法包括资产价值基础法、收益法(即市盈率模型)、贴现现金流量法。

25.【答案】C
【解析】市净率=股票市值/企业净资产=30×

2.5/9=8.3。

26.【答案】C
【解析】应用收益法对目标企业估值的第一步是检查、调整目标企业近期的利润业绩。

27.【答案】B
【解析】拉巴波特模型即贴现现金流量法，它以现金流量预测为基础，充分考虑了目标公司未来创造现金流量能力对其价值的影响。

28.【答案】A
【解析】贴现现金流量法以现金流量预测为基础，充分考虑了目标公司未来创造现金流量能力对其价值的影响。

29.【答案】C
【解析】通过证券二级市场进行并购活动时，尤其适宜采用收益法来估算目标企业的价值。

30.【答案】A
【解析】清算价值是在企业作为一个整体已经丧失增值能力情况下的资产估价方法。

31.【答案】A
【解析】从投资者的角度，资本成本是投资者要求的必要报酬或最低报酬。

32.【答案】A
【解析】题干中描述的是早期资本结构理论观点中的净收益观点，答案选A。

33.【答案】B
【解析】该项长期投资的资本成本率=[500×10%×(1−25%)]/[500×(1−2%)]=7.65%。

34.【答案】A
【解析】K_b=[2500×12%×(1−25%)]/[2500×(1−3.25%)]=9.3%。

35.【答案】C
【解析】K_b=[3000×12%×(1−25%)]/[3000×(1−5%)]=9.47%。

36.【答案】B
【解析】1.5/10=15%。

37.【答案】B
【解析】留存利润资本成本率的测算方法与普通股基本相同，只是不考虑筹资费用。

38.【答案】D
【解析】本题考查综合资本成本率的计算。K_w=(200/1000)×8%+(600/1000)×12%+(200/1000)×10%=10.8%。

39.【答案】D
【解析】本题考查营业杠杆系数。营业杠杆系数是指息税前利润的变动率与销售额(营业额)变动率的比值。

40.【答案】A

【解析】投资中的现金流量是指一定时间内由投资引起各项现金流入量、现金流出量及现金净流量的统称，答案选A。

41.【答案】D

【解析】本题考查财务杠杆利益的含义。财务杠杆利益是指利用债务筹资(具有节税功能)给企业所有者带来的额外收益。

42.【答案】A

【解析】财务杠杆利益是指利用债务筹资(具有节税功能)能给企业所有者带来的额外收益。

43.【答案】A

【解析】财务杠杆系数=息税前利润/(息税前利润-债务利息)=50/(50-150×10%)=1.43。

44.【答案】C

【解析】总杠杆系数=营业杠杆系数×财务杠杆系数=1.5×2.5=3.75。

45.【答案】A

【解析】题干描述的分类方式是按照并购的实现方式进行划分的，答案选A。

46.【答案】C

【解析】本题考查新的资本结构理论中的啄序理论。根据资本结构的啄序理论，公司选择筹资方式的顺序依次是内部筹资、债权筹资、股权筹资。

47.【答案】D

【解析】资本成本比较法的决策目标实质上是利润最大化而不是公司价值最大化。

48.【答案】D

【解析】每年净现金流量=每年营业收入-付现成本-所得税=净利+折旧。

49.【答案】C

【解析】并购的效应有：实现协同效应，实现战略重组，获得特殊资产和渠道，降低代理成本，选项C描述错误，答案选C。

50.【答案】D

【解析】本题考查终结现金流量的估算。终结现金流量=项目终结时建筑物价值+流动资金净增加额=30+50=80万元。

51.【答案】D

【解析】财务杠杆系数(DFL)，是指普通股每股税后利润(EPS)变动率相当于息税前利润变动率的倍数。

52.【答案】B

【解析】标准分立是指一个母公司将其在某子公司中所拥有的股份，按母公司股东在母公司中的持股比例分配给现有母公司的股东，从而在法律上和组织上将子公司的经营从母公司的经营中分离出去。这会形成一个与母公司有着相同股东和持股结构的新公司。在分立过程中，不存在股权和控制权向母公司和其股东之外第三者转移的情况，因为现有股东对母公司和分立出来的子公司同样保持着它们的权利。

53.【答案】D

【解析】现金周转期=最佳现金持有量/(年现金需求总量/360)=160/(720/360)=80天。

54.【答案】C

【解析】普通股与留存收益都属于所有者权益，股利的支付不固定。企业破产后，股东的求偿权位于最后，与其他投资者相比，普通股股东所承担的风险最大，因此，普通股的报酬也应最高。所以，在各种资金来源中，普通股的成本最高。

55.【答案】C

【解析】公司回购了部分普通股，发行在外的股数就相应减少，每股收益势必提高，从而导致企业股票市价上涨，由股价上涨所得的资本收益就可以代替股利收入，所以股票回购也被认为是支付股利的方式之一。

56.【答案】B

【解析】综合资本成本率是指一个企业全部长期资本的成本率，通常是以各种长期资本的比例为权重，对个别资本成本率进行加权平均测算，故又称加权平均资本成本率。

57.【答案】B

【解析】资本结构是企业筹资决策的核心问题。企业应综合考虑有关影响因素，运用适当的方法确定最佳资本结构，并在以后追加筹资中继续保持。企业现有资本结构不合理，应通过筹资活动进行调整，使其趋于合理化。

58.【答案】D

【解析】企业价值评估的基础是股权评估。

59.【答案】C

【解析】财务杠杆也称融资杠杆，是指由于合理利用债务而给企业带来的额外收益。它有两种基本形态：其一，在现有资本与负债结构不变的情况下，由于息税前利润的变动而对所有者权益产生影响；其二，在息税前利润不变的情况下，改变不同的资本与负债的结构比例而对所有者权益产生的影响。

二、多项选择题

1. 【答案】CD
   【解析】本题考查资本成本的内容。资本成本从绝对量的构成来看，包括用资费用和筹资费用两部分。

2. 【答案】ACD
   【解析】本题考查早期资本结构理论。选项BE属于新资本结构理论。

3. 【答案】DE
   【解析】本题考查MM资本结构理论的修正观点的两个重要命题。

4. 【答案】ABCE
   【解析】本题考查筹资决策中的定性分析方法。选项D属于筹资决策方法中的定量方法。

5. 【答案】AB
   【解析】本题考查资本成本的内容。资本成本从绝对量的构成来看主要包括用资费用和筹资费用。

6. 【答案】AD
   【解析】当企业的实际*EBIT*大于每股利润无差异点处的息税前利润时，利用报酬固定型筹资方式（负债、优先股）筹资较为有利；反之则相反。

7. 【答案】ABCD
   【解析】本题考查买壳上市的好处。买壳上市的不利之处之一是可能有大量现金流流出，所以选项E不选。

8. 【答案】BCE
   【解析】通常按项目期间，将现金流量分为初始现金流量、营业现金流量和终结现金流量。

9. 【答案】BC
   【解析】本题考查现金流出的概念。现金流出是指营业现金支出和缴纳的税金，其中付现成本（不包括折旧的成本）等于营业现金支出。

10. 【答案】AB
    【解析】本题考查非贴现现金流量的指标。选项CDE属于贴现现金流量的指标。

11. 【答案】BD
    【解析】当净现值大于零时，投资项目未来报酬的总现值大于初始投资额，因此获利指数大于1，选项B错误。内部报酬率是净现值为零时的折现率，因此当净现值大于零时，此时的贴现率小于内部报酬率，选项D错误。

12. 【答案】CE
    【解析】本题考查以股抵债的相关内容。子公司应将控股股东的股本冲减债权，所以总股本减少，债权减少，资产减少，负债不变，资产

负债率提高（资产负债率=负债/资产×100%）。

13. 【答案】CDE
    【解析】按照并购双方的业务性质来划分，企业并购分为纵向并购、横向并购、混合并购。

14. 【答案】ABCD
    【解析】公司分立主要的形式有标准分立、出售和分拆三种形式，其中分拆也称持股分立。

15. 【答案】AB
    【解析】资金时间价值的两种表现形式之一是相对数，即时间价值率，是扣除风险报酬和通货膨胀水分后的平均资金利润率或平均报酬率，因此正确答案选AB。

16. 【答案】BDE
    【解析】本题考查资产评估价值标准。目前国际上通行的资产评估价值标准主要有账面价值、市场价值、清算价值。

17. 【答案】ABC
    【解析】企业制定投资实施方案时，需要明确出资时间、金额、出资方式及责任人员等，因此选项DE排除，企业在加强投资处置环节的控制时，应对投资收回、转让、核销等的决策和授权批准程序作出明确规定，正确答案选ABC。

18. 【答案】CD
    【解析】个别资本成本率和各种资本结构两个因素决定综合资本成本率。

19. 【答案】BCD
    【解析】本题考查代理成本的内容。代理成本包括契约成本、监督成本和剩余损失。

20. 【答案】ABE
    【解析】本题考查影响营业风险的因素。选项CD是影响财务风险的因素。

21. 【答案】ABCD
    【解析】选项E是影响营业风险的因素。

22. 【答案】ABCD
    【解析】风险衡量的环节有确定、计算期望值、计算标准离差、计算标准离差率，估计风险报酬不属于风险衡量的环境，排除不选，答案选ABCD。

23. 【答案】ACDE
    【解析】本题考查筹资决策中的定性分析方法。债权投资者对企业投资的动机主要是在按期收回投资本金的条件下获取一定的利息收益。股权投资者的基本动机是在保证投资本金的基础上获得一定的股利收益并使投资价值不断增值。

24. 【答案】AD
    【解析】最佳资本结构是指企业在适度财务风